DES VISAGES ET DES MORTS

Catalogage avant publication de Bibliothèque et Archives nationales du Québec et Bibliothèque et Archives Canada

Koudero, Mickaël

Des visages et des morts

ISBN 978-2-89662-737-0

I. Titre.

PQ2711.O92D47 2017 843'.92 C2017-941712-6

Édition
Les Éditions de Mortagne
Case postale 116
Boucherville (Québec)
J4B 5E6

Distribution
Tél. : 450 641-2387
Téléc. : 450 655-6092
editionsdemortagne.com

Maquette de couverture
© Kinos, www.kinos.ca

Dépôt légal
Bibliothèque et Archives Canada
Bibliothèque et Archives nationales du Québec
Bibliothèque nationale de France
4e trimestre 2017

ISBN : 978-2-89662-737-0
ISBN (epdf) : 978-2-89662-738-7
ISBN (epub) : 978-2-89662-739-4

1 2 3 4 5 – 17 – 21 20 19 18 17

Imprimé au Canada

Financé par le gouvernement du Canada | Canada

Gouvernement du Québec – Programme de crédit d'impôt pour l'édition de livres – Gestion SODEC.

Membre de l'Association nationale des éditeurs de livres (ANEL)

ASSOCIATION NATIONALE DES ÉDITEURS DE LIVRES

MICKAËL KOUDERO

DES VISAGES ET DES MORTS

Éditions de Mortagne

À tous les possibles.
À ma famille et à mes ami(e)s.

Et puis, à toi, là-haut.

AMBIANCE

J'invite celles et ceux qui souhaitent draper ces mots d'une ambiance sonore à se glisser dans la bulle musicale qui m'a porté ces derniers mois d'écriture :

Gravity de Steven Price.
The Silence of the Lambs de Howard Shore.
Angels and Demons de Hans Zimmer.
The Village de James Newton Howard.

PREMIÈRE PARTIE

Je sens l'odeur du sang et l'ère des hommes mauvais arriver à grands pas.

Wystan Hugh Auden

1

Dimanche 21 novembre 2010

EN CETTE FIN NOVEMBRE, le mercure ne décollait plus. Dans le ciel se déversait une furie silencieuse. La neige assiégeait les formes, ensevelissait les paysages, décidée à enfermer le monde dans son cercueil blanc. À la radio, les bulletins météorologiques prévoyaient de rares améliorations pour les jours à venir.

Lyon – quartier de La Guillotière.

Laura Esposito jeta un œil à sa montre : six heures trente du matin. Arrachée de ses songes trop tôt, elle pensait encore à la perspective d'une couette bien chaude accompagnée d'un café.

La capitaine de police remonta la fermeture éclair de sa veste en cuir rouge et se dirigea vers l'église Notre-Dame-Saint-Louis qui s'ornait de guirlandes de Noël. Des couleurs vives et scintillantes, contraste parfait avec le drame pour lequel on l'avait appelée.

Au pied de l'édifice, la fourmilière était déjà en ébullition. Visages fermés et précautions d'usage engagées : chacun s'affairait à sa tâche. Un ruban de sécurité délimitait la scène de crime et repoussait les premiers passants trop curieux. Laura se faufila dans la meute et grimpa les marches. Elle présenta son badge au policier en faction chargé de contrôler les allées et venues. D'un hochement de tête, il lui ouvrit le chemin.

L'église baignait dans une semi-obscurité.

La jeune femme se plaça devant le bénitier, plongea son doigt à l'intérieur et se signa. Un geste qui tenait plus à une forme de respect qu'à une véritable croyance. Les années et son expérience mettaient à mal son éducation chrétienne et sa perception de cette force supérieure, que certains appellent Dieu.

Elle remonta l'allée droite, dépassa une rangée de bancs, disposés en oblique, et rejoignit le maître-autel dominé par une croix massive.

Flashs et crépitements l'accueillirent.

Vêtue de ses combinaisons et de ses gants si caractéristiques, la police scientifique mitraillait la scène avec ses objectifs. Sous tous les angles. Rien ne pouvait lui échapper. Ce qui s'apparentait au fur et à mesure de sa progression à une tache difforme se révéla un amas de chair.

Laura sentit la nausée tordre son être.

Les mains liées, la chemise déchirée, la victime présentait deux énormes entailles qui lui traversaient le dos. Elles partaient du cou et finissaient leur course dans le bas des reins. Une mare pourpre rampait sur le marbre tel un éclat de l'horreur jouée en ces lieux. Tout autour de l'autel, des cierges achevaient de se consumer. Leurs lumières directes mettaient l'accent sur le cadavre offert aux ténèbres environnantes.

La capitaine avait la dérangeante sensation de contempler une toile signée par le peintre Caravage.

Ses pas la placèrent aux côtés de François Brunel, un médecin légiste à la cinquantaine sonnante. Taille moyenne, visage rond, il jouissait d'une solide expérience professionnelle.

– Salut, François ! Qu'est-ce qu'on a ?

– Pas grand-chose. Un homme, la trentaine. Vu la profondeur des incisions dans le dos et la profusion de sang, je penche pour une hémorragie.

– L'heure approximative de la mort ?

– Il y a huit ou dix heures. La rigidité cadavérique est déjà bien avancée. Une autopsie complète me permettra d'être plus précis.

– Tu n'as rien relevé qui puisse l'identifier ?

– Absolument rien. Aucune tache de naissance, ni cicatrice ou tatouage.

– Des blessures défensives ?

– Pas à ma connaissance. On est devant une mort rapide et violente, conclut-il.

– Qui a découvert le corps ?

Du menton, il désigna un vieil homme assis sur un banc, le visage enfoui dans ses mains.

– Le père Génovese. Vas-y en douceur, il est encore sous le choc.

– Merci.

– Je t'appelle dans la journée.

Elle acquiesça d'un mouvement mécanique et rejoignit l'homme d'Église.

– Père Génovese ?

Il releva la tête et dévoila ses yeux, bouffis par la peine.

– Ou... oui..., balbutia-t-il.

– Capitaine Esposito, police judiciaire.

Laura serra une poigne vidée de force et de conviction, puis se plaça à ses côtés.

– Mon père, je suis désolée de vous imposer cet exercice, mais je dois vous poser quelques questions.

Encore sonné, il hocha la tête doucement.

– Vous connaissiez la victime ?

– Non, capitaine. Je... Je ne l'ai même jamais croisée...

– Essayez de vous souvenir. Pendant une messe ou alors une confession ?

Le prêtre fixa quelques instants le funeste tableau.

– Je regrette, capitaine...

– À quelle heure avez-vous découvert le corps ?

– Ce matin. Il devait être six heures. Depuis que j'ai la charge de cette église, j'arrive habituellement aux aurores les jours de messe.

Il s'arrêta sur ces quelques mots.

Après un temps d'arrêt, il demanda dans un sanglot :

– Comment peut-on faire ça à un homme ?

Laura n'avait aucune réponse. Dix années qu'elle exerçait à la PJ de Lyon, qu'elle côtoyait l'immonde sous toutes ses formes. Du viol à l'assassinat. L'horreur et ses raisons s'apparentaient à un visage de laideur aux mille facettes.

– Hier soir, à quelle heure avez-vous quitté votre église ?

– Comme tous les jours, aux alentours de dix-neuf heures.

– Vous n'avez rien remarqué de particulier en refermant les portes ?

Le prêtre laissa passer quelques secondes, le regard accroché au sol marbré de l'édifice, la jambe droite tremblante. Elle capta ces signes d'anxiété, annonciateurs d'un malaise.

– Mon père... Je dois tout entendre.

Le religieux prit une profonde respiration.

– Ma fille... En cette période de grand froid, je ne ferme pas mon église.

Laura fronça les sourcils. Cet élan de générosité freinait son enquête. N'importe qui eut pu entrer dans ce lieu sacré et commettre cet acte barbare, à l'abri des regards.

Le vieil homme tenta de se justifier :

– Avec cette neige, mon cœur m'a poussé à cette décision. Vous... Vous comprenez ?

Un silence lourd : entre reproches et amertume.

Laura ne partageait pas cette sensibilité. Elle ouvrit la bouche pour le faire savoir, mais se ravisa. Elle posa une main compatissante sur l'épaule du prêtre.

– Je vous remercie.

Elle laissa la police scientifique terminer son travail de recherche et rejoignit l'extérieur de l'église.

Sur le perron, elle constata que la nouvelle s'était répandue comme une traînée de poudre à travers Lyon. Derrière le cordon de sécurité, des journalistes jouaient des coudes pour obtenir les premières images du meurtre, les premiers ressentis. Plus loin, des dizaines de badauds assouvissaient leur curiosité malsaine.

Des charognards.

Elle sortit son paquet de Marlboro Light et alluma une cigarette. Aussitôt, ses poumons brûlèrent de l'intérieur. Une caresse chaude, réconfortante.

– Capitaine Esposito ! Capitaine Esposito !

La voix provenait des marches. Un policier les gravissait au pas de course, affichant un large sourire : celui du devoir accompli.

– On a une identité !

2

À L'HEURE OÙ LES NUANCES dans le ciel restaient indécises, Milan terminait son jogging. Bonnet vissé sur le crâne, mains gantées, respiration haletante, à trente-trois ans il s'était fait un point d'honneur de garder une forme physique à toute épreuve. Lieutenant de police à la PJ de Dijon, il avait vu grand nombre de collègues s'empâter en raison de la malbouffe et du manque d'exercice. Et puis, il avait besoin de ces moments où il pouvait évacuer le stress engendré par son quotidien. Courir. Transpirer. Se débarrasser de l'horreur qui s'accrochait à sa peau telle une sangsue visqueuse. Même s'il tentait de se protéger et de maintenir une certaine distance, il avait encore du mal à apprivoiser la face sombre de son métier.

Larmes. Cris. Ténèbres.

Triangle équilatéral.

Son rythme cardiaque ralentissant, ses pensées se tournèrent vers ce jeune homme tout juste majeur retrouvé sans vie en début de semaine. Une balle logée dans la nuque. Un règlement de comptes entre deux cités voisines. Une banale histoire de drogue. Milan avait dû prévenir les parents.

Leur annoncer que le petit dernier ne rentrerait pas ce soir. Qu'il ne rentrerait plus. Que les dés étaient jetés ; la partie, terminée.

✧ ✧
✧

L'eau glissant le long de son corps, il sentit ses muscles se relâcher les uns après les autres. Il frictionna ses cheveux châtains et ondulés et s'attarda quelques minutes sous la douche, profitant de la chaleur salvatrice.

Alors qu'un café coulait, il enfila son jeans noir et son pull en laine grise. Amateur de musique, Milan possédait une imposante discothèque de vinyles. La conclusion de plusieurs heures passées dans les brocantes à dénicher la perle rare. Le diamant caressa avec délicatesse la galette, qui émit les notes de basse dans l'appartement.

Ça, c'est l'histoire de... Melody Nelson.

Le lieutenant ouvrit la porte vitrée et s'installa sur sa terrasse pour déguster son arabica. Formant un *L*, celle-ci offrait une vue panoramique sur la capitale bourguignonne, capitonnée de blanc. S'il avait craqué pour ce trois-pièces, c'était pour ce privilège.

Un travail. Un appartement. Aucune femme.

Quelques aventures sans lendemain, aussi furtives que futiles. Rien de sérieux depuis Karine. Sa dernière véritable relation amoureuse.

Exclusive. Intense. Sans concession.

Milan ne voulait pas d'enfant. Karine, oui.

Deux ans déjà...

Aux dernières nouvelles, elle l'avait oublié dans les bras d'un médecin du côté de Marseille et passait des jours paisibles à élever sa fille.

La sonnerie du portable l'arracha à ce souvenir. De retour à l'intérieur, il jeta un rapide coup d'œil sur l'écran numérique.

Numéro inconnu. Un dimanche.

Il décrocha sans conviction.

– Milan, j'écoute.

Au bout du fil, les sanglots d'une femme.

– Mi... Milan... C'est toi ?

– Qui est à l'appareil ?

Le silence comme réponse.

Il se concentra. Cette voix...

Les yeux fermés, Milan plongea dans les abysses de sa mémoire pour lui donner un nom. Des images défilèrent comme dans un film en accéléré.

Il avait treize ans, peut-être quatorze. Une grande cour. Des odeurs de rose se diffusaient dans l'air. À ses côtés, son ami Sébastien et d'autres gamins. Ils frappaient dans un ballon. Des éclats de rire. L'été. Une chaleur étouffante. Plus loin, une femme bouquinait sur la terrasse, à l'ombre d'un peuplier. Son sourire portait avec grâce ses quarante printemps.

– Louise ?

Son interlocutrice réprima quelques spasmes et, dans un effort, lâcha ses mots.

Foudroyants. Étourdissants.

– Il est mort ! Sébastien est mort !

Tout se passa très vite. Ce furent d'abord ses jambes qui vacillèrent. Milan se rattrapa à une chaise pour ne pas s'écrouler comme un vulgaire château de cartes. Il tira sur le col de son pull, en quête d'oxygène. Les murs de son appartement se resserraient sur lui, décidés à le broyer. Ses tympans bourdonnèrent et ramenèrent la musique à un indigeste brouhaha. Respiration haletante, sueurs dans le dos. Ses dernières forces l'abandonnèrent.

Alors, il bascula en arrière.

3

– HORS DE QUESTION !

La main puissante frappa le bureau tel un marteau. Des stylos volèrent, emportés par l'onde de choc. Le ton était ferme, hermétique à la moindre discussion. Daniel Levantal toisa son lieutenant, droit dans les yeux.

– Tu sais dans quelle merde on nage en ce moment. J'ai besoin de tous mes gars, sans exception !

La mine patibulaire, « Gueule cassée » – son surnom à la PJ – se trouvait dans un mauvais jour. Depuis la découverte du cadavre d'un adolescent, survenue en début de semaine, le commissaire redoutait des représailles entre banlieues rivales. Le traumatisme de 2005 et ses violences urbaines hantaient encore sa mémoire. Il ne souhaitait plus revivre un tel drame.

– Je veux savoir ce qui s'est passé !

Daniel se pencha en avant dans son fauteuil et joignit ses deux mains sous son menton.

– L'enquête est en cours.

– On parle de mon ami d'enfance.

– Tu connais la procédure. Tu étais trop proche de la victime.

Milan faisait la sourde oreille :

– Son corps a été retrouvé ce matin...

Il laissa filer quelques secondes pour préparer son effet.

– ... dans un sale état.

– Tu es flic, tu connais les règles.

Le commissaire se leva. Quelques pas lui suffirent pour atteindre la fenêtre. Il réajusta sa cravate et glissa ses mains massives dans ses poches.

– À mon niveau, je ne peux absolument rien faire.

Le lieutenant emprunta un air de défi :

– Tu imagines que je vais attendre les bras croisés ?

– La PJ de Lyon est suffisamment compétente pour mener l'enquête.

– Des conneries !

Daniel Levantal se retourna, surpris par le ton employé.

Un feu de révolte embrasait le corps de Milan. Il lui était impensable de rester là et de ne rien faire alors que son ami venait d'être assassiné. Sa décision était prise. Il sortit son badge frappé du drapeau tricolore et le glissa sur le bureau.

Un geste lourd de sens.

Sans un mot, Daniel regagna sa place et planta ses coudes dans le bois.

– Du chantage ? Ce petit jeu ne fonctionne pas avec moi.

– Je ne joue pas.

Le supérieur esquissa un sourire embarrassé devant la manœuvre. Dans les pupilles de son lieutenant, il sonda une ténacité sans limites.

– Tu es prêt à tout foutre en l'air pour un ami d'enfance ?

– Sébastien et moi avons grandi ensemble. Aujourd'hui, j'ai perdu un frère.

Le lieutenant porta son attention sur une photo posée sur le bureau. Une femme souriante, une fille dans ses bras. La famille du commissaire. Son havre de paix, sa boussole. Elle lui permettait d'encaisser les pires actes et atrocités que son travail lui réservait.

Sa base. Son équilibre.

Son talon d'Achille.

– Si quelqu'un en venait à s'en prendre à ce que tu as de plus cher, toutes les procédures voleraient en éclats, continua Milan.

– Ne t'aventure pas sur ce terrain...

– Pourquoi ? Ta réaction serait similaire à la mienne.

« Gueule cassée » sentit ses poils se dresser à l'idée qu'on puisse toucher à sa femme ou à sa fille. Milan visait juste. Cette perspective ferait de lui un être assoiffé de vengeance.

Œil pour œil, dent pour dent.

La loi du talion.

Dans un soupir, il s'enfonça dans sa chaise et s'autorisa quelques secondes de réflexion. Il attrapa le badge et le fit tourner dans ses mains :

– Je continue à croire que c'est une connerie.

– J'ai besoin de savoir.

– Dix jours.

Un discret sourire étira les lèvres du lieutenant. Alors qu'il voulait récupérer son bien, son supérieur le tint avec fermeté.

– Joue pas au plus malin ! Dans dix jours, je te veux dans ce bureau. Enquête bouclée ou pas.

– Tu as ma parole.

– Content de l'entendre. Je vais prévenir les collègues de Lyon, histoire qu'on t'accueille dans de bonnes conditions.

Le lieutenant se leva pour rejoindre la sortie. « Gueule cassée » le suivit des yeux.

– Milan !

Ce dernier se retourna pour écouter les dernières recommandations.

– Fais attention à toi.

La porte du bureau se referma.

Seul, Daniel Levantal observa la photo. Il avait fait le mauvais choix. Il le sentait au plus profond de son âme. Il aurait dû avertir Milan de ne pas tout donner dans cette enquête, de ne pas franchir les limites de la raison.

Les mots lui manquaient.

4

DE FORME RECTANGULAIRE, sans ouverture, murs et sols carrelés de blanc, la salle d'autopsie témoignait une propreté irréprochable. La partie droite se composait d'un évier à deux cuves alors qu'à l'opposé plusieurs placards mangeaient l'espace. Au centre trônait une table en inox où reposait le cadavre de Sébastien Martel.

Lunettes sur le nez, François Brunel se gratta le haut du crâne, esquissant une petite moue. La lumière blafarde des lampes restituait l'horreur dans ses moindres détails.

– Quelle boucherie !

Comprenant sa maladresse, il porta un regard confus en direction du lieutenant Milan Dacourt.

– Veuillez m'excuser...

Ce dernier ne prit pas la peine de répondre. Arrivé un peu plus tôt à Lyon, il tentait de chasser la nervosité éprouvée à se tenir dans cette pièce, où la forte odeur d'ammoniaque piquait ses bronches. Voir un cadavre n'était pas le genre de pratique qu'il affectionnait, encore moins quand celui-ci était son ami d'enfance. Passage obligé pour mener à bien une enquête ; il n'avait d'autre choix que de se faire violence. Il connaissait le protocole.

– Vous pouvez commencer, lança-t-il.

– Pas tout de suite. J'attends la capitaine Esposito.

– La capitaine ?

Le légiste releva la tête en direction d'une horloge.

– Oui. Laura Esposito. Si la ponctualité n'est pas son fort, elle reste une personne formidable et une grande professionnelle.

Il plaça sa table de travail à proximité du corps et sortit d'une boîte une batterie d'instruments.

Scalpels, ciseaux, maillet et couteaux.

Le visage du lieutenant devint livide.

– Vous n'êtes pas obligé d'assister à l'autopsie.

– Pardon ?

– Vos liens avec la victime... Je ne voudrais pas que la dernière image que vous garderez de votre ami se réduise à... un morceau de viande...

Les mots du légiste restèrent en suspens.

D'ici peu, le corps de Sébastien deviendrait un « simple » sujet. On allait l'ouvrir, fouiller ses entrailles, à la recherche du moindre indice.

Le lieutenant pourrait-il supporter un tel acte ?

Cette interrogation s'évanouit dans un fracas. Laura poussa la porte de la salle 2 et fit son entrée. Elle avait couru pour rattraper son retard.

– Alors, Laura, tu t'es encore perdue ?

Le ton du légiste se voulait sans reproche, juste complice.

– Excuse-moi ; en ce moment, c'est n'importe quoi !

– Laisse-moi deviner. Ton mari ?

– Ex-mari ! répliqua-t-elle du tac au tac.

Elle ôta son écharpe, puis reprit :

– Il se saisit de la première occasion pour me rendre la vie infernale !

– Qu'est-ce qu'il te reproche, cette fois ?

– Toujours la même histoire. Je suis une mauvaise mère, incapable d'élever mon fils. Il ne veut pas comprendre que mon métier ne connaît pas d'horaire fixe ! Une tête de mule !

Le légiste prit cette remarque avec humour.

Milan profita de cet instant pour pousser un toussotement. Une attitude qui tenait plus à de la gêne qu'à un véritable mal de gorge.

– Laura, je te présente le lieutenant Dacourt.

La capitaine examina de la tête aux pieds l'homme qui lui tendait la main pour la saluer.

– Je vois, vous êtes le Bourguignon. Mon supérieur m'a avertie de votre arrivée.

– Milan. Vous pouvez m'appeler Milan.

– Capitaine Esposito, attaqua-t-elle. Que les choses soient claires : je dirige cette enquête. Je vous tolère parce que je n'ai pas d'autre choix. Nous sommes d'accord ?

La question n'appelait aucune réponse.

Épaules carrées, cheveux bruns coiffés en queue de cheval, pointes ondulées, teint légèrement mat et veste en cuir rouge. Et, à l'évidence, un caractère bien trempé. Voilà comment Milan aurait décrit cette femme pour les besoins d'une enquête.

Les présentations terminées, Laura jeta un coup d'œil au légiste pour lui faire comprendre qu'il pouvait se mettre au travail. Il enfila ses gants en latex avant de saisir une lame fine et tranchante. De leur côté, les deux policiers passèrent sous leur nez une pommade parfumée à la menthe fraîche. Une protection efficace contre l'air qui deviendrait sous peu irrespirable.

Dictaphone enclenché, François Brunel se pencha au-dessus du corps.

Sébastien allait livrer ses derniers secrets.

✧ ✧
✧

Le légiste ne laissait rien au hasard. Avec une précision d'orfèvre, il palpait le cadavre, l'auscultait, prélevait les organes, les pesait. Chacune de ses constatations était dictée à voix haute à son enregistreur.

Le ton était monocorde. L'émotion, absente.

À plusieurs reprises, Milan dut fermer les yeux devant le spectacle qui se jouait dans cette salle. Même dépassé par les termes médicaux, il comprenait que son ami avait rendu l'âme dans d'atroces souffrances.

Laura se forçait à ne pas détourner le regard pour imprimer l'horreur dans ses moindres détails.

Le travail dura plus d'une heure.

Le légiste releva la tête :

– Asphyxie.

Le verdict résonna un instant.

Il retira ses gants et les jeta dans une poubelle. Puis il retrouva l'évier, fit couler de l'eau et poursuivit :

– Les poumons ont été transpercés de part en part.

Le regard de Laura parcourut la silhouette. Le dos exposé laissait apparaître deux immenses trous béants au niveau des reins.

– L'arme du crime ? demanda-t-elle.

– Une longue lame à double tranchant.

Le légiste referma le robinet et se plaça à la hauteur des deux policiers.

– Les incisions sont propres et nettes. Elles ont une profondeur de blessure de douze centimètres.

– Un couteau de boucher ?

– C'est une possibilité. Une chose est sûre, l'assassin n'a jamais tremblé au moment de l'acte, précisa-t-il.

Milan sentit une boule dans son ventre. Ces derniers mots apportaient un nouvel éclairage à l'enquête. Le meurtre était prémédité.

La capitaine ferma les paupières et dessina le tableau macabre. Le corps allongé, les entailles sur le dos, la tache pourpre léchant le marbre. Les cierges, lueurs frémissantes.

– Tu as d'autres éléments ?

François Brunel laissa traîner un silence.

– Votre homme ne s'est pas contenté de percer les poumons de la victime. Il lui a aussi coupé la langue. Acte post-mortem.

Deux visages empreints de dégoût se tournèrent dans sa direction. L'escalade du pire : l'assassin avait ponctué sa folie d'un geste outrageux, délirant.

François devança leurs pensées.

– J'ai pratiqué beaucoup trop d'autopsies pour ne pas reconnaître ce genre de type. Vous avez affaire à un véritable prédateur.

– La langue, c'est le sort qu'on réserve à ceux qui parlent trop, fit Milan d'une voix amère.

Le légiste abonda dans son sens d'un mouvement de tête.

– Reste à donner une raison à tout ce sang. Et ça, c'est votre domaine. En fin d'après-midi, au plus tard, vous recevrez mon rapport, promit le médecin.

Fidèle à sa réputation, François Brunel faisait preuve d'une redoutable efficacité.

Laura entoura son cou de son écharpe, le remercia et se pressa vers la sortie. Le lieutenant la talonnait. Avant de refermer la porte, il jeta un dernier regard sur la table d'autopsie.

Plus déterminé que jamais.

5

DURANT LE TRAJET, Laura relata les circonstances qui avaient permis de découvrir l'identité de Sébastien. On avait retrouvé sa voiture garée dans un parking, à quelques pas de l'église. À l'intérieur se trouvaient son portefeuille et plusieurs billets de banque entassés dans un sac en plastique.

L'inventaire des indices s'arrêtait là.

D'une oreille, Milan écoutait en laissant errer son regard sur le quartier où, chaque été, adolescent, il avait pour habitude de passer deux semaines de vacances. Un endroit toujours fidèle à ses souvenirs, comme à l'épreuve du temps. Disposées en enfilade, toutes les maisons possédaient une cour. Des petites parcelles de paradis pour les enfants qui vivaient en ces lieux. Le lieutenant se revoyait, vingt ans plus tôt, fouler ces pelouses avec son ami Sébastien. Ils étaient toute une bande à jouer au football. Sébastien et ses passes flamboyantes. Milan et son sens du placement.

La voiture banalisée emprunta une ruelle. Il ne put retenir un mince sourire à la vue de ce père aidant ses deux fils à former un bonhomme de neige.

– C'est là.

Il indiqua du doigt la résidence de Louise, la mère de Sébastien. C'est elle qui l'avait prévenu ce matin même.

Laura se gara et coupa le moteur.

Sans un mot, ils sortirent de l'habitacle. Le portillon ouvrait sur un chemin menant à une maison encerclée d'un bout de terre fatigué.

Trois coups à la porte et, quelques secondes plus tard, une vieille femme aux yeux gonflés par les larmes se présenta à eux. Les cheveux grisonnants, le dos légèrement voûté, elle témoignait le malheur qui écrasait ses épaules.

– Mi... Milan.

– Louise... Je suis venu avec la capitaine Laura Esposito. Nous avons quelques questions à te poser.

Elle les invita à entrer d'un geste de la main.

✧ ✧
✧

Assise dans son fauteuil, la mère endeuillée fixait continuellement sa tasse de thé encore chaude. Milan et Laura occupaient un canapé face à elle. Une table basse les tenait à une distance de quelques mètres, tandis qu'à l'angle du séjour, un feu de cheminée crépitait et apportait un peu de chaleur et de réconfort.

– Je suis sincèrement désolé pour Sébastien, commença le lieutenant.

Louise ferma les yeux et sentit une vague de douleur saisir sa gorge. Elle essaya de la contenir.

– Tout ça, c'est ma faute.

– Ce qui est arrivé, personne ne pouvait le prévoir.

La vieille femme releva la tête et planta son regard dans celui du jeune homme. Ses pupilles se chargeaient d'un feu de détresse.

– Hier soir, Sébastien est passé à la maison. Il avait fait le voyage depuis Lille en voiture.

Elle marqua un temps.

– Il était nerveux... Il avait besoin d'argent, de beaucoup d'argent.

Laura songea aux billets de banque retrouvés plus tôt.

– Il vous a dit combien ?

– Cinq mille euros. Une forte somme. Avec ma retraite, j'arrive à peine à joindre les deux bouts. Je n'ai rien pu lui donner...

Dans un sanglot, elle sortit son mouchoir et essuya les perles de larmes qui roulaient sur ses joues.

– Il vous a expliqué ce qu'il comptait faire de cet argent ?

– Il a refusé de me répondre. Je connais mon fils. Il était terrifié. Comme s'il cherchait à échapper à quelque chose, confia-t-elle.

Milan et Laura se regardèrent un court instant. Ils tenaient là le début d'une piste.

– Tu as une idée de ce qui aurait pu l'inquiéter ? Peut-être que Sébastien t'a parlé de ses problèmes au cours d'une conversation ? demanda le lieutenant.

– Depuis deux ans, il habitait à Lille. Hier soir, c'était la première fois que je le revoyais...

La vieille femme marqua une légère pause, réalisant :

– La dernière aussi... Il vivait avec cette Christina !

À l'intonation, Milan saisit l'arrière-pensée.

– Tu ne t'entendais pas avec elle.

Louise soupira et puisa au fond d'elle des forces insoupçonnées pour ne pas craquer.

– Elle ne m'a jamais inspiré confiance. Elle cherchait à s'emparer de mon fils, lâcha-t-elle dans un souffle. Les rares fois où Sébastien me téléphonait, nos conversations se terminaient en disputes. Il vivotait et j'avais du mal à l'accepter. Il restait encore accroché à ses rêves de devenir réalisateur.

– Et Christina ?

– Elle faisait tout pour l'encourager. Il fallait se rendre à l'évidence, cette voie ne menait nulle part, ponctua-t-elle avec un geste de dépit.

– Vous passiez pour la mère incapable de comprendre son fils, devina la capitaine.

– C'est tout à fait ça.

Le silence reprit ses droits. Chacun éprouvait le besoin de digérer ces premières informations.

Louise but une gorgée de thé avant de continuer :

– Hier soir, j'ai essayé de retenir Sébastien. Il ne voulait rien entendre. Il me disait de ne pas m'inquiéter, que tout allait rentrer dans l'ordre. Qu'il était désolé de ne pas avoir ouvert les yeux plus tôt. Il affirmait s'être trompé. C'est lui qui m'a demandé de t'appeler s'il lui arrivait quelque chose...

Milan fit un discret mouvement de la tête, d'un air entendu.

– Madame Martel, à quelle heure votre fils a-t-il quitté les lieux hier soir ? la questionna Laura.

– Il devait être un peu plus de dix-neuf heures.

La capitaine enregistra cette indication. Entre l'heure du départ de Sébastien et celle du meurtre, il s'était écoulé deux heures. Que s'était-il passé durant ce laps de temps ? Et ces billets, d'où provenaient-ils ?

La sonnerie de son portable la tira de ses réflexions.

– Excusez-moi...

Elle se leva et s'éclipsa de la maison pour accepter la communication. La vieille femme attendit que la porte d'entrée soit refermée.

– Et toi, comment vas-tu depuis tout ce temps ?

– Ça va, Louise. Je te remercie, répondit Milan.

– Je tenais à m'excuser pour tes parents. Quand j'ai appris leur mort, j'aurais dû me montrer plus présente pour te soutenir dans cette épreuve.

– Ce n'est pas le moment de t'en inquiéter.

– Tes parents étaient des amis proches.

– Louise, n'en parlons plus.

Voilà trois ans que le lieutenant avait perdu ses parents dans un accident de voiture.

Un soir. La pluie. Une chaussée glissante.

Le lendemain, la carcasse fut découverte par un groupe de chasseurs. Ce jour-là, Milan s'était retrouvé seul. Si la tristesse l'avait ébranlé, pour autant il n'avait jamais versé la moindre larme.

Une réaction qu'il ne s'expliquait toujours pas.

Quittant les lieux, il promit à la mère éplorée de lever le voile sur les circonstances de la mort de Sébastien. Puis, il la laissa afin qu'elle retrouve le calme et le repos nécessaires pour entamer son deuil.

✧ ✧
✧

Adossée contre la portière de sa voiture, les bras croisés, la capitaine fixait le lieutenant qui venait dans sa direction.

– Ça fait combien de temps que vous n'avez pas revu votre ami ?

– Je ne sais pas. Peut-être dix ans.

– Dix ans !

Milan se sentit obligé de se justifier.

– Mes parents étaient proches de Louise. Sébastien et moi, on se voyait régulièrement durant notre adolescence. Je passais mes vacances scolaires ici même. À notre majorité, nos chemins ont commencé à se séparer. Il a déménagé à Paris et a intégré une école de cinéma. De mon côté, je me suis concentré sur ma carrière.

– Depuis, vous ne vous êtes plus donné de nouvelles ?

– Quelques appels de temps à autre et des courriels. Le temps et la distance ont fini par nous éloigner.

La capitaine ouvrit la portière de sa Peugeot 308.

– Hier soir, une station-service a été braquée. Devinez qui a été identifié sur les bandes vidéo.

6

DEPUIS QU'ILS SE PASSIONNAIENT pour l'exploration urbaine, jamais ils n'avaient eu la chance de visiter un lieu aussi impressionnant. Amateurs de sensations fortes, Benjamin et Jérôme relataient leurs expériences sur leur site Internet. Un carnet de route virtuel, agrémenté de photos et de vidéos.

En quelques mois, les deux adolescents bruxellois s'étaient forgé un véritable nom dans la communauté « urbex ». Aujourd'hui, de nombreux internautes attendaient avec impatience la suite de leurs aventures.

Comme toujours, ils respectaient trois règles.

Ne jamais pénétrer dans un lieu en cassant une porte ou une vitre. Garder secret l'endroit précis de leur visite. Enfin, rester le plus discrets possible.

Situé à quelques kilomètres de Bruxelles, à l'abri des regards, l'asile psychiatrique se blottissait dans le creux d'une forêt. Construit dans la pure tradition néogothique, le bâtiment aux briques rouges se composait de trois étages. Des planches de bois condamnaient les portes et les hautes fenêtres. Des panneaux interdisaient formellement d'entrer dans les lieux, sous peine de poursuites judiciaires.

Sans même y prêter attention, les deux amis firent le tour de l'enceinte et parvinrent au pied d'une trappe. Dégageant la neige, ils la soulevèrent. Les faisceaux de leurs lampes dévoilèrent un escalier qui menait tout droit dans les entrailles de la bâtisse.

Quelques pas suffirent pour qu'une encre opaque comme du goudron les encercle. En silence, Benjamin et Jérôme avançaient, à l'affût du moindre bruit, guidés par leurs traits de lumière.

Comme avant chaque expédition, ils s'étaient renseignés sur l'histoire de l'asile. Construit dans les années vingt, l'établissement accueillait des femmes à la santé mentale fragile. L'objectif visait à pratiquer une médecine moderne en leur offrant un maximum de confort et de liberté. Durant ces heures de gloire, on n'en comptait pas moins d'une trentaine dans ces lieux. Ce n'est qu'au début des années quatre-vingt-dix que les ennuis commencèrent. Les locaux considérés comme non conformes en matière de sécurité demandaient d'énormes investissements pour leur rénovation. Devant l'ampleur des travaux, les patientes furent transférées dans des cliniques environnantes. De son côté, l'Administration décida de vendre le bâtiment. Toutes les possibilités furent étudiées. Du complexe hôtelier à l'université privée.

Aucune n'aboutit.

Au-delà de cette histoire, les « urbexeurs » avaient relevé une autre anecdote. Une de celles qu'on évoque les soirs de pleine lune, au coin d'un feu de cheminée, pour se faire peur. D'après la légende, une patiente nommée Adèle Brouck avait été assassinée aux abords de l'asile. L'enquête de police diligentée à l'époque avait permis de mettre en relation ce meurtre avec ceux perpétrés par un tueur en série surnommé le Borgne.

Adèle avait été sa première victime.

Les deux adolescents rejoignirent le rez-de-chaussée du bâtiment. Benjamin profita de la lumière qui filtrait à travers les planches pour dégainer son appareil photo. De son côté, Jérôme enclencha sa caméra GoPro et la positionna sur sa poitrine à l'aide d'un harnais. Par ce procédé, il pouvait se promener et filmer en toute liberté.

L'usure du temps imprégnait le parquet comme les murs défraîchis tandis que la moisissure empestait à mesure qu'ils empruntaient un long couloir. Leurs pas réveillèrent la poussière qui se soulevait en petites particules. Ici et là, des vêtements fatigués, des journaux d'une autre époque, des sacs plastique et des détritus jonchaient le sol. Un ensemble de portes, la plupart fracassées, se dressaient sur leur route et donnaient accès à des pièces vides, suintantes d'humidité.

Dans sa progression, Benjamin mitraillait tout ce qui passait devant son objectif. Les crépitements incessants de son reflex les portèrent à la hauteur de la dernière porte.

Un écriteau indiquait que cette pièce avait servi de bureau au psychiatre Robert Mallancourt. Jérôme tourna la poignée et poussa par deux fois le bois, qui finit par céder dans un grincement.

Une immense table de travail en bois massif où plusieurs dossiers s'étalaient, comme sur le parquet, les accueillit.

Clic. Benjamin immortalisa la scène tandis que Jérôme s'avançait vers une antique bibliothèque appuyée au mur du fond. Une collection entière d'ouvrages garnissait le meuble. Les thèmes abordés concernaient la psychiatrie, de l'hypnotisme à l'électrothérapie.

– Mec... Viens voir par là, chuchota-t-il.

Benjamin fit quelques pas pour se rapprocher de son ami qui feuilletait un livre.

– Ça me fait flipper, ce genre de bouquins.

– Tu t'attendais à quoi ? On est dans un ancien hôpital psychiatrique, lâcha Benjamin.

Sur cette remarque, il jeta son dévolu sur les rapports éparpillés sur le bureau.

Chaque fois, l'écriture était des plus fines et élégantes. À la lecture des comptes rendus du docteur Mallancourt, le jeune « urbexeur » prit conscience qu'il tenait entre ses mains un véritable trésor. Un vestige de l'histoire de cet asile. Ce privilège suffisait à lui procurer un franc sourire.

Délaissant à son tour la bibliothèque, Jérôme se concentra sur les tiroirs du bureau. À l'intérieur, il dénicha une paire de lunettes et quelques documents sans intérêt.

– Putain, c'est fou, ça !

Jérôme releva la tête en direction de son compagnon, qui lui tendait une chemise en carton.

– C'est quoi ? demanda-t-il en s'en saisissant.

– Le dossier d'Adèle Brouck.

– La femme assassinée ?

– Ouais...

Silence. Ils échangèrent un long regard. Jusqu'à présent, chacun s'était refusé à évoquer ce nom à haute voix, comme s'ils craignaient une quelconque malédiction.

Jérôme ouvrit le document dont les feuilles jaunies menaçaient de se déchirer. Au fil des pages, le psychiatre expliquait qu'Adèle Brouck était victime d'hallucinations paranoïaques particulièrement virulentes. Malgré de nombreux soins, son état s'était sans cesse aggravé. Il déclarait son impuissance face au mal qui rongeait sa patiente. À plusieurs reprises, il avait été contraint d'utiliser une camisole de force pour l'empêcher de se blesser. Robert Mallancourt ne comprenait pas comment un visage si angélique pouvait d'un instant à l'autre se métamorphoser en un démon animé de brutalité et de violence.

Il se disait...

– Faudrait y aller ! proposa Benjamin, qui se sentit mal à l'aise.

– Qu'est-ce qui t'arrive ?

– Je ne sais pas. On ne devrait pas lire ce rapport. On n'est pas là pour ça.

– Mais c'est toi qui me l'as tendu !

– J'ai eu tort ! trancha-t-il.

Une étrange anxiété glissa dans ses yeux.

Jérôme acquiesça :

– T'as raison ! On a d'autres pièces à visiter.

Benjamin sortit la carte mémoire de son appareil.

– T'as déjà plus de place sur ta carte ?

– T'as vu le site, c'est immense !

Un grincement les fit sursauter.

Des bruits de pas. À l'étage supérieur.

Les jeunes hommes furent pris d'une bouffée de peur.

Un vagabond ? Un gardien ? D'autres « urbexeurs » ?

Ou un animal ?

– Y a quelqu'un, chuchota Jérôme.

Il posa son doigt sur sa bouche pour faire comprendre à son ami que le silence absolu s'imposait. Telles deux statues, figés par l'angoisse, ils guettèrent le moindre mouvement.

Au terme d'interminables minutes, tout semblait rentré dans l'ordre. Ils sortirent et montèrent à l'étage. La suite de leur visite les conforta dans l'idée qu'ils avaient paniqué pour rien. Ils en étaient à présent certains. Ils se trouvaient seuls dans cette bâtisse.

À ce niveau, plusieurs pièces se succédèrent devant leurs objectifs : chambres, salles communes, salles de bains, salles d'opération.

Il en fut de même pour le troisième étage.

Ensuite, Benjamin et Jérôme gagnèrent le grenier de l'asile. Ils progressaient lentement, prenant garde à ne pas cogner leur tête contre les poutres apparentes.

De vieux cartons d'où débordaient quantité d'objets avaient été entreposés dans cette partie du bâtiment, véritable fourre-tout. Dans un coin s'amassaient quelques chaises et, plus surprenant, une baignoire. Jérôme en profita pour s'asseoir sur le rebord, laissant son ami immortaliser le périmètre.

Le photographe s'arrêta un court instant pour regarder son écran numérique. Sourcils froncés, il activa la fonction lecture de son appareil.

– T'as un problème ? demanda Jérôme.

– Je ne sais pas. Il y a un truc bizarre sur les photos.

Jérôme se leva et rejoignit son ami pour comprendre ce qui pouvait le perturber. D'un œil clinique, il détailla le cliché et perçut l'évidence.

– Putain ! On a failli passer à côté !

Sur ces mots, il glissa sa lampe en direction de la découverte. Une brèche dans le mur du fond donnait sur une seconde pièce.

Leur curiosité les poussa à l'explorer. Les cônes blancs délimitèrent les contours d'une zone vide, sans réel intérêt.

Pourtant, quelque chose grouillait à quelques mètres, dans des bruissements confus. L'odeur de charogne qui s'en dégageait obligea les deux amis à se protéger le nez du revers de la main. Là, Jérôme sentit une mouche se poser sur son bras.

Puis, une deuxième.

7

LA STATION-SERVICE était ouverte jour et nuit. Un client finissait de remplir le réservoir de son 4 × 4 lorsque Laura se gara sur le parking.

Les lumières des halogènes se réfléchissaient sur le sol et teintaient la neige de couleurs criardes. Placé en évidence sur la façade, un panneau informait le public que le bâtiment était sous surveillance vidéo.

Accoudé à son comptoir, un homme d'une quarantaine d'années, bedonnant, lisait un magazine dans l'espoir de faire passer le temps. Les verres de ses lunettes conféraient à ses yeux un aspect globuleux. En le voyant, Laura songea à Nemo, le poisson-clown immortalisé par les studios Pixar. Son fils Damien adorait regarder ce dessin animé.

Elle lui présenta sa carte :

– Capitaine Esposito. Voici le lieutenant Dacourt.

– Encore ! J'ai déjà tout dit à vos collègues, ce matin !

– Nous avons besoin de quelques précisions.

L'homme leva les yeux au ciel, peu enchanté à l'idée de devoir se soumettre une nouvelle fois aux questions des forces de l'ordre.

Milan remarqua la caméra accrochée dans l'angle, au-dessus de l'accueil.

– Hier soir, c'est vous qui étiez de service ? commença Laura.

– Ouais ! C'était moi ! Depuis que je travaille dans ce trou, c'est moi qui bosse la nuit ! Vos collègues vous l'ont sûrement dit.

– Pourriez-vous me décrire votre agresseur ?

– Demandez à vos collègues !

Laura planta son regard dans le sien et lui lança des éclairs de fureur.

– Je ne suis pas vraiment d'humeur.

L'homme comprit qu'il n'avait pas d'autre choix.

Laissant la capitaine s'entretenir avec l'employé, Milan fit un rapide tour de la boutique. Il découvrit une zone composée de plusieurs îlots, disposant de nourriture, de produits culturels et d'ustensiles d'urgence destinés à la route. La partie gauche accueillait quant à elle une rangée de machines à café et des tables hautes. Son intérêt se porta au plafond, où quatre caméras surveillaient en permanence l'activité du lieu.

Rien ne pouvait échapper aux yeux de verre.

– J'suis pas près d'oublier sa tête, continua l'employé. Il était grand, les cheveux rasés, les yeux bleus. Il était complètement stressé, le genre pas sûr de lui.

Laura tiqua à cette remarque :

– C'est-à-dire ?

– C'est pas la première fois que je me fais braquer. Une station-service, c'est le bon plan pour se faire du fric, expliqua-t-il en haussant les épaules.

– Il était différent des autres braqueurs ?

– Pas de doute ! D'ordinaire, les mecs qui volent la station sont cagoulés et organisés ! En deux minutes, c'est réglé ! Là, j'avais affaire à un débutant.

– Il paniquait ?

– Le mot est faible. Et puis, entre nous, c'est quoi, la logique de venir me braquer en ce moment ? Avec la neige, il n'y a presque personne sur les routes. J'ai peu de liquide dans ma caisse.

Du regard, l'employé suivit Milan qui se rapprochait du comptoir.

– Toutes les caméras fonctionnent ? demanda-t-il.

– On en a quatre dans le magasin et une cinquième à l'extérieur. Les bandes vidéo ont été saisies par vos collègues.

Le lieutenant s'illumina d'un sourire.

– Allez... Je suis certain qu'il vous reste une sauvegarde.

L'homme prit un temps de réflexion.

– C'est pas impossible.

✧ ✧
✧

L'utilisation du système de surveillance était semblable à celle d'un lecteur DVD. Muni de la télécommande, l'employé cala les *timecodes* des différentes caméras. À présent, cinq parties scindaient l'écran de télévision. Chaque carré représentait l'enregistrement d'une caméra.

Laura remercia l'employé, qui fila discrètement.

– Je peux savoir ce que vous cherchez exactement ? demanda la capitaine à Milan.

– L'employé a raison. Il n'y a aucune logique à braquer cette station-service.

Lecture.

La caméra placée à l'extérieur de la boutique offrait une vision globale du parking et des pompes à essence, cadrés en plan large. Les fortes précipitations des derniers jours ralentissaient l'activité routière. Il leur fallut attendre plusieurs minutes pour que l'œil de verre capte un mouvement.

La voiture de Sébastien apparut à l'écran. Il se gara devant l'entrée. Moteur allumé, il sortit de son véhicule, revolver en main. Au-delà de cette première surprise, Milan fronça les sourcils en constatant que son ami d'enfance avait le visage découvert.

À l'intérieur, les quatre caméras prirent le relais.

La zone était vide.

L'employé lavait le sol lorsque Sébastien pointa son arme. Celui-ci tremblait de tout son corps. Ses gestes et son attitude témoignaient un manque évident de maîtrise. Poussé par la menace, l'autre regagna son comptoir et ouvrit sa caisse. De son côté, Sébastien jetait sans cesse des regards à l'extérieur de la boutique.

– Dans le genre braqueur, j'ai connu mieux, commenta la capitaine.

Les images lui donnaient raison. Mais le lieutenant restait convaincu qu'il fallait voir plus loin.

L'employé tendit un sac blanc contenant quelques billets. Une récolte bien maigre. Sébastien s'en saisit et focalisa son intérêt sur la caméra accrochée au-dessus de l'accueil. Plusieurs secondes défilèrent pendant lesquelles l'homme demeura immobile, sans réaction. Milan en profita pour zoomer sur le visage de son ami.

Et il comprit.

La bouche entrouverte, le visage contracté ; les deux billes, décidées à sortir de leurs orbites, sculptaient l'expression de Sébastien dans la terreur.

Pause.

Milan évalua le *timecode*. Il s'était écoulé six minutes.

Une prise de risque trop grande pour si peu à l'arrivée.

– Je le savais...

Laura afficha un air confus.

– Plus précisément ?

– Hier, Sébastien a fait sept cents kilomètres pour rejoindre Lyon. Il s'est rendu chez sa mère pour lui demander de l'argent. Elle n'en avait pas. Avant de la laisser, il lui a confié qu'il s'était trompé et qu'il regrettait son erreur. Nous sommes bien d'accord ?

– J'ai entendu la même chose que vous.

– De là, il prend sa voiture et s'arrête dans cette station-service pour commettre un braquage sans prendre la peine d'être cagoulé. Vous avez vu son comportement ?

– Il est plutôt nerveux et regarde constamment le parking.

– Pour s'assurer de ne pas avoir été suivi...

– Ce qui va dans le sens de ce que nous affirmait Louise. Elle sentait son fils terrifié, en fuite, continua la capitaine.

– Quel genre de braqueur agit de la sorte ?

– Je n'en connais pas.

Milan leva un doigt pour accentuer ses propos.

– Et c'est normal. Sébastien ne commet pas un braquage.

– Et l'argent ?

– Il avait besoin de cinq mille euros. J'imagine qu'il projetait de quitter le pays, de fuir le plus loin possible. Il n'avait aucune chance d'y arriver. Sébastien a agi dans l'urgence pour attirer notre attention.

Laura laissa filer quelques secondes pour assimiler les informations jetées à haute voix.

– Attendez ! Je ne saisis pas. Qu'est-ce qui vous permet d'affirmer une telle chose ?

Le lieutenant fixa le téléviseur. À l'écran, Sébastien portait son regard sur l'œil de verre.

– Un détail que personne ne peut relever, sauf moi. Avec les gamins de son quartier, on jouait souvent au football. On réussissait toujours à surprendre nos adversaires, car on avait établi un langage particulier avec nos mains. Notamment un signe qui fonctionnait très bien. Sur un coup franc ou un corner, lorsqu'il avait l'intention de me passer le ballon, il faisait ce geste...

Milan tendit la main et croisa son index et son majeur.

– Comme si vous vous souhaitiez bonne chance ? s'étonna la capitaine.

– En quelque sorte... Sauf que ça tenait plus de « c'est à toi de jouer » !

Comprenant son sort, Sébastien aurait-il tenté l'impossible ?

Forte de cette découverte, Laura fixa son attention sur l'écran. Elle vit Sébastien, arme au poing. Son bras gauche glissait le long de son corps. Sa main était posée à plat contre sa cuisse. La capitaine dut plisser les yeux pour admettre l'évidence. Ses deux doigts étaient croisés.

– Incroyable ! lâcha-t-elle, bouche bée.

Milan repensa aux derniers mots de Louise. Sébastien lui avait demandé de le prévenir s'il lui arrivait quelque chose, alors qu'il se trouvait en fuite.

De qui ? De quoi ?

Une certitude éclaira l'esprit du lieutenant.

– Il veut qu'on enquête sur lui.

8

HUGO ADAMI faisait le compte tout en grattant sa barbe hirsute et grisonnante.

Vingt-quatre ans.

Vingt-quatre années qu'il n'était pas revenu dans cet endroit. Il avait presque oublié son existence. Entre-temps, Hugo avait pris de l'âge. Les rides qui creusaient son visage en témoignaient comme les rares cheveux sur son crâne. À soixante ans, il avait abandonné les jeans serrés et les chemises près du corps au profit de costumes plus amples.

Il soupira un court instant, en quête de courage. Le froid tranchant conféra à son souffle de petits nuages qui flottèrent dans l'air. La ferveur de sa jeunesse lui paraissait bien loin. Son métier avait fini par l'user, rongeant peu à peu ses maigres convictions.

Des halogènes illuminaient la zone.

Le parquet grinçait sous les pas lourds du commissaire. Il enfila une paire de gants en latex et constata que cette partie du grenier se trouvait en bien meilleur état que le reste du bâtiment.

À un mètre du mur du fond, lui tournant le dos, une femme nue était assise sur une chaise. Des cordes lacéraient ses poignets et ses chevilles. Une odeur nauséabonde s'en dégageait. Adami se rapprocha de la dépouille tout en luttant pour ne pas tourner de l'œil. À plusieurs reprises, il battit l'air de son bras pour chasser les mouches se disputant le butin.

Positionné devant la victime, il découvrit une plaie béante au niveau du ventre. Sur son sexe et ses cuisses couraient des dizaines de filets coagulés. Sur les bras minces, des lignes de sang séché formaient un sinistre réseau qui partait du cou. Le regard de l'homme remonta le corps sculpté et criblé d'ecchymoses.

Là, dans une grimace, Adami ferma les yeux.

Deux globes marron l'observaient. Deux billes de torpeur, dénuées de vie.

Le reste du visage avait été arraché.

Médecin légiste, Isabelle Forgeret pénétra dans la pièce. Mains dans les poches, elle semblait peu perturbée par le massacre.

– On lui a fait une teinture, annonça-t-elle.

Adami sourcilla en relevant la tête en direction de la trentenaire.

– Tu es sérieuse ?

– Je te laisse en juger.

Longs et raides, les cheveux châtains de la victime tombaient à la hauteur de ses seins. Le commissaire constata à la racine quelques reflets d'or et des taches de teinture sur les oreilles.

– C'est récent ?

– Quelques heures avant le meurtre.

Isabelle le fixa de ses yeux émeraude et poursuivit :

– Il lui a aussi arraché les dents.

– Ses empreintes digitales ?

– Il ne les a pas touchées.

– Minute ! Pourquoi lui arracher les dents, le visage, lui teindre les cheveux et laisser ses empreintes digitales en parfait état ?

– Je me suis posé la même question. D'autant que la mort est sans rapport avec ces actes barbares.

– Tu veux dire qu'il lui a arraché le visage après sa mort ?

– Hugo. Cette femme a été éventrée. Vu la profondeur des entailles, je ne doute pas un seul instant que ce soit la cause de sa mort.

Une réponse qui laissa place à l'incompréhension. Des deux mains, Adami se frotta le visage pour remettre de l'ordre dans ses idées.

– En procédant ainsi, commença-t-il, le tueur refuse qu'on découvre l'identité de sa victime. Mais il nous laisse quelques éléments pour qu'on y parvienne. C'est complètement dingue !

La légiste acquiesça et repoussa une de ses mèches rousses qui lui barraient le front.

– Les lieux, ça donne quoi ? continua-t-il.

– Aucune trace de sang. Hormis celles qui se trouvent à ses pieds.

– Il l'a tuée ici même, comprit le commissaire. J'imagine qu'à l'extérieur de l'asile, ça ne donne rien ?

Isabelle ne prit pas la peine de répondre. Tous deux savaient qu'avec la neige qui tombait depuis plusieurs jours, les chances de retrouver un quelconque indice étaient proches de zéro.

– La reconstitution faciale et l'analyse de ses empreintes digitales vont nous aider à identifier cette malheureuse, conclut-elle.

– Les empreintes ne mèneront à rien. Notre victime n'est pas fichée.

– Tu es bien sûr de toi.

Il laissa s'installer un court silence et pesa ses paroles.

– D'après ce que je vois, l'assassin est méthodique. Rien n'est laissé au hasard. Ça n'a aucun sens de se donner autant de mal et de laisser intact le bout des doigts. Par contre, son visage... s'il l'a arraché, c'est que...

Son large sourire dévoila des dents jaunies par le tabac.

– Notre victime est peut-être connue pour son physique. Une célébrité ou alors une personne disparue ? Je vais examiner la base de données. Avec la reconstitution faciale, nous aurons peut-être une correspondance. Tu penses en avoir pour combien de temps ?

– Pour l'autopsie, ça ira. Dans quelques heures, ce sera réglé. La reconstitution faciale sera plus longue.

Adami s'accroupit pour se retrouver à la hauteur du ventre de la défunte.

– Ces ecchymoses sont l'œuvre de notre tueur ?

– C'est probable. Leur couleur rougeâtre prouve qu'elles sont récentes.

Le commissaire ferma les yeux. Dans sa tête, des dizaines de questions se bousculèrent, s'entrechoquèrent.

– Qu'est-ce que tu penses du tueur ?

– Arracher un visage demande une grande maîtrise. Étant donné la précision avec laquelle il a découpé la peau, je peux t'affirmer que c'est du grand art. L'assassin n'a jamais tremblé au moment de l'acte. Il manie les outils tranchants à la perfection.

Le ton de la légiste ne laissait aucune place au doute.

– Ils sont où, les deux gamins ? demanda Adami.

– Au rez-de-chaussée. L'un d'eux est tombé dans les pommes en découvrant le corps.

Hugo sourcilla :

– Ils l'ont eu, leur grand frisson.

✧ ✧
✧

Leurs visages blafards portaient les stigmates de leur découverte. Assis sur les marches de l'escalier, couvertures sur le dos, Benjamin et Jérôme se serraient l'un contre l'autre. À présent, un lien plus fort que leur passion les unissait. Tous les deux se lèveraient dans la nuit, hantés par ces images macabres imprimées par leur cerveau.

Adami les rejoignit et se présenta.

La peur étranglait encore les voix des deux compagnons. En quelques mots, ils expliquèrent les circonstances qui les avaient amenés à se retrouver dans cet asile à l'accès interdit.

– Si je comprends bien, votre plaisir, c'est de visiter des lieux abandonnés.

– C'est à peu près ça, répondit Jérôme.

Il semblait moins touché par les événements.

– OK. Donc, des lieux privés... Votre passion est clandestine, autrement dit, discrète.

Le commissaire glissa son pouce et son index sur son menton.

– Comment avez-vous eu l'info concernant l'asile ?

Les deux garçons se regardèrent un court instant, gênés par la question.

– Les gars ! Vous êtes rentrés dans un lieu interdit au public, malgré les panneaux. Je veux bien fermer les yeux sur cet « incident ».

Avec ses doigts, il mima des guillemets.

– Par contre, je vais vous rafraîchir la mémoire. Au grenier, j'ai une femme nue, éventrée et sans visage... Ça vous revient ?

– À vrai dire, on ne sait pas, avoua Jérôme.

– Je perds patience !

– Il faut nous croire ! Avec Benjamin, on a un site Internet. On a reçu un courriel, hier matin. C'est de cette façon que nous avons appris l'existence de cet endroit.

– Qui vous l'a envoyé ?

– Érostrate.

Adami le savait. Ce message était l'œuvre du tueur. En contactant les deux « urbexeurs », il voulait qu'on découvre son meurtre.

– Érostrate ? Il est connu dans votre communauté ?

– Jamais entendu parler, répondit Jérôme.

– Vous avez encore le message ?

– Dans nos ordinateurs.

La première chose à faire était de confier les appareils aux spécialistes de l'informatique afin qu'ils remontent la trace de cet échange. Le commissaire ne se faisait pas beaucoup d'illusions sur les résultats d'une telle démarche. Le tueur avait sans doute pris toutes les précautions pour brouiller les pistes.

– Quand vous menez une exploration, vous n'arrivez pas les mains vides, poursuivit-il.

– On a notre caméra et un appareil photo.

– Ce sont de potentielles preuves. Je vais devoir les saisir pour l'enquête.

Le ton ferme du sexagénaire laissa les deux amis sans voix. Les dernières heures les avaient fatigués, usés psychologiquement. Leur seule envie était de rentrer chez eux et d'oublier cette sordide histoire.

Benjamin tâta les poches de son pantalon. Elles étaient vides.

– Ma carte SD... J'ai perdu ma carte SD...

Les pupilles du commissaire, translucides comme de la glace, attendirent la suite.

– Je me souviens, il y a eu ce bruit. J'ai paniqué. C'est là que j'ai dû la faire tomber.

– Quel bruit ?

– On était dans le bureau du psychiatre Mallancourt. On consultait des dossiers.

Benjamin se tourna vers son ami.

– Jérôme, tu t'en souviens ?

– Oui, c'est vrai, acquiesça celui-ci. On a entendu comme des pas.

– Vous en êtes certains ?

Comme un seul homme, ils hochèrent la tête.

Dans le champ de vision du sexagénaire passa Richard Declerc, un jeune inspecteur travaillant sous ses ordres depuis quatre ans.

– Richard.

Ce dernier arriva à la hauteur de son supérieur, attentif aux prochaines directives.

– Commissaire ?

– Je vais avoir besoin de ton aide. File dans le bureau du psychiatre Mallancourt. Il doit y avoir une carte mémoire. Il me la faut.

– Vous pouvez compter sur moi ! lança-t-il.

L'homme s'éclipsa d'un pas pressé, sous le regard du commissaire qui laissa courir quelques secondes, avant de reprendre son flot de questions :

– À quoi correspondaient ces dossiers ?

– Aux patientes de l'asile. Jérôme et moi, on a eu froid dans le dos...

– Pour quelle raison ?

– On a découvert celui d'Adèle Brouck, avoua Benjamin.

À l'évocation de ce nom, Adami reçut un choc semblable à un uppercut de Mike Tyson. En revenant dans cet asile, il savait que les fantômes de son passé hurleraient leurs complaintes de regrets dans sa mémoire.

Mais pas aussi fort. Aussi violemment.

9

LES PORTES BATTANTES ouvraient sur un long couloir aux murs bruts, percés de chaque côté par une dizaine de pièces. Locaux de la Direction interrégionale de la police judiciaire de Lyon, cinquième étage.

En remontant le boyau, Milan jeta de rapides coups d'œil. Ici et là, on tapait sur des claviers, on menait des interrogatoires, on levait la voix au téléphone pour obtenir des informations. Des relents de café, de tabac froid et de sueur imprégnaient les lieux.

Arrivée à la dernière porte sur la droite, Laura l'ouvrit.

Les policiers se retrouvaient dans cette pièce, véritable poumon de la PJ, pour échapper à la rudesse de leur métier. De forme carrée, l'espace comportait un canapé longeant le mur de gauche. En face était disposé un meuble, composé de plusieurs cubes empilés. Une télévision trônait près de l'inévitable machine Nespresso. Le périmètre se tapissait de grands succès cinématographiques comme *36 quai des Orfèvres*, *Scènes de crimes* ou encore *L'assaut*. Enfin, en son centre s'étirait une table basse sur laquelle des magazines reposaient à côté d'un cendrier plein à ras bord.

Laura retira sa veste en cuir rouge et la jeta sur le canapé.

– Qu'est-ce que je vous sers ? demanda-t-elle à Milan.

– Un café serré, sans sucre.

Laura appuya sur le bouton luminescent et, dans un vrombissement, la cafetière délivra son liquide noir.

– Vous avez un endroit où dormir ?

Aussi surprenante qu'inattendue, la question ramena Milan à sa propre condition. Avec l'urgence des dernières heures, il avait quitté sa ville natale sans même se soucier de son confort. Devant la mine confuse de son nouveau partenaire, la capitaine Esposito devina la réponse.

– Ma porte est grande ouverte. Ce n'est pas immense, mais j'ai un bon canapé-lit, proposa-t-elle.

Elle posa les tasses sur la table.

– Je ne voudrais pas vous déranger.

– Je vous rassure, vous n'allez pas gêner grand monde.

– J'ai cru comprendre que vous aviez un petit garçon, fit le lieutenant.

– Oui. Damien... Il a trois ans. En ce moment, il est chez son père. C'est un peu compliqué.

– Vous êtes divorcée ?

Laura poussa un soupir :

– Écoutez, Milan, on n'est peut-être pas obligés de parler de ma vie privée... Restons sur l'affaire !

La voix de la capitaine était montée d'une octave. Les sourcils froncés, elle fixait l'homme avec dureté. Sujet épineux. Milan leva ses deux mains en signe d'apaisement.

– Vous avez raison. Je me mêle de ce qui ne me regarde pas.

Un silence de malaise s'étira de longues secondes.

Du coin de l'œil, Laura observait le lieutenant. Elle s'en voulait d'avoir réagi de la sorte. Depuis que son ex-mari, Stéphane, l'avait trompée, elle avait perdu toute confiance en elle. Elle se sentait si humiliée, souillée, que le simple fait d'évoquer le fiasco de son mariage suffisait à la rendre électrique. Au fond de ce gouffre surgissait toutes les deux semaines son soleil.

Damien.

Il fallait revenir au travail. Le seul domaine qu'elle maîtrisait encore.

– Si je suis votre logique, les images enregistrées à la station-service sont en quelque sorte... fausses...

– Elles offrent une double lecture. Sébastien a voulu me faire passer un message pour que j'enquête sur lui. Ça va dans le sens de l'autopsie. On lui a coupé la langue parce qu'il...

– Parce qu'il savait quelque chose.

Milan hocha la tête dans un sourire désarmant.

– Reste à découvrir quoi. Pour ça, nous devons retrouver Christina, conclut-il.

– J'ai prévenu les collègues de Lille. On ne devrait pas tarder à avoir des nouvelles.

En rentrant de la station-service, Laura avait contacté le capitaine Thomas Blanchard, une vieille connaissance qui officiait à Lille. Ils s'étaient rencontrés à l'époque de leur formation à l'ENSP – École nationale supérieure de la police –, à Cannes-Écluse, en Île-de-France.

Un silence retomba, plus long. Personne ne le rompit.

Depuis le matin, ils gardaient une certaine retenue, s'évaluaient tout en douceur comme pour mieux s'apprivoiser.

Laura s'en voulait encore de sa réaction. Elle en prenait conscience, son comportement ne facilitait pas leurs rapports.

– Je suis désolée pour tout à l'heure...

– N'en parlons plus, sourit le lieutenant.

Elle haussa les épaules.

– En ce moment, j'ai l'impression de perdre pied...

– Vous n'avez pas à vous justifier.

Il lui sourit une nouvelle fois. Dans son regard, elle ne perçut aucun reproche. L'incident était clos.

C'est là qu'elle sentit sa poitrine vibrer.

– Capitaine Esposito ! annonça-t-elle dans le combiné.

– C'est moi, Blanchard !

Elle fit un signe de tête en direction de Milan. Le coup de téléphone tant attendu venait d'arriver.

– Elle est avec vous ?

Aucune réponse.

– Thomas ! Elle est avec vous ?

– Écoute... On l'a retrouvée pendue, lança-t-il d'une voix désolée.

10

LE COURRIEL REÇU par les deux « urbexeurs » ne donnait rien. L'assassin s'était servi de la technologie Tor. Un réseau Internet qui assurait à son utilisateur un total anonymat. Par ce procédé, le message avait transité par différents ordinateurs, situés dans une dizaine de pays, avant d'atterrir dans la boîte de réception des deux compagnons. Il était impossible de remonter à sa source pour identifier son auteur.

Les photos récupérées sur la carte SD n'offraient rien de probant pour Adami. Belles, mais sans intérêt.

Son dernier espoir s'était porté sur la victime elle-même. Il avait consulté la base de données des personnes disparues. À la vue des premières informations en sa possession, il s'était restreint à deux critères.

L'âge et la ville.

Tout le reste de la journée, des visages de femmes âgées de vingt à trente ans avaient défilé sous ses yeux.

Adami avait la sensation d'être un pêcheur voguant dans un océan de brouillard. Le constat l'alarmait. Plus de mille personnes par an disparaissaient de manière inquiétante en Belgique, environ trois dossiers par jour étaient ouverts. Si 95 % des affaires étaient résolues, les autres gardaient leur part de mystère.

Actes de violence ? Viols ? Meurtres ? Enlèvements ?

Les causes et les raisons de tels drames restaient multiples.

Il avait étendu son champ de recherche en sortant les dossiers en cours et comparé la signature singulière de ce meurtre avec les autres.

Un coup d'épée dans l'eau.

✧ ✧
✧

Trois heures trente du matin.

La nuit s'étirait, enveloppée dans son linceul de neige.

Situé rue de Montserrat, l'institut médico-légal se composait de trois étages à l'architecture austère. Disposés tout autour de ce bloc, des réverbères projetaient leur lumière blafarde sur le bâtiment. En dépit de l'heure tardive, on pouvait apercevoir, derrière certaines fenêtres, des hommes et femmes en blouses blanches, plongés dans leurs activités.

La mort n'offrait aucun répit, ne connaissait pas d'horaire.

Plus tôt, Isabelle Forgeret avait contacté par téléphone le commissaire, lui annonçant qu'elle avait terminé son autopsie. Pressé de connaître les résultats, Adami lui avait demandé de l'attendre.

Les portes automatiques s'ouvrirent sur un hall désert. Il le traversa d'un pas pressé, puis remonta un couloir sans fin. En trente-huit ans de service comme inspecteur, puis en tant que commissaire, il avait apprivoisé ce lieu. Ses narines ne sentaient plus ce mélange d'odeurs âcres flottant dans les airs. Dévalant un escalier, il s'enfonça un peu plus dans les entrailles du bâtiment. Sur sa route, il croisa un technicien médico-légal qui poussait un chariot où reposait un corps dans un sac en polyéthylène noir.

Ses dernières foulées stoppèrent devant la porte de la salle 2.

C'est ici que pratiquait la légiste.

Plusieurs points de suture quadrillaient la victime étendue sur la table en inox. On avait refermé les plaies, lavé les traces de sang. La peau de l'inconnue prenait à présent un aspect caoutchouteux.

Assise à son bureau, les yeux rivés sur son ordinateur, Isabelle consultait sa page Facebook en mangeant une salade de carottes. La fatigue creusait ses joues alors qu'une lividité cadavérique teintait son visage.

– Ah ! Hugo.

Elle s'essuya la bouche à l'aide d'une serviette en papier et remisa sa nourriture.

– Dis-moi tout ! lança-t-il.

Isabelle sortit le rapport d'autopsie d'un tiroir et le lui confia. Il le parcourut, puis releva le menton.

– Va à l'essentiel !

Il ponctua ses paroles d'un léger sourire.

– Je me demande pourquoi je m'obstine à taper mon rapport. Tu ne prends jamais la peine de le lire, plaisanta-t-elle.

Elle s'avança vers le centre de la salle, où s'élevait la table d'autopsie. Elle se frotta les yeux et commença à lui faire part de ses découvertes :

– Notre victime a une vingtaine d'années. Son abdomen a été transpercé de part en part. J'ai relevé pas moins de vingt-quatre coups de couteau.

– À quand tu situes la mort ?

– Deux jours. Dans la nuit de vendredi à samedi.

– La reconstitution faciale ?

– Elle est en cours. Les ordinateurs ne devraient pas tarder à nous sortir un résultat. Comme évoqué, notre assassin manie à merveille la lame. Je dois reconnaître qu'une partie de son boulot est remarquable. Le dépeçage du visage est des plus réussis. Les tissus sous-cutanés et les ligaments n'ont jamais été touchés.

– Il faut du temps pour arriver à un tel résultat ?

La légiste tendit trois doigts.

– Du temps, de la patience et de la précision. Trois facteurs indispensables. Le visage lui tenait à cœur, si j'ose m'exprimer ainsi, au contraire du reste du corps. Les blessures à l'abdomen témoignent d'une brutalité et d'une rage que je qualifierais d'incontrôlables. C'est une manière de procéder qui est à l'opposé du dépeçage, tout en délicatesse.

Une brève décharge électrique secoua Adami. Ce visage, le tueur le considérait certainement comme un trophée. Son expérience lui avait appris que les pires prédateurs nourrissaient un lien étroit avec leurs victimes. Un attachement très fort qui les poussait à conserver une partie du corps comme souvenir.

Comment expliquer que l'assassin puisse passer d'un état aussi violent à son contraire, en l'espace d'une poignée de minutes ? Le tueur souffrait-il d'un trouble de la personnalité ?

– Les blessures à l'abdomen ont été portées de la gauche vers la droite, continua la légiste.

– On a affaire à un gaucher ?

– Probablement. Pour ce qui est de la victime, sa masse corporelle prouve qu'elle prenait énormément soin d'elle.

– Ça confirme ce que je pense. Elle doit être connue pour son physique.

– À en juger par sa plastique, je pencherais pour une actrice ou une mannequin, précisa-t-elle.

– Tu as retrouvé des empreintes ?

– Absolument rien. Pas le moindre indice qui puisse identifier notre tueur.

Adami soupira un long moment.

– Ç'aurait été trop beau !

– Pas si vite... J'ai autre chose. Je te préviens, c'est plutôt dingue.

Elle sortit d'une boîte un sachet en plastique qu'elle leva à la hauteur des yeux du sexagénaire. À l'intérieur se trouvait un pendentif en forme de demi-lune serti d'un diamant relié à une chaîne argentée.

– Un bijou ?

La légiste marqua un silence, puis ajouta :

– Je l'ai retrouvé durant l'autopsie.

Adami comprit, l'estomac dans la gorge.

– Tu veux dire... dans son ventre ?

Isabelle acquiesça en plantant son regard dans celui du commissaire.

– Un cheveu était enroulé autour de la bélière.

– Tu l'as analysé ?

Elle prit une profonde respiration tant son annonce s'apparentait à de la folie pure.

– Ce cheveu appartenait à Adèle Brouck.

Dans un frisson, Adami sentit ses mains trembler, sa tête tourner. La salle d'autopsie se transforma en une spirale nébuleuse. Alors, il perçut quelque chose au fond de son être.

Quelque chose qui ressemblait à de la peur.

11

Lundi 22 novembre 2010

SEPT CENTS KILOMÈTRES séparent Lyon de Lille.

Laura et Milan roulèrent toute la nuit. Quand l'un conduisait, l'autre se réfugiait dans le sommeil, bercé par la radio et son programme nocturne. De temps à autre, ils marquaient un arrêt pour recharger leurs batteries, échanger quelques mots ou avaler leurs doses de café.

Puis, la route. Encore.

Les mêmes questions tournaient en boucle dans l'esprit du lieutenant. Pourquoi Sébastien ? Pourquoi la langue ?

Et maintenant, sa fiancée.

Au petit matin, ils arrivèrent dans le nord de la France et ses contrées reculées. Tel un serpent, une route ondulait à travers une plaine immense et isolée. Tout autour d'eux, un brouillard se levait sur la cime des arbres. Laura avait la sensation de se trouver aux limites du monde, où se concentraient les possibles et les infinis. Quelques poteaux électriques lui rappelaient que l'homme s'était déjà aventuré en ces terres perdues pour marquer de son empreinte ce paysage cendré.

Au détour d'un virage, ils virent la lumière bleutée d'un gyrophare fouetter les champs blancs et l'horizon.

Tandis qu'elle ralentissait, le regard de la capitaine accompagna celui de son partenaire.

Au bord de la route se dressait un chêne. Imposantes et massives, ses lourdes branches s'étiraient comme pour repousser le ciel anthracite.

En sortant de leur voiture, ils furent accueillis par Blanchard, engoncé dans sa veste polaire et dont le froid et la fatigue marbraient les traits. Derrière ses lunettes fines et rondes, il peinait à garder ses yeux grands ouverts.

– Je vous attendais.

– Salut, Thomas ! Je te présente le lieutenant Dacourt.

Les deux hommes échangèrent une poignée de main franche et virile. Puis, sans autre formalité, le vif du sujet.

– C'est un employé des services techniques municipaux qui l'a découverte hier soir pendant qu'il effectuait le salage de la route. Le corps se trouve en ce moment même à l'hôpital pour l'autopsie. À première vue, tout porte à croire à un suicide.

– Vous avez retrouvé des traces de pneus ? le questionna Laura.

– Aucune. En cette période, le paysage change très vite par ici. Avec le vent de cette nuit et la neige, le moindre indice disparaît instantanément.

Les explications de Blanchard les menèrent à la hauteur du chêne. Il réprima un bâillement avant de poursuivre :

– On a fouillé la zone dans un périmètre de trois kilomètres. Aucune trace de voiture abandonnée. On pense qu'elle a fait du stop pour venir jusqu'ici.

Il sortit de sa veste quelques clichés réalisés avant que la victime ne soit emportée à l'hôpital.

La mort en gros plan. Le visage de la pauvre femme affichait de grands yeux écarquillés, comme figés par la peur. Son masque d'effroi renvoyait à une terreur qui n'avait rien de naturel.

Le regard de Milan glissa des photos pour se poser sur la potence improvisée. Il imagina les craquements de la branche balançant le corps frêle de Christina. Il la situait à trois mètres du sol.

C'était haut.

Trop haut pour se donner seule la mort.

– Nous sommes à quelle distance de Lille ? demanda-t-il.

– De cinq à six kilomètres. À mon avis, elle devait être dans un profond désespoir pour mettre fin à ses jours dans un tel endroit.

– Elle ne s'est pas suicidée.

Blanchard écarta ses deux mains, refusant toute conclusion hâtive.

– Pas si vite. Mes gars n'ont rien trouvé qui va dans votre sens.

– Vous avez vu la hauteur de la branche ? Vous, comme moi, on n'arriverait pas à y attacher une corde sans l'aide de quelqu'un... alors, imaginez la victime.

L'homme réajusta ses lunettes, affichant une moue sceptique.

– Nous en saurons plus dans les prochaines heures, après l'autopsie.

Deux détails sautèrent aux yeux de Laura, concentrée sur les photos : nuisette et pieds nus.

– Blanchard, ça te viendrait à l'idée de te suicider au milieu de nulle part, sans porter de chaussures ?

Le visage de l'interpellé se raidit dans un souffle d'exaspération. La fatigue des dernières heures le rendait peu enclin à la discussion.

– Cette pauvre femme a pété un plomb en apprenant l'assassinat de son fiancé. Vu cet état, ce genre de détail n'a pas d'importance.

Pour Laura, cet argument ne tenait pas.

– Tu as peut-être raison, mentit-elle. Elle aurait pu choisir le gaz, se tailler les veines ou même ingurgiter une forte dose de médicaments. Non, elle a préféré marcher sur plusieurs kilomètres en petite tenue, les pieds nus. Tout ça pour se foutre en l'air sur un arbre dont la première branche se situe à... disons deux, voire trois mètres du sol.

– OK, Laura ! OK ! C'est dingue, mais pas impossible. Crois-moi, j'en ai vu d'autres.

– Christina n'a jamais été prévenue de la mort de Sébastien.

Un silence, comme pour réaliser.

– Quoi ? Cette femme ne savait pas pour son compagnon ?

– Nous avons appris l'existence de Christina quelques heures avant que tu ne la retrouves pendue.

Thomas Blanchard sentit un courant d'air raidir son échine. Nouvelle donne. Ces dernières informations lui imposaient de revoir son jugement.

– C'est pour cette raison que le suicide ne tient pas, souligna Milan.

– Vous pensez qu'il y a un rapport entre ces deux victimes ?

– En deux nuits, Sébastien et Christina se sont fait assassiner alors qu'ils étaient séparés l'un de l'autre par sept cents kilomètres. Aucun doute là-dessus, acquiesça Esposito.

– Eh merde ! À croire qu'on n'a pas assez de boulot comme ça !

– Je dois me rendre à leur domicile, enchaîna-t-elle.

La capitaine appuya sa demande en le fixant des yeux.

– Tu fais chier, Laura ! Cette mort ne te concerne pas.

– Elle a un lien direct avec celle de Sébastien. Nous nous dépêcherons, tu as ma parole.

Déjà à l'ENSP, Laura se distinguait par son fort caractère et sa détermination. Thomas le savait, parler davantage se résumait à une perte de temps.

– Avec ou sans mon autorisation, tu iras quand même.

Il jeta un œil à sa montre :

– Vous avez deux heures. Passé ce délai, mon équipe et moi entrons en piste.

La capitaine le remercia d'un mince sourire.

– Et pour l'autopsie ?

– J'ai ton numéro, tu seras la première informée.

Blanchard porta un regard excédé sur l'horizon.

– Les fouille-merdes sont au rendez-vous !

Les deux partenaires se retournèrent pour comprendre la justification de telles paroles. Au loin se profilait une rangée de camionnettes.

La télévision.

Dans quelques minutes, cette scène deviendrait le terrain de jeu d'une meute de journalistes prête à tout pour couvrir l'événement.

– Le chrono est en route ! lâcha-t-il en les quittant d'un pas pressé.

12

En quelques secondes, la tache rouge se transforma en tonnerre d'acier. Dans un vacarme, sa trajectoire fulgurante déchira la campagne française. Comme tous les jours, en moins de deux heures, le Thalys avalait les trois cent quinze kilomètres qui séparaient Paris de Bruxelles.

Installée en classe Comfort, Flavie lisait le dernier numéro de *Elle*. Sur la couverture, la mannequin Estelle Lefébure posait en affichant un sourire radieux. Son ventre nu laissait voir les formes d'une grossesse épanouie. Flavie ne perdait pas une miette de l'article. Trois pages consacrées aux bons plans mode. Au fil des lignes, la journaliste donnait quelques conseils et astuces pour être belle sans se ruiner. Au-delà du plaisir, la lecture de son hebdomadaire permettait à Flavie d'éviter le regard de l'homme qui lui faisait face. Depuis le début du voyage, il ne cessait de lorgner ses formes généreuses.

En montant dans le wagon, Flavie lui avait demandé son aide afin de hisser sa valise sur le porte-bagage placé au-dessus de son siège. Elle l'avait remercié de son plus beau sourire. Un geste de politesse interprété comme une invitation à espérer un peu plus.

Flavie savait qu'elle plaisait, cette situation lui était familière. Très souvent, sa chevelure brune, ses yeux verts et sa plastique irréprochable lui valaient quelques regards insistants et de mauvais goût. Ce que certaines femmes considéraient comme une malédiction, elle en avait tiré sa force. Son corps, ses charmes représentaient son fonds de commerce.

Hôtesse dans une maison close, toute l'année elle parcourait l'Europe afin de satisfaire les besoins sexuels – souvent primitifs – de ses clients. Son carnet d'adresses se composait d'hommes politiques, de PDG, d'avocats, d'artistes, de sportifs. Des personnalités influentes dans leurs domaines, au plus haut de la pyramide sociale.

Ce week-end, elle se trouvait en compagnie d'un homme d'affaires russe qui souhaitait fêter dignement la signature d'un gros contrat immobilier. Le samedi, ils avaient dîné dans les loges du Parc des Princes et assisté à la victoire du Paris Saint-Germain contre Caen. Score final : 2-1.

Puis, ils s'étaient rendus dans un palace.

Au programme, champagne, sodomie, fellation royale et caviar. Comme toujours, elle s'était montrée ouverte aux moindres vices de son client. Elle n'en était ressortie que ce lundi matin pour prendre son train qui la ramenait chez elle, à Bruxelles.

Au-delà du confort financier qu'elle lui assurait, sa profession lui permettait parfois de faire de somptueuses rencontres. Derrière certains clients se cachaient des cœurs en détresse, dont l'absolu besoin de se sentir aimé l'emportait sur le désir animal.

Encore une heure, pensa-t-elle. Flavie reposa son magazine sur la table et plaça sa tête contre le dossier du fauteuil. Elle ferma les yeux, en quête de sommeil. Elle devait récupérer après son week-end. Quelques secondes suffirent pour qu'elle sente de derrière la paroi de ses paupières la pression exercée par les continuels regards de son voisin d'en face.

L'instant devenait risible.

L'homme ne savait plus quoi inventer pour attirer son attention. Il tapotait avec frénésie sur son clavier, sortait son portable dernier cri pour envoyer des messages, poussait de longs soupirs d'exaspération.

Quelques mois plus tôt, Flavie aurait profité de la situation, faisant de cet inconnu un potentiel client.

À présent, l'heure sonnait la remise en question.

L'envie n'y était plus depuis sa rencontre.

Six mois maintenant.

Un amour si puissant. Flavie n'en pouvait plus de cette relation secrète et se sentait prête à changer de vie.

Elle caressa sa nuque. Elle l'avait dans la peau.

Dans un sifflement, la porte automatique du wagon s'ouvrit sur un steward qui poussait un chariot. Chargé de la voiture-bar, l'homme vêtu d'un uniforme gris et d'une cravate rouge affichait un sourire chaleureux tout en honorant les commandes des passagers. Son passage fut souligné par des odeurs de chocolats, cafés et croissants. Des mélanges subtils qui creusèrent l'estomac de la jeune femme. Une boisson chaude accompagnée d'une viennoiserie, voilà ce dont elle avait besoin. Elle attrapa une plaquette pour faire son choix.

Le steward se présenta à elle.

– Madame. Que puis-je vous servir ?

Flavie releva la tête dans sa direction.

– Un thé noir et un croissant.

– Très bien. Je reviens tout de suite.

Elle croisa de nouveau le regard de son voisin. Il portait un large sourire.

Le geste de trop.

– S'il vous plaît ?

Le steward se retourna vers sa cliente.

– Je vous accompagne, je vais le boire dans la voiture-bar.

Elle se leva en se saisissant de son sac à main.

– Comme vous le souhaitez, acquiesça-t-il.

Elle opta pour cette solution. Une manière discrète et délicate de se sauver des regards insistants de son voisin.

Ce dernier esquissa une moue de déception et plongea dans l'écran de son ordinateur.

Une page Web. Sur fond noir, le mot « TENTATION » ressortait par ses lettres roses. D'un simple clic, le visiteur pouvait consulter le profil d'une dizaine d'hôtesses, dont celui de Flavie. Dans un long couloir d'hôtel, vêtue d'une nuisette transparente, la jeune femme se tenait dans une pose des plus aguicheuses. L'éclairage mettait en relief ses courbes somptueuses et généreuses. Un court texte de présentation permettait de prendre connaissance des tarifs et des promesses de ce dont elle était capable. Flavie n'avait aucun tabou.

Un sourire malicieux au coin des lèvres, l'homme referma son ordinateur portable.

Et s'enfonça davantage dans son siège en velours.

✧ ✧
✧

Derrière son comptoir, le steward finit de préparer la commande de sa cliente et lui tendit le plateau.

– Merci beaucoup !

– Je vous en prie. Ça vous fera huit euros, s'il vous plaît.

Elle sortit de son sac Louis Vuitton la monnaie nécessaire. Dans un sourire, il récupéra l'argent.

– Voulez-vous que je vous apporte votre plateau en salle ?

Le regard de la jeune femme se porta sur un espace vide où trônaient plusieurs tables ovales.

– Merci, vous êtes adorable !

L'homme quitta son comptoir et s'exécuta.

Flavie le regarda faire. Elle lui donnait une quarantaine d'années. Une silhouette élancée, un nez aquilin qui tranchait avec ses petits yeux noisette. Ses joues creusées rallongeaient son menton. Ses cheveux étant tirés en arrière, son front paraissait plus grand que la moyenne. Elle ne lui trouvait aucun charme particulier, si ce n'est une évidente sympathie.

– Pourrais-je vous demander un service ?

L'homme se posta devant elle, à l'écoute.

– Bien entendu.

– J'ai l'intention de passer le reste du voyage ici. Serait-il possible de m'aider à descendre ma valise lorsque le train sera arrivé en gare ?

Flavie ne voulait plus affronter les regards de son voisin.

– Vous pouvez compter sur moi. Mais... pardonnez ma curiosité, quelque chose ne va pas ? Vous n'êtes pas bien installée à votre place ? s'inquiéta-t-il.

– Pas du tout... Rien de bien grave...

L'homme hocha la tête en silence, respectant son devoir de distance avec la clientèle. Il esquissa un timide sourire du coin des lèvres en la fixant avec une expression pénétrante.

13

APRÈS DES ÉTUDES BRILLANTES, Adami s'était joint à la police fédérale en tant qu'inspecteur. Son implication et son sens de l'analyse lui attirèrent les louanges de ses supérieurs, qui sentirent en cet homme un élément bientôt incontournable. D'abord affecté à des affaires secondaires, il intégra à trente-six ans le groupe dirigé par Benoît Carma. Un fin limier et psychologue, dont la passion pour son métier ne connaissait pas d'égale.

Carma. Un mètre quatre-vingt-dix. Un visage anguleux barré d'une moustache. Une élégance à l'anglaise taillée dans un bloc de silence. De son regard, l'homme pouvait vous pousser à chercher en vous des ressources insoupçonnées. À ses côtés, Adami en apprit plus sur le métier que dans n'importe quel manuel de police. Carma possédait l'art de transmettre son expérience, de la partager, sans jamais en donner l'impression. C'était là toute sa force.

L'inspecteur emmagasinait les informations avec une telle facilité que ses partenaires en restèrent médusés. Très vite, ses capacités de déduction lui valurent un respect inébranlable. Mais ce qui importait pour Adami restait la réaction de Carma. Son supérieur demeurait une énigme.

Quand le groupe se retrouvait autour d'un match de football, à enchaîner les pintes de bière, Carma s'isolait, l'air absent, comme enfermé dans une bulle. De ses yeux marron, il observait ses hommes, analysait leurs comportements. Pendant plusieurs mois, leurs échanges se limitèrent à de simples formules de politesse.

Jusqu'à ce dimanche matin, où tout bascula.

Benoît Carma tenait dans chaque main une canne à pêche. Autour d'un étang, les hommes gardèrent un long silence en observant les bouchons dans l'eau.

Carma fut le premier à prendre la parole :

– Je n'entends que des éloges à votre sujet.

Dans sa gorge roulait l'accent bruxellois. Le fameux. Celui toujours imité, mais jamais égalé.

– Je m'implique dans mon travail. J'essaie d'être à la hauteur en donnant le meilleur de moi-même.

– Des phrases toutes faites. Vous avez la sensation du devoir accompli ?

La voix de Carma se portait à mi-chemin entre questionnement et reproche. Pris au dépourvu, Adami ne savait plus sur quel pied danser.

– Je... Je pense, oui, balbutia-t-il.

– Vous pensez ? Dans notre métier, il ne suffit pas de penser. Il faut agir !

Sueurs froides.

La réaction déboussola le jeune inspecteur. Il sentit sa canne à pêche glisser entre ses mains moites. Sa gorge sèche empêcha toute répartie.

– Pendant qu'on vous couvre de louanges, le mal ne s'arrête pas. Il renaît constamment, se multiplie jour après jour.

Tels des coups de fouet, ces derniers mots claquèrent dans sa tête.

Carma sortit une photographie de sa veste. Dans les herbes hautes, on pouvait distinguer le corps d'une femme. Adami lui donna une cinquantaine d'années. Sur sa chemise de nuit, au niveau de son ventre se dessinait une tache rougeâtre. En arrière-plan, on devinait une bâtisse de style néogothique. La lune, haute dans le ciel, complétait ce lugubre tableau.

– On l'a retrouvée cette nuit.

L'homme se leva et posa sa main sur l'épaule du jeune inspecteur.

– Adami, c'est le moment de me prouver que j'ai eu raison de pousser pour vous avoir à mes côtés !

✧ ✧
✧

Plongé dans ses souvenirs, il faillit manquer le chemin qui menait à une ferme. Sur le bord de la route, un panneau indiquait « Les Terres blanches ». Il roula quelques minutes avant de stopper son véhicule dans la cour.

Adami détailla l'environnement.

À sa gauche, il aperçut une grange en tôle sous laquelle dormaient un tracteur et d'autres outils destinés à l'agriculture. Un bric-à-brac sans nom laissé à l'abandon à cette époque de l'année. Reliés à une niche par une chaîne en acier, deux dobermans aboyaient, tournaient en rond à la vue de cet étranger pénétrant leur territoire.

Une vieille bâtisse, construite en pierres de taille, tout en longueur, s'étirait à présent dans son champ de vision. Des panaches de fumée s'échappaient d'un conduit de cheminée.

Le commissaire posa son regard sur le ciel. De minuscules flocons se détachaient tout autour de lui. Il eut un sourire en pensant à Carma. Son ami.

Un sifflement.

– Domino ! Jama !

Aussitôt, les aboiements cessèrent.

Claire, la fille d'Adèle Brouck, se tenait devant la porte d'entrée. Elle portait un jeans craqué aux genoux et un gros pull marron. Ses cheveux châtains, coupés court, lui conféraient un petit air de garçon manqué.

En la voyant, Adami sentit une boule monter à sa gorge. Vingt-quatre ans. Sa présence en ces lieux n'avait pas de sens. Et pourtant...

Pour son enquête, il devait ouvrir la boîte de Pandore.

14

LES TROTTOIRS SE CAPITONNAIENT de neige alors que des maisons de ville aux façades rouges, parfois brunes, se blottissaient les unes contre les autres. Des cubes percés par de grandes fenêtres, formant un quartier huppé, à la vie tranquille. La ruelle les mena jusqu'au numéro 54. C'est là qu'avaient résidé Christina et Sébastien.

Le lieutenant tira de sa veste deux paires de gants en latex afin qu'ils ne contaminent pas les lieux par leurs empreintes.

L'entrée donnait sur un loft épuré, au style moderne et haut de plafond. Aux murs étaient suspendues des peintures contemporaines. Éclats de diverses couleurs, ton d'urgence, formes indécises aux significations douteuses. Du sol en béton ciré, des poutres grimpaient et soutenaient une mezzanine accessible par un escalier en fer forgé placé dans un coin de la zone. La lumière timide du matin s'infiltrait par de larges ouvertures disposées sur les façades nord et sud.

En prenant connaissance de ces volumes, Laura siffla entre ses dents.

– Eh bien ! On ne se refuse rien !

Milan la regarda s'approcher d'une table en verre qui occupait la pièce principale. Il partageait le sous-entendu. Les premières recherches effectuées sur Christina et Sébastien attestaient que leurs faibles revenus pouvaient difficilement leur permettre de s'installer dans un tel lieu. Christina courait les petits boulots. Sébastien vivotait comme réalisateur autoentrepreneur.

Le lieutenant se faufila derrière un immense plan de travail séparant la cuisine du reste de l'espace. Il ouvrit le frigo. À l'intérieur, il trouva quantité de légumes, des yogourts nature et une boîte pâtissière contenant deux éclairs vanille.

De son côté, Laura inspecta le four. Par son expérience, elle savait que les habitudes alimentaires des victimes pouvaient éclairer leur état d'esprit avant qu'elles aillent commettre l'irréparable.

Sur la plaque, elle découvrit un feuilleté aux champignons non consommé.

– Vous avez vu ?

Leurs regards se croisèrent.

– Quand on cherche à se suicider, on ne prend pas la peine de se nourrir, enchaîna-t-elle, certaine de son fait.

– Et encore moins de se lancer dans une recette.

Milan se saisit d'une écaille de coquille d'œuf, égarée sur le plan de travail.

– Dans le frigo, j'ai retrouvé deux bouteilles de vin et deux pâtisseries, poursuivit-il.

– Un dîner de prévu ?

– Ça y ressemble.

L'escalier les mena à l'étage.

Une porte coulissante donnait sur la chambre à coucher du couple. Ils employèrent la même énergie et minutie à fouiller la zone dans ses moindres recoins. Ils ne trouvèrent aucun élément qui puisse aiguiller leur enquête.

Une paroi vitrée séparait le lit de la salle de bains. Les deux vasques de couleur noire étaient d'une propreté parfaite, tout comme la douche. Là non plus, rien de probant.

Un grand espace complétait le reste de l'étage. Au centre, un ordinateur iMac reposait sur une plaque en plexiglas soutenue par deux tréteaux en acier. Un velux laissait pénétrer des tentacules de lumière, alors qu'une étagère encastrée dans un pan de mur portait en son sein de nombreux ouvrages. Tous consacrés au cinéma.

Milan alluma la machine.

Un gong sonore fit apparaître un fond d'écran immortalisant la ville de New York. Au premier plan, la verdure et l'immensité de Central Park marquaient une rupture avec les buildings crevant cette bulle d'oxygène.

Laura s'installa aux côtés du lieutenant :

– Qu'est-ce que vous cherchez ?

– Sébastien était réalisateur. Je suis curieux de voir ce qu'il filmait.

Milan déplaça le curseur de la souris et cliqua sur une icône en forme de maison : le disque dur de l'ordinateur. Il commença à fouiller dans les dossiers et, très vite, la déception creusa ses traits.

Aucun fichier. Aucune photo. Pas même une vidéo.

Une première conviction.

– Quelqu'un nous a devancés, réalisa la capitaine.

– Ça en a tout l'air.

Elle se leva et se plaça à la hauteur des étagères. Elle feuilleta un livre traitant des techniques cinématographiques.

– À quand remonte la passion de votre ami pour le septième art ? demanda-t-elle, le nez rivé sur l'ouvrage.

Milan fit pivoter la chaise dans sa direction.

– Déjà gamin, Sébastien voulait raconter des histoires. Grâce à lui, j'ai découvert de nombreux classiques. Lorsqu'il a été accepté dans son école à Paris, il savait que son rêve devenait réalité.

– Parfois, les rêves se transforment en désillusion.

Elle fit claquer le livre et le rangea à sa place.

– D'après Louise, son fils avait du mal à joindre les deux bouts. Quand je vois la taille de ces lieux, j'ai tendance à croire que l'argent ne devait pas être un problème.

La capitaine ponctua ses dernières paroles d'un mouvement de bras, englobant la pièce.

– Qu'est-ce que vous sous-entendez ?

– Vous êtes flic, vous le savez aussi bien que moi. Sébastien avait peut-être une activité obscure. Lui ou Christina, d'ailleurs, rien n'est à exclure. Une activité qui rapportait suffisamment d'argent pour vivre dans un tel loft.

Milan prit le temps de réfléchir. Imaginer son ami d'enfance exercer une activité illégale dépassait l'entendement. Tout ça ne collait pas avec les souvenirs de jeunesse qu'il conservait de Sébastien. Pour les besoins de l'enquête, le lieutenant devait garder un regard objectif, n'écarter aucune piste, même les plus improbables.

– Peut-être que, dans le cadre de cette activité, il a eu de graves problèmes, poursuivit Laura. Ça expliquerait pourquoi on s'en est pris à lui et à Christina.

– Un règlement de comptes ?

– Par exemple. Ça justifierait sa fuite.

– Vous avez peut-être raison, mentit-il en se levant de sa chaise.

Son attitude n'arrivait pas à faire illusion.

La capitaine le suivit du regard. Elle se mit quelques secondes à sa place, pour imaginer la douleur qu'il pouvait ressentir.

– Je sais que c'est difficile à accepter. C'est vous-même qui me l'avez affirmé. Votre ami souhaite qu'on enquête sur lui. Si une personne n'a rien à se reprocher, il n'y a pas lieu d'enquêter.

Le lieutenant acquiesça d'un timide mouvement de tête, laissant son regard arpenter les différents dos des livres peuplant le meuble.

Derrière la fuite précipitée de Sébastien se cachait un aveu. Il savait quelque chose ; pire encore, peut-être était-il coupable d'un acte terrible. Son meurtre, la langue coupée. L'assassin s'en était pris à lui avec une rare violence. Quelle raison pouvait justifier un tel déferlement de haine ? Pourquoi Christina ?

Autant de mystères qu'il leur faudrait éclaircir au fur et à mesure du travail d'enquête.

– Entre cet endroit et ce que nous a confié Louise, j'ai l'impression de découvrir un autre homme, reconnut-il.

Laura le regarda en silence. De cette distance, elle pouvait respirer son odeur. Un parfum. Une signature entre contraste et dualité. Elle le détailla, un court instant. Barbe de trois jours, cheveux châtains décoiffés. Une gueule virile derrière laquelle se cachait une grande sensibilité. Un charme juvénile qui la toucha.

– Ça alors !

Dans un sourire, Milan se saisit d'un vieux cahier noir, poussant la capitaine à revenir dans l'instant.

– Qu'est-ce que c'est ? le questionna-t-elle.

Il parcourut les pages, souvenirs dans les yeux.

– C'est le premier scénario écrit par Sébastien. Il profitait de nos vacances pour tourner de petits films avec les moyens du bord. C'est vieux, tout ça...

Laura ressentit une pointe d'envie devant l'émerveillement de l'homme. Quand d'autres avaient connu une jeunesse pleine de promesses, d'amusements, elle retenait de la sienne l'ennui et les conflits avec son père.

Leurs regards se croisèrent de nouveau.

Milan lui sourit.

Elle sentit une petite gêne. Un trouble.

Cette parenthèse se brisa.

La réalité les rattrapa et figea leurs traits.

Le dos de Sébastien tailladé dans une église, sa langue coupée. Christina, pendue à un arbre. Un meurtre maquillé en suicide.

Une folie sans nom.

15

– MADEMOISELLE BROUCK, je sais que mes questions vous renvoient à de cruels souvenirs. Mais je n'ai pas d'autre choix.

Claire passa une main dans ses cheveux et l'y laissa quelques secondes.

– Cette histoire date de si longtemps, lâcha-t-elle, la voix étranglée.

Adami approuva d'un air compréhensif. Son interrogatoire faisait écho à une période vieille de vingt-quatre ans. Que pouvait-il espérer de cette femme qui, à l'époque, n'était qu'une enfant ?

Il laissa flotter un long silence au cours duquel il étudia les lieux d'un œil clinique.

Une table massive en bois de cerisier traversait l'espace tandis qu'un lustre en forme de cône tombait en son centre. L'éclairage voilé par la structure apportait une ambiance tamisée. Dans un angle, une ancienne horloge s'étirait jusqu'au plafond. Son tic-tac régulier résonnait dans la pièce, rajoutant un peu plus de lourdeur à l'instant.

Assise en bout de table, Claire se tamponnait le coin des yeux à l'aide d'un mouchoir. Le commissaire se trouvait debout, à bonne distance. Regard fuyant, lèvres pincées, son attitude trahissait sa nervosité. Un peu plus tôt, pesant chacun de ses mots, il avait justifié sa présence en ces lieux, mais évité de parler du corps retrouvé dans l'asile psychiatrique.

D'une voix blanche, il reprit :

– Savez-vous si, quand ce drame est arrivé, votre père a conservé un souvenir de votre mère ?

Signe de tête négatif.

– Vous en êtes certaine ?

– Il ne s'est jamais remis de sa mort. Ce jour-là, il a perdu bien plus qu'une femme. Du jour au lendemain, il a brûlé toutes ses affaires. C'était sa manière de conjurer le malheur qui avait touché notre famille, expliqua-t-elle.

Le visage du sexagénaire se verrouilla dans une grimace.

Claire se saisit de la cafetière et fit couler le liquide noir dans sa tasse.

– Vous en voulez un autre ?

– Ça ira, je vous remercie.

Elle jeta un sucre dans sa tasse et tourna sa cuillère avant de s'arrêter brusquement. Depuis toutes ces années, elle nourrissait ce besoin de savoir.

– Commissaire, c'est vrai ce qu'on raconte sur ma mère ?

Adami poussa un long soupir. Mentir n'était qu'une perte de temps. Il répondit d'un timide hochement de tête.

– Pourquoi ? Ce n'était qu'une adolescente. À cet âge-là, on ne se rend pas compte de ce qu'on fait. Son comportement déplacé ne méritait pas un tel calvaire !

Dans sa voix se confondaient la rage et l'incompréhension. Ses mains tremblaient, son corps trahissait une sourde colère. Celle d'une femme n'ayant jamais accepté d'avoir perdu sa mère si jeune.

Adami la voyait comme une des nombreuses victimes collatérales du Borgne. Tout comme lui. Ne pouvant affronter davantage ce regard plaintif, il porta son intérêt sur le haut d'une commode envahie de bibelots et de photos.

Sur plusieurs d'entre elles, Claire posait avec son mari. Un homme au crâne dégarni et à l'allure carrée. Un protecteur. Dans ses bras, elle semblait si fragile, si frêle. Elle était habillée d'une robe bleue imprimée de jonquilles et ses oreilles se paraient de boucles tombant comme des stalactites. Son sourire éclatant chassait, le temps d'un cliché, la douleur nourrie depuis toutes ces années. Quant à son cou, il s'ornait d'un pendentif.

Le pendentif.

Sans aucune forme de délicatesse, le commissaire attrapa le cadre et le présenta aux yeux de la jeune femme. Cette dernière, dans un sursaut, releva la tête.

– Claire ! Où se trouve ce bijou ?

– Dans... Dans la commode de mon père...

– Il appartenait à votre mère ?

– Oui, effectivement... Mon père avait décidé de le lui passer autour du cou. Elle portait ce bijou lors de leur première rencontre. Au dernier moment, il a renoncé à son geste.

– Je croyais que tout avait brûlé !

– Je ne l'ai presque jamais porté. C'est pour cette raison que j'ai oublié de vous en parler, avoua-t-elle.

Ce bijou, on l'avait retrouvé dans le ventre de la victime.

– Je veux voir ce pendentif ! Tout de suite ! ordonna le sexagénaire.

Elle se leva. Passé un interminable couloir, ils pénétrèrent dans une chambre à coucher garnie de vieux meubles. La chambre de son père défunt, devina le commissaire.

Claire alluma une petite lampe opaline, ouvrit le tiroir de la table de chevet et fouilla l'intérieur de longues secondes.

– Je... Je ne le retrouve pas, s'inquiéta-t-elle.

Elle resta quelques instants dans un état second, puis une onde chargée d'angoisse et de peur la traversa.

Le visage grave, maîtrisé, Adami se força à faire son job.

– Mademoiselle Brouck. Ces derniers jours, avez-vous constaté quelque chose d'anormal à votre domicile ?

– Qu'est-ce que ça veut dire ?

Elle avait lâché ces mots avec un trémolo dans la voix.

– Claire, vous devez me répondre.

– Je suis en danger ? C'est ça ! Quelqu'un est venu chez moi !

À présent, seule la panique agrippait son être.

– Je suis ici pour vous aider.

Alors qu'il posa sa main sur son épaule, elle eut un mouvement de recul.

– Je suis à vos côtés, il ne peut rien vous arriver...

Il ouvrit ses deux mains et l'invita à s'asseoir sur le lit. Elle devait prendre sur elle et garder son calme. Le commissaire s'accroupit pour se placer à la hauteur de son regard. En cet instant, il en avait conscience, ses paroles, même les plus réconfortantes, resteraient vaines.

– Je vous promets de faire mon maximum pour retrouver le responsable de ce vol. Pour cela, vous devez tout me dire.

La voix du commissaire, douce et sincère, fit retomber un peu de pression.

Elle hocha la tête, la gorge toujours nouée.

– Je n'ai pas voulu en parler à mon mari pour ne pas l'inquiéter. Il y a quelque temps, mes chiens aboyaient constamment sans que j'en comprenne la raison. J'avais beau leur ordonner d'arrêter, ils refusaient de m'écouter.

– Quand est-ce arrivé ?

– La semaine dernière. Deux nuits d'affilée...

– Pourquoi ne pas avoir prévenu votre mari ?

Larmes coulant sur les joues, Claire le fixa en signe d'impuissance.

– Il passe la moitié de l'année sur les routes. Le reste du temps, il s'occupe de l'exploitation agricole. Il travaille dur pour qu'on ne manque de rien. Il n'aime pas me savoir seule dans cette ferme. Ici, nous sommes coupés du monde. Je ne voulais pas lui rajouter un stress inutile.

Elle marqua un temps, entre deux filets de voix, laissant les souvenirs remonter à la surface.

– Un matin, en rentrant de mes courses, j'ai retrouvé la porte de ma maison ouverte. Sur le coup, j'ai eu très peur. Je pensais être victime d'un cambriolage. Lorsque j'ai compris que tout se trouvait en ordre, j'ai mis ce qui s'était passé sur le compte de ma maladresse.

– Par la suite, vos chiens n'ont plus eu de comportements étranges, devina Adami.

– Je n'avais aucune raison de m'en faire...

Adami tapota la main de la jeune femme. Il en avait terminé avec ses questions. Il se releva et jeta son dévolu sur les cadres accrochés au mur de la chambre.

L'une des photos attira son attention.

Adèle et son mari, main dans la main.

Sourires figés.

✧ ✧
✧

Les découvertes d'Adami ne souffraient aucune contestation. Avant de s'en prendre à cette jeune femme retrouvée dans l'asile, l'assassin avait pénétré dans le domicile de Claire Brouck pour récupérer le collier ayant appartenu à sa mère. Une attitude qui traçait les contours d'une trajectoire précise, maîtrisée.

Dingue.

S'agissait-il d'un rite ? Comment le tueur était-il au courant pour le pendentif ? Ce meurtre était-il à placer en parallèle avec ceux perpétrés vingt-quatre ans plus tôt par le Borgne ?

Cette dernière pensée lui glaça le sang.

Bousculé par toutes ces questions, il mit quelque temps à entendre son portable sonner.

– Hugo ? lança la légiste dans le combiné.

– Tu as du nouveau ?

– On peut dire ça. La reconstitution faciale est terminée. Un de mes collègues a reconnu la victime.

– Reconnu la victime ?

– On a vu juste, cette femme avait du succès grâce à son physique. Elle s'appelle Marie Charton. C'était une actrice pornographique. Je t'envoie les résultats sur ta boîte électronique. Tu es où en ce moment ?

– Sur la route, je suis allé rendre visite à Claire Brouck. Le collier retrouvé dans le corps appartenait bien à sa mère. J'ai demandé à la scientifique de fouiller la zone. Au cas où notre tueur aurait laissé des traces.

Un blanc sur la ligne.

– Isabelle ?

– Je suis toujours là. Écoute... Arrête-toi pour consulter le message, annonça-t-elle d'une voix fébrile.

Sur ces mots, elle coupa la communication.

Dans la foulée, un bip retentit. Une icône représentant une enveloppe clignotait sur l'écran numérique.

Adami profita d'une aire de stationnement pour se garer.

Un obscur pressentiment gagna son être, lui laissant envisager le pire. Il se concentra sur la pièce jointe. Alors qu'il l'ouvrit, il sentit son cœur palpiter à un rythme effréné.

Le portrait informatisé explosa devant ses rétines.

Il détaillait une femme au visage délicat et aux traits fins. De longs cheveux encadraient son regard. Son nez légèrement en trompette terminait le tableau.

Poussé par une pulsion de fureur, Adami frappa plusieurs coups de poing sur son volant. Comme un diable, il sortit de l'habitacle et fit le tour du véhicule à maintes reprises pour tenter de se calmer. Une rage chaude pulsait dans ses veines et dans son corps.

Incontrôlable. Destructrice.

Il hurla à pleins poumons pour l'évacuer.

Ce visage, celui de Marie Charton.

Il le connaissait. Il revenait dans ses souvenirs les plus sombres, dans ses nuits sans rêves.

Ce visage. C'était aussi celui d'Adèle Brouck.

Assassinée, il y a maintenant vingt-quatre ans.

16

UN VENT GLACIAL s'était levé.

Milan remonta le col de son caban noir pendant que sa partenaire refermait sa veste en cuir. Sur le pas de la porte, ils restèrent quelques instants, noués par leurs regards. Déception et amertume les avaient poussés à quitter la résidence.

Deux nuits. Deux meurtres. Un couple.

Et après ? Quelle trajectoire s'offrait à eux ?

Seule certitude, quelqu'un les avait devancés pour faire le ménage. Sans doute la personne responsable de la mort de Christina.

– On n'a rien...

– Pas tout à fait... Nous savons qu'un couple a été assassiné en l'espace de deux nuits, répondit Laura, dont l'attention se concentrait sur les habitations voisines.

– La fouille de la maison n'a rien donné.

Elle déporta son intérêt sur le lieutenant et lui sourit avec conviction.

– Vous n'êtes pas choqué ?

Milan n'arrivait pas à saisir où voulait en venir sa partenaire.

– Votre ami a fui précipitamment Lille. Dans sa voiture, nous n'avons retrouvé que son permis de conduire et le sac de billets. Aucune affaire de rechange...

– Ça confirme qu'il a eu peur.

– Peur, c'est le terme. En parallèle, Christina est restée tranquillement à Lille et a trouvé le temps de préparer un dîner.

Elle marqua un long silence et reprit :

– À sa place, je me serais inquiétée de ne pas voir mon fiancé rentrer. Peut-être même que j'aurais appelé la police. Là, j'ai comme l'impression qu'elle n'en avait rien à faire.

– Vous pensez qu'elle était au courant du sort réservé à Sébastien et qu'elle y était indifférente ?

Laura hocha la tête, sans détour.

– À aucun moment ce dîner n'était destiné à Sébastien.

L'assurance du ton fit frissonner Milan, à moins que ce ne fût la réalité traversant son esprit.

– Mais à la personne qui l'a tué, murmura-t-il.

– Christina et l'assassin de Sébastien se connaissaient suffisamment pour qu'elle le reçoive en petite tenue.

– Un amant ?

Moue dubitative de Laura. Cette idée n'arrivait pas à faire son chemin. Elle ferma les yeux, laissant les prismes de l'horreur enrober sa matière, puis reprit :

– La vérité est bien plus noire. Votre ami savait quelque chose de terrifiant. Seule la fuite était envisageable.

Milan resta accroché à cette dernière parole.

– Sébastien étant écarté, il n'y avait aucune raison que Christina se retrouve pendue à un arbre, intervint-il.

– Sauf si elle a joué un rôle important dans ce que savait Sébastien. Le tueur a voulu également s'assurer de son silence... Du sien et peut-être de celui d'autres personnes. La langue coupée... derrière ce geste se cache un avertissement, une menace.

Le mot était lâché. Christina était complice d'un acte horrible. Sébastien l'avait compris et avait fui Lille, craignant pour sa propre vie. Le lendemain soir, la fiancée recevait son bourreau pour un dîner. À aucun moment elle n'avait jugé bon de se méfier, n'imaginant pas devenir à son tour une victime.

– Reste à savoir ce qui a pu provoquer une telle peur chez Sébastien, murmura Milan.

La fouille de la maison n'avait rien apporté de concret qui aurait pu les diriger dans leur enquête. Pas l'ombre d'un indice.

– Dans sa fuite, il a toujours eu la présence d'esprit de nous aider.

La capitaine Esposito faisait référence aux bandes vidéo de la station-service ainsi qu'aux derniers échanges que la victime avait entretenus avec sa mère.

– Il n'y a rien dans la maison.

– Votre ami le savait.

– Pardon ?

Laura porta son attention sur la demeure voisine de celle où habitait le couple assassiné.

Elle l'avait remarqué en rentrant dans le loft, puis quelques minutes plus tard lorsqu'ils en étaient ressortis. Le vieil homme était toujours là, planté derrière sa fenêtre.

Son regard traduisait l'attente.

17

VOILÀ CINQ MINUTES que le Thalys se trouvait à quai, à la gare de Bruxelles-Midi. Les passagers avaient depuis longtemps déserté les lieux.

Flavie ne regrettait pas de s'être installée à la voiture-bar. La sympathie du steward lui avait donné raison.

Passé les conversations banales, mais nécessaires pour instaurer un climat de confiance, elle s'était ouverte comme jamais. La petite provinciale originaire du sud-est de la France avait relaté son parcours avec beaucoup de franchise.

D'abord Paris et ses rêves de devenir actrice. Le Cours Florent et ses trois années d'apprentissage. La course au *casting*, son enchaînement de désillusions. Dans ce milieu, les connaissances l'emportaient sur le talent. Elle l'avait compris à ses dépens.

Un matin, Flavie s'était réveillée avec une terrible gueule de bois. Vingt-deux ans et pas un sou en poche. Des rêves effrités, jour après jour.

Quelle perspective s'offrait à elle ? Retourner vivre dans son village natal situé dans le Var ?

Certainement pas. Ç'aurait été un aveu d'échec qu'elle aurait fait à ses parents.

Alors, elle s'était inscrite dans une agence de placement d'hôtesses en événementiel, attendant le jour où elle décrocherait le rôle qui propulserait sa carrière. Elle restait encore agrippée à son rêve.

Cette expérience lui avait confirmé que son corps possédait pour la gent masculine la même charge magnétique qu'un aimant. Les propositions de coucher contre une forte somme d'argent se faisaient toujours plus fréquentes. Flavie s'y refusait, luttant contre les éventualités que ces billets permettaient d'entrevoir.

Pourtant, un soir de juin, tout chavira. Le 23, plus exactement.

L'avait-elle trouvé plus sensible que les autres ? Moins direct ? Ou bien était-ce la faute aux appels incessants de son banquier ?

Pour sa première fois, Flavie s'était caractérisée par sa pathétique immobilité. *Un désastre*, avait conclu son client. Peu rancunier, il avait accepté de la revoir à plusieurs reprises.

Juste une parenthèse, se répétait-elle.

Bientôt, l'argent facile, le silence du banquier et la possibilité d'assouvir ses moindres désirs finirent par enterrer ses rêves de cinéma. Pendant deux années, elle arpenta les palaces parisiens pour satisfaire une clientèle sans cesse grandissante, enivrée par ses charmes. Puis, les perspectives offertes par la capitale devinrent étroites.

En route pour la Belgique et ses maisons closes, où le sexe tarifé n'était plus un tabou.

Aujourd'hui, Flavie avait vingt-huit ans.

Déjà quatre ans qu'elle s'était exilée à Bruxelles. Elle ne regrettait pas son choix, même si les hommes et leur sauvagerie avaient fini par la dégoûter.

Mais c'était sans compter cette rencontre.

Son amour. Son secret.

Le steward l'avait écoutée avec la plus grande attention, sans jamais sembler la juger, ni même la désirer. *À bien y réfléchir, les hommes ne sont pas tous irrécupérables*, pensa-t-elle en jetant un dernier regard à sa montre.

– Je vais devoir y aller.

– Ce fut un plaisir de faire ta connaissance.

Flavie esquissa un large sourire.

– C'est réciproque. On garde le contact ?

– Bien entendu !

Le steward récupéra la valise perchée sur le porte-bagage et la lui confia.

– Si un jour tu as du temps pour prendre un café, ce sera avec joie ! lança-t-elle d'une voix sincère.

– Pourquoi pas maintenant ?

– J'aurais adoré, mais je suis un peu pressée.

– J'insiste, Flavie. Tu peux m'accorder ce privilège.

– Je suis vraiment pressée. On remet ça à une prochaine fois. Promis !

Elle fit rouler sa valise pour rejoindre la sortie.

– J'insiste vraiment, Flavie.

Le son de sa voix s'était durci.

Elle se retourna et trouva l'homme à quelques centimètres de distance. La jeune femme ne savait plus sur quel pied danser devant ce changement brutal de ton. La main agrippée à la poignée de son bagage, elle lui sourit une nouvelle fois dans l'espoir que la pression retombe.

– J'ai des impératifs...

Sans vraiment comprendre, elle sentit l'étau se resserrer avec puissance, jusqu'à lui broyer le bras.

– Arrête ! Tu me fais mal ! cria-t-elle.

Elle chercha à se soustraire à l'emprise exercée par le steward. En vain. Il la tenait bien, porté par une force supérieure à la sienne. Elle rencontra deux yeux sombres et put y lire une rage sans nom.

– Tu crois vraiment que je vais te laisser partir ?

– Je... Je t'en... prie...

Une boule d'angoisse se forma dans son estomac. À cet instant, elle voulut crier de toutes ses forces, appeler à l'aide, mais déjà une main lui bloquait la bouche. C'était sans espoir. Elle en avait conscience.

– Toi et moi, on ne se quitte plus...

Comme ces derniers mots, le froid de l'acier contre sa gorge scella son destin.

18

LAURA ET MILAN PRÉSENTÈRENT leur carte de police et le verrou sauta par enchantement. Sur leur passage, ils saluèrent le vieil homme, qui les invita à se diriger vers le séjour.

Le duo traversa un long couloir au parquet grinçant, puis découvrit une agréable pièce à vivre décorée avec goût et harmonie. À leur gauche dormait une grande table, autour de laquelle on avait disposé deux bancs. Elle se trouvait à bonne distance d'une armoire normande. Un peu plus loin, un canapé en cuir vert, un écran plasma et quelques meubles fonctionnels, sans valeur, délimitaient la partie salon. Sur le rebord de la cheminée où crépitait un feu doux se dressait un cadre photo immortalisant un jeune couple lors de son mariage.

Ici flottait le parfum du bien-être, d'une vie sans ombrage.

Les deux partenaires s'installèrent à table.

Le vieil homme ôta ses lunettes et les posa sur le bois. Tempes grisonnantes, visage ramassé, yeux bleus ; Laura lui donna soixante-dix ans.

– Je suis désolé de vous avoir demandé de présenter vos cartes. Vous avez dû me prendre pour un fou, commença-t-il.

La capitaine le rassura :

– Ne vous inquiétez pas... monsieur ?

– Desmoulins. Noël Desmoulins. Vous savez, je n'ai pas pour habitude de surveiller ce qui se passe dans le voisinage. Vu les circonstances, je n'avais pas d'autre choix. Si vous êtes ici, c'est qu'il est arrivé quelque chose à Sébastien.

Le ton direct ne souffrait d'aucun doute.

– En effet, fit Milan. Vous le connaissiez ?

– Comme deux voisins peuvent se connaître, répondit-il en haussant les épaules.

Son regard se porta sur le cadre photo posé sur le rebord de la cheminée.

– Dernièrement, j'ai marié ma fille. Je savais que Sébastien était réalisateur. Je lui ai demandé de filmer cette journée.

– Il y a combien de temps ?

– Trois mois, à peine. Je l'aimais bien, ce gamin. Il était toujours poli et agréable.

– Il rencontrait des problèmes particuliers ? le questionna la capitaine.

Les sourcils du vieil homme dessinèrent deux accents circonflexes.

– Pas à ma connaissance. Maintenant, j'imagine que oui...

– Quand l'avez-vous vu pour la dernière fois ? continua-t-elle.

– Samedi matin. Il devait être pas loin de sept heures quand Sébastien a frappé à ma porte. Il était désemparé.

– Pour quelle raison ?

Le regard accroché au vide, Noël secoua la tête.

– Le pauvre, il n'arrivait pas à aligner deux mots. Je me souviens encore de son visage, si livide. On aurait dit qu'il avait croisé le diable.

Il planta ses rétines dans celles de la capitaine Esposito. Son expression suffit à faire sentir la détresse qui émanait de Sébastien au moment de sa visite furtive.

– Monsieur Desmoulins, nous devons savoir. Pourquoi Sébastien est-il passé chez vous ? insista-t-elle.

Dans un long soupir, il se leva de sa place et s'en alla vers l'armoire normande. Il sortit du premier tiroir une petite boîte en plastique.

– Sébastien m'a fait promettre de n'en parler à personne et de la remettre à la police.

Laura récupéra le précieux sésame. Tuant tout suspense, elle l'ouvrit et découvrit une carte mémoire. Une de celles utilisées dans les appareils photo. Sur l'étiquette était inscrite une suite de nombres.

12/2244.

Un nouveau pion sur l'échiquier.

La capitaine savoura l'instant. Son instinct ne l'avait pas trompée. Même en fuite, Sébastien avait eu la présence d'esprit d'y glisser quelques éléments capables d'aiguiller leur enquête. Elle rangea le tout dans la poche intérieure de sa veste en cuir.

Milan reprit le fil de la conversation :

– Vous savez ce qui se trouve sur cette carte ?

– Je n'ai pas cherché à le savoir... À en juger par son comportement, j'imagine que ça doit être plutôt horrible.

– Et ensuite ?

– Il m'a dit qu'il partait pour Lyon, voir sa mère une dernière fois avant de fuir à l'étranger, murmura Noël.

Il se massa le front, réalisant tout juste la portée de ses paroles.

Fuir, au-delà des frontières. Sans doute Sébastien croyait-il qu'à des milliers de kilomètres de Lille, il serait à l'abri de tout danger.

– Monsieur Desmoulins, que pensiez-vous de Christina ? demanda Laura.

Le vieil homme gloussa à l'évocation de ce prénom avant de lâcher sans détour :

– Une fille à problèmes. Toute ma carrière, j'ai travaillé dans le milieu de la réinsertion professionnelle. J'ai rencontré pas mal de personnes qui ne savaient pas quoi faire de leur vie.

– Vous diriez qu'elle était... déséquilibrée ?

– « Perdue » me semble un terme plus juste.

Laura hocha la tête d'un air entendu.

Quelques pas la portèrent à la fenêtre du séjour. Celle-ci donnait sur l'habitation du couple assassiné. Mains dans le dos, elle poursuivit le flot de ses questions.

– Vous échangiez de temps à autre avec elle ?

– Avec Christina ? Non. Ma femme et moi la trouvions désagréable.

– Hier soir, vous n'avez rien entendu de particulier ?

Il esquissa une petite moue désolée.

– Nous dormons à l'aide de somnifères. Un tremblement de terre ne suffirait pas à nous réveiller.

– Vous savez si le couple recevait beaucoup de monde ?

– Ils étaient plutôt discrets.

– Ça fait longtemps que vous habitez dans le quartier ?

– Trente-deux ans.

– Et Sébastien et Christina ?

– Si ma mémoire ne me joue pas des tours, ça doit faire un peu plus de deux ans.

La capitaine déporta son attention de la fenêtre pour se concentrer sur le vieil homme :

– Les maisons sont chères dans le quartier ?

Noël Desmoulins abonda dans ce sens par un hochement de tête.

– Plutôt, oui. Acheter ou louer ici, c'est comme vivre en plein Paris. On a eu de la chance, cette demeure nous a été léguée. Mais, pour un jeune couple qui cherche à s'installer, ça ne doit pas être évident.

La capitaine capta le sous-entendu.

– Pour un couple comme Christina et Sébastien ?

Il laissa filer une poignée de secondes, regardant les enquêteurs, en attente de sa réponse.

– Entre nous, ça tient du miracle.

19

CE LUNDI avait filé entre leurs doigts.

Les partenaires avaient écumé Lille et sa métropole, interrogeant les derniers clients de Sébastien. Une liste de six noms, dénichée sur le site du réalisateur. Laura tenait à se faire une idée plus précise de l'homme, à connaître ses habitudes, la perception qu'avaient les gens de lui.

Tous les ressentis s'accordaient sur deux points.

On voyait en Sébastien une personne sérieuse, impliquée dans son travail, volontaire. En un mot, un grand professionnel de l'image.

Le second restait délicat. Derrière le sourire de façade se cachait un homme triste, pas vraiment à l'aise dans ses baskets. *Comme si quelque chose s'était éteint en lui*, avait lâché un de ses clients. Une phrase lourde de sens, résonnant encore dans leurs oreilles.

Quant au profil de Christina, Laura fondait beaucoup d'espoir sur les avancées de Thomas Blanchard, officiellement chargé de cette enquête. Elle ne désirait pas piétiner ses plates-bandes. Son expérience lui avait appris à rester à sa place et à s'armer de patience. Un peu plus tôt, ils étaient passés dans les locaux de la DIPJ de Lille, où exerçait l'homme. Entre deux cafés, Thomas avait promis de les informer des résultats de l'autopsie de Christina. Pour l'heure, les premières investigations demeuraient insuffisantes pour donner un sens aux circonstances, l'embryon d'un motif à ces deux meurtres.

Un hôtel bas de gamme, à la périphérie de la ville. Leur point de chute. Ils avaient loué deux chambres composées d'un lit, d'une télévision et d'une douche. Un triptyque sans charme, mais suffisant pour retrouver un peu de chaleur et de repos.

Ils s'étaient rejoints dans celle occupée par le lieutenant Dacourt.

Tout en allumant son ordinateur portable, Milan remit de l'ordre dans ses idées. Son esprit se repassait en boucle le schéma des dernières heures.

Les informations s'accumulaient. Il les triait, les classait dans des dossiers imaginaires.

D'abord le corps de son ami découvert dans cette église à Lyon. Les sévices infligés et la langue tranchée le renseignaient sur la nature du meurtre. Prémédité. Des propres aveux de Louise, son fils se sentait en danger. À la station-service, les images de vidéosurveillance avaient permis au lieutenant de comprendre que Sébastien souhaitait qu'on enquête sur lui, alors que, le jour même, sa fiancée Christina était retrouvée pendue à un arbre.

Les paroles de Noël Desmoulins et la carte mémoire finissaient de noircir la macabre équation.

Ils en avaient conscience. Ces assassinats n'étaient que les contours d'une sordide histoire. Ces images pouvaient-elles être la clé de cette enquête ? Un fil invisible menant à la vérité ? Et cette série de chiffres, que signifiait-elle ?

12/2244.

Le lieutenant enfonça la carte dans le lecteur. Aussitôt, une icône en forme de disque apparut sur l'écran. Il attendit que Laura s'installe sur le lit à ses côtés.

Touche Entrée.

À l'image, un long fondu au blanc ouvrait sur les yeux marron d'une femme. Un court travelling arrière découvrit l'ensemble de son visage. Des larmes se formaient à la commissure de ses paupières. Bâillonnée, mains jointes et ligotées par une corde, l'actrice avait une vingtaine d'années.

Un plan plus large leur permit de comprendre qu'elle se trouvait enfermée dans une cage. Disposés tout autour, des projecteurs braquaient leur lumière crue sur la prison. Une obscurité ambiante tapissait les alentours, rendant impossible l'identification des lieux. La jeune femme reposait au centre, à genoux sur un matelas.

Caméra à l'épaule, le réalisateur s'avança et ouvrit la porte dans un lourd grincement. Par la résonance, Milan imagina un espace haut de plafond.

Peut-être une usine.

Plusieurs plans se succédèrent. Le froid faisait pointer les seins de la femme tandis que la lumière léchait ses formes parfaites. Son pubis épilé s'offrait aux regards des deux partenaires. Le caméraman apporta un soin particulier au visage. La caméra caressa les traits fins de l'actrice.

Ces images. Ce visage.

Milan la connaissait. Il ne l'avait jamais rencontrée, ne lui avait jamais parlé, mais avait croisé sa route. D'une façon ou d'une autre.

La focale se déporta de la bouche de la femme pour mettre en évidence une silhouette pénétrant dans l'enceinte de la cage. Vêtue de sombre, la figure cagoulée se tenait au-dessus du corps, livré à ses désirs. Le cadre subtil ajouté à la lumière empêchait de reconnaître l'individu.

Il posa ses mains sur les épaules de l'actrice.

Surprise, celle-ci tressaillit.

À présent, le gant glissait sur la peau de la prisonnière, qui frissonnait de temps à autre. Un doigt remonta son ventre, effleura le sillon de ses seins, passa sur sa gorge et s'arrêta à la hauteur de ses lèvres. Pour marquer l'intensité du moment, le réalisateur resserra progressivement son cadre.

À l'écran, l'actrice donnait l'impression de demander le silence.

Le doigt se replia dans un poing.

Le premier coup cogna contre son torse.

Un cri déchira le silence.

Laura et Milan bondirent, surpris par la force et la spontanéité du geste.

– Putain ! lâcha la capitaine.

L'instant bascula dans le sordide.

L'actrice se retrouva poussée contre le matelas. D'autres charges s'abattirent sur son dos, son ventre, ses bras. Une force de frappe sans merci.

Le réalisateur semblait troublé par ce qui se jouait devant l'œil de sa caméra. Il perdait de la précision.

Laura dégagea son regard de l'écran, libérant une grimace de dégoût.

– Arrêtez ce film !

Milan resta sans réaction. Par-delà les cris, l'horreur, la souffrance, toute son attention se dirigeait sur cette femme et sa rencontre avec l'enfer.

La tension baissa d'un cran.

Le caméraman, tremblotant, s'efforça de mettre l'accent sur le corps de l'actrice, rougi par les coups. Puis, sa caméra se concentra de nouveau sur le visage. Celui-ci ne portait pas la moindre trace de violence. Dans sa vague déferlante, l'ombre avait pris soin de l'épargner.

Un pressentiment gagna la capitaine. Cet instant de répit laissait envisager l'innommable.

– Milan ! Arrêtez ce film !

Il n'entendit pas l'ordre lancé.

La silhouette passa sa main dans les cheveux châtains de l'actrice. Cette dernière, secouée de haut-le-cœur, la chair à vif, s'abîmait dans les larmes et la douleur.

À la véracité de ces images, Milan sentit l'angoisse courir dans son corps, jusqu'à broyer sa nuque.

Le regard du tortionnaire se porta sur sa droite, bien au-delà de la cage, derrière les spots mandarine. Un léger zoom s'enfonça dans un voile opaque.

Le lieutenant fronça les sourcils pour percer ce nuage d'encre.

Tapis dans l'obscurité, ils ne manquaient rien de l'initiation qui s'offrait devant leurs yeux. Eux, le relais d'un massacre annoncé.

Avant que les deux partenaires ne le comprennent, la silhouette cagoulée tenait dans ses mains une lame. La lumière se reflétait dans le tranchant, qui devint pourpre, au fur et à mesure des assauts.

Laura se leva, écœurée à l'idée de regarder un instant de plus cette scène d'horreur.

La porte claqua.

20

ENTENDRE SA VOIX pour se défaire de ces images. Lui seul en était capable. Son magicien.

Adossée contre le mur du couloir de l'hôtel, Laura tenait son portable dans sa main.

Trois sonneries plus tard, un interlocuteur se manifesta :

– Allô ! lança Stéphane.

– C'est moi. Je ne te dérange pas ? demanda-t-elle.

Son ton fatigué accusait le choc imprimé par ses rétines un peu plus tôt.

– Tu donnes enfin de tes nouvelles !

Elle ferma les yeux.

N'entre pas dans son jeu... Pas maintenant...

– J'ai dû partir pour Lille. Une sale affaire, se justifia-t-elle sans se répandre en détails. Je peux parler à Damien ?

– Encore ton foutu boulot ! Notre fils mange à cette heure-ci. Comme tous les enfants de son âge !

– Il faut que je lui parle... J'en ai besoin...

Laura s'efforça de masquer le trouble qui la tiraillait.

Un soupir d'exaspération se fit entendre à l'autre bout du fil. Puis, un long silence, porté par la rancœur.

– Tu vas lui expliquer pourquoi sa mère ne dîne pas avec nous ?

Elle posa sa tête contre le mur. Depuis qu'elle avait engagé une procédure de divorce, les rares échanges avec Stéphane se transformaient en règlement de comptes. L'homme refusait qu'elle puisse se séparer de lui. Les premières semaines, il avait cherché à la reconquérir en lui envoyant des bouquets de fleurs accompagnés de lettres enflammées à son bureau. En retour, il n'avait obtenu que de l'indifférence. L'architecte considérait cette attitude comme un affront. Certes, il avait commis une faute morale. Une entaille dans leur contrat de mariage. Mais il avait réussi. Son argent apporterait à Laura tout le bonheur qu'elle désirait. Comment pouvait-on y rester insensible ? Pourquoi refuser de lui pardonner cette misérable erreur ?

La patience d'Esposito vola en éclats.

– Je lui expliquerai que son père a eu une attitude déplacée avec sa secrétaire ! lâcha-t-elle.

Ce soir-là, elle était rentrée plus tôt. Le sourire radieux qu'elle portait se crispa à la vue de son mari et de cette femme dans le lit conjugal.

– Tu travaillais sans cesse ! On se croisait à peine ! Je suis un homme, j'ai besoin d'un minimum d'attention !

Elle secoua la tête, exaspérée.

Stéphane se rendait-il compte de ses paroles ? De ses actes ?

– De là à t'envoyer en l'air dans notre propre lit ? rétorqua-t-elle.

La réponse brutale et foudroyante le vexa au plus haut point.

– Tu m'avais délaissé pour ton foutu boulot !

– Tu connaissais mon travail avant de m'épouser. Tu savais combien il était prenant !

– J'ai épousé Laura, pas seulement un flic !

Elle se massa légèrement le front et chercha au fond d'elle un minimum de calme.

– OK, peut-être que je n'ai pas toujours été à la hauteur... Je n'ai pas su faire la part des choses. Tu as tes raisons et j'ai les miennes. Mais toi et moi...

– Je ne veux pas divorcer, la coupa-t-il. Tu... Tu es ma femme. Je t'aime...

La voix de l'homme baissa d'un ton et se chargea de sincérité.

– Donne-moi une dernière chance. Laisse-moi me racheter. Laura... Tu me manques. J'ai besoin de toi...

Elle ferma les yeux, touchée par ces paroles.

La trahison... Il n'avait pas le droit...

La raison reprit l'ascendant :

– Pour moi, les choses sont claires...

– Ton père a raison ! T'es bornée ! Lui non plus ne te comprend pas !

Place aux coups bas. L'architecte se retranchait derrière la famille de Laura pour la blesser.

– Laisse tomber ce genre de manœuvre. Mon père ne m'a jamais comprise...

D'aussi loin qu'elle se souvenait, Laura s'était toujours sentie différente du reste de sa famille. Élevée dans la pure tradition chrétienne, elle avait passé sa jeunesse dans une maison du côté de Lyon. Un lieu tranquille où le temps s'écoulait selon un rythme trop précis, plat, insipide. Médecin, son père se dévouait corps et âme à son métier, alors que sa mère s'occupait du foyer.

Laura ne trouvait pas sa place, au contraire de sa sœur aînée, Laëtitia. Cette dernière faisait la fierté de ses parents.

Tu dois prendre exemple sur ta sœur ! Ta sœur a de meilleurs résultats scolaires. Si seulement tu pouvais être comme ta sœur. Des comparaisons trop hâtives qui marquent une existence au fer rouge.

Encore aujourd'hui...

Très tôt, elle prit la décision de soigner les gens comme son père. En entrant dans la police, Laura voulait chasser les démons qui gorgent nos rues, traquer le mal jusque dans les moindres recoins. Une ambition accueillie par une fin de non-recevoir. Son père refusait que sa fille devienne une « simple » flic. Non, chez les Esposito, on pratiquait des métiers plus respectables. Comme toujours, sa mère se rangeait à l'avis de son mari. Chez les Esposito, une seule voix comptait. Elle était masculine.

Laura grandissait, son caractère s'affirmait. Elle s'élevait contre l'autorité exacerbée de son père, contre les diktats de sa parole. Leurs disputes redoublèrent jusqu'à devenir constantes.

Seize ans sonnèrent et, avec eux, les premières amours. Elle fréquentait une petite bande. Des adolescents dont la principale occupation consistait à traîner dans les bars, à fumer des joints et à se révolter contre le système.

C'est là qu'elle rencontra Corentin. Yeux bleus, cheveux bruns tombant sur les épaules, look *destroy* et guitare à la main. Un anarchiste qui prônait le contre-pouvoir dans ses textes. Avec son groupe de musique, il écumait les salles de concert de la région. Laura sortait sans permission pour le rejoindre, transgressait les règles. À ses côtés, elle avait l'impression de se trouver, d'être à sa place.

Un soir, son père l'attendit. Assis à la table de la cuisine, il patientait en buvant une tasse de thé. Lorsqu'elle pointa le bout de son nez, il la regarda fixement, sans un mot. Elle identifia le dégoût dans ses yeux. Une déception immense, paralysante.

L'amorce d'une fracture.

12 août 1990. Ce jour-là, un ciel bleu se dégageait sur l'horizon comme une promesse d'avenir. La majorité, enfin. Avec elle, le sens des responsabilités. La liberté de choisir.

Le groupe de Corentin connaissait du succès sur la scène *underground*. Comme un apogée, une tournée était programmée en Europe de l'Est : Roumanie, Hongrie, Pologne. Pour Laura, l'idée d'être absente à cet événement était inconcevable. Elle les avait suivis. Une décision heurtée par aucune opposition. Depuis longtemps, son père s'était résigné, laissant sa colère se muer en indifférence. La pire des réponses.

Ce qu'elle imaginait comme une onde de liberté se changea en calvaire. L'alcool coulait à flots, la drogue piquait les narines. Le public, aux abonnés absents.

Le comportement de Corentin se transforma. Le révolutionnaire devenait de plus en plus agressif. Au début, ce fut une malheureuse claque donnée sur la joue de Laura. L'homme s'excusa et retrouva sa confiance. Mais le mal était là, grandissant dans les gènes du musicien.

Ses coups, il ne les retenait plus. Ne pouvait plus. Ils commencèrent à être de plus en plus fréquents, puis quotidiens. Un mot déplacé, une attitude jugée indélicate suffisaient à déclencher une rage violente, accompagnée d'une armée de gifles. L'artiste incompris s'était noué en un bouquet de nerfs.

Cet enfer dura de longs mois, jusqu'à ce qu'elle se décide à fuir.

Pour aller où, sans économies ?

Alors, elle rencontra la rue. Ses codes, ses règles. C'est à cette époque qu'elle forgea son caractère, apprit à se défendre pour faire face aux dangers environnants.

Son voyage de retour s'étala sur deux années.

La ville de Paris s'illumina un soir d'hiver. Avec elle, la puanteur des foyers d'hébergement. Sa délivrance se coupla à ce boulot de serveuse. Un travail qui lui apportait un minimum de ressources financières et une nouvelle perspective. En parallèle, elle rattrapa son retard scolaire. Ses cours suivis par correspondance furent sa bouée de sauvetage.

À l'approche de ses vingt-quatre ans, elle obtint une licence en droit. Un sésame qui lui offrait la possibilité de passer le concours d'entrée à l'École nationale supérieure de la police. Aux pires heures de son existence, son rêve de devenir flic ne l'avait jamais quittée.

Cannes-Écluse. Architecture lourde et préfabriqué.

Dix-huit mois d'instruction intensive. Les cours s'enchaînaient, les formateurs se relayaient. Au programme : droit pénal, informatique, langues étrangères, commandement, tir et sport.

Elle gardait le cap, guidée par ces trois mots.

Courage. Force. Obstination.

Pas question de lâcher. Ses notes étaient déterminantes pour le choix de son affectation. Alors, Laura se donnait sans retenue, jouant des coudes pour s'imposer. Elle avait vu bon nombre de ses « collègues » baisser les bras et renoncer.

Elle n'abandonnerait pas.

Là-bas, ses contacts avec le monde extérieur se firent rares. Quelques appels téléphoniques à sa sœur et toujours la même incompréhension.

Pourquoi devenir flic ?

Et puis, il y eut la délivrance. La fatigue se lisait sur les visages, s'entremêlait avec le stress des affectations.

Les résultats tombèrent, comme des couperets. Placée en tête de liste sur le grand tableau, Laura visualisait ses efforts. De multiples possibilités s'offraient à elle. Une seule comptait. Lyon, un retour aux sources.

Le concret, enfin.

À vingt-six ans, de l'autre côté de la barrière, elle toucha de nouveau la détresse quotidienne. Les nuits à rallonge, l'agressivité de la rue, les trafics en tout genre. Elle apprit à contrer ces menaces, parfois avec force et violence, rarement par la parole et la pédagogie.

Passé vingt-huit ans, Laura fut promue capitaine. De nouvelles fonctions qui l'obligeaient à descendre plus loin dans le sordide et l'innommable. Sur son bureau atterrissaient toutes les équations macabres. Son devoir était de trouver un sens à ce sang. Ses parents ne comprenaient toujours pas son choix. Que leur fille puisse arpenter ce que le monde offrait de plus noir dépassait leur entendement, comme la savoir encore célibataire.

Vu cet investissement dans ses fonctions, construire une relation stable lui semblait impensable. Le sang, les esprits torturés tenaillaient son quotidien.

Alors, un homme...

Ce soir-là, sa sœur Laëtitia avait organisé un dîner et invité un groupe d'amis. Comme toujours, la capitaine s'y présenta à reculons. Elle les entendait déjà parler de politique, d'économie, juger la situation du pays en pensant détenir la solution. Sans oublier les enfants. Le sujet de conversation favori de ces jeunes parents. Laura ne comprenait pas qu'on puisse devenir aussi gaga d'un bébé dont les occupations consistaient à dormir, à manger et à se soulager. Sans doute la noirceur de son métier lui avait-elle ôté tout instinct maternel.

Ce qu'elle croyait, avant lui : Stéphane.

L'ennui de cette soirée les avait réunis. Le soir même, ils firent l'amour et promirent de ne jamais se quitter. Dans la foulée, ils emménagèrent et ses convictions volèrent en éclats. Elle qui disait son cœur fermé à l'amour dut revoir son jugement. L'émoi des premiers instants, la folie de l'autre ancrèrent leur dépendance.

Cinq années filèrent et un besoin vital imprégna son être.

« Mariage », « enfant », « famille ».

Des mots qu'elle n'imaginait jamais prononcer, encore moins désirer.

Le mariage fut célébré en grande pompe à l'église. Laura portait ses trente-trois années avec rayonnement, se sentait insubmersible.

La promesse de toute une vie arriva deux ans plus tard. Un soleil éternel à jamais placé haut dans son ciel.

Damien.

– Maman !

Au son de sa voix, son cœur s'emballa.

– Mon amour... Comment tu vas ? demanda-t-elle.

– Avec papa, on mange une pizza, répondit l'enfant.

– Ah oui ? C'est bon ?

– Beurk ! Ça pique !

La capitaine sourit. Entendre son fils lui procurait le plus grand bien. Elle enviait son innocence.

Trois années maintenant que cet être, si doux, si fragile, composait son univers. Aujourd'hui, lui seul comptait. Il était sa terre, son ciel, ses points cardinaux.

Tout.

– Maman, tu reviens ?

Ces mots-là lui brisèrent le cœur.

– Bientôt, mon amour... Bientôt... Maman pense fort à toi.

Dans le combiné, la voix de Stéphane prévenait l'enfant.

– Maman ! Maman ! Le film commence !

– Attends, Damien ! Je...

Il raccrocha, et l'horreur refit surface en une fraction de seconde.

21

BIENTÔT DEUX HEURES que Milan tournait en rond dans son lit. Le sommeil ne viendrait pas ce soir. Les images de cette femme écorchaient sans cesse sa mémoire, ouvrant la porte aux hantises.

La peur dans son regard. Ces trois silhouettes tapies dans l'obscurité. Cette lame vampirique... La violence de la vidéo avait heurté le lieutenant au plus profond de lui-même. Son écho lui renvoyait une vague de questions.

Meurtre ? Mise en scène ? Qui se cachait derrière ces ombres ?

Milan savait que les fantasmes de l'homme ne connaissaient aucune limite quand ils tiraient leur source de la mort. Officiellement, les *snuff movies* s'apparentaient davantage à une « légende urbaine » qu'à un véritable fléau fondé sur des bases solides.

Mais cette femme. Ce visage, ces cris.

Il refusait de croire à la fabulation.

Non, pas après ce qui est arrivé à Sébastien et à Christina.

Une autre question, effroyable.

Qui tenait la caméra ?

Là aussi, difficile de s'en remettre au hasard. La finesse du cadrage, la précision de la lumière, l'adresse dans la mise en scène. Ce supplice sublimé en vingt-quatre images par seconde dénotait l'œuvre d'une personne maîtrisant les techniques cinématographiques.

Comme Sébastien.

Que lui avait-on promis pour qu'il accepte de faire partie de ce plan machiavélique ? Connaissait-il seulement les réelles intentions de ces hommes ?

Sa conscience le projeta quelques heures plus tôt, alors qu'il se trouvait dans le bureau de Thomas Blanchard. Il y avait croisé son regard. Un avis de recherche punaisé au mur. Il se connecta aux services du ministère de l'Intérieur.

Un site consacré aux personnes disparues s'afficha sur son écran. Tandis qu'il passait de page en page, ses mains tremblantes trahissaient son anxiété.

La réponse se tenait là, dans ce dédale.

Trois minutes plus tard, une décharge l'inonda.

Sourire aux lèvres, le regard rieur. Son signalement décrivait ses caractéristiques physiques. En dessous, un bref récapitulatif des faits relatait que la jeune femme n'avait plus donné signe de vie depuis le lundi 15 novembre 2010, soit une semaine plus tôt.

Milan avait un nom.

Marie Charton. Vingt-deux ans, née à Lille.

Frappant sur son clavier, il balança son identité à Google, qui lui fournit une dizaine de liens. EGAFD – European Girls Adult Film Database – était à l'instar du site IMDB une base de données cinématographique, mais pornographique, qui fourmillait d'informations concernant les films du genre, ainsi que les acteurs et actrices gravitant autour de ce monde.

La page de Marie faisait état d'une trentaine de participations à des longs métrages. Le dernier en date se prénommait *Vices et servitudes*, dont la réalisation remontait à 2008.

Les autres liens conduisirent à des résultats similaires, avant qu'il ne découvre une page Facebook consacrée à la disparition de la jeune femme. Les nombreux témoignages évoquaient une personne souriante, appréciée de tous. Son employeur, Bruno Rieux, se disait attristé par cette histoire. L'initiative de cette page était à mettre sur son compte, tout comme le signalement de sa disparition.

L'homme tenait un club de nuit, Le Matisse.

Le lieutenant referma son ordinateur. Il se rhabilla, vérifia le chargeur de son semi-automatique et glissa son arme dans son holster. Le dernier rempart face aux ténèbres. Son attitude dépassait l'entendement, il allait au-devant de graves ennuis.

Avait-il d'autre choix ?

En enquêtant sur la mort de Sébastien, il s'était promis d'aller jusqu'au bout, de déchirer le voile de la vérité.

Il décida d'agir seul.

22

UN DÉCOR BRUT ET MINIMAL à l'ambiance contemporaine. Tels étaient les subtils mélanges du club de nuit Le Matisse. Une ancienne usine désaffectée reconvertie en temple de l'érotisme, à la gloire de son plus digne représentant, Éros. Chœur du temple, la piste se gorgeait de femmes et d'hommes se trémoussant au rythme de la musique. Du plafond, des stroboscopes multidirectionnels glissaient leurs couleurs violentes sur les chairs, les fracturant. Perchées sur leurs podiums, des danseuses jouaient avec les barres, bassins cambrés en accord avec les basses.

L'heure était à l'oubli.

À son arrivée, Milan s'était présenté à la blonde peroxydée qui, derrière son comptoir en verre, servait ses clients. Sa dextérité et sa rapidité sans égales avouaient des années de pratique. Le lieutenant patienta quelques minutes avant l'arrivée du patron des lieux.

– Lieutenant Dacourt ? Bruno Rieux, se présenta celui-ci.

La quarantaine, il portait un jeans bleu et un t-shirt blanc si près du corps qu'il laissait entrevoir sa musculature. Une dentition parfaite, un visage carré, des cheveux courts, une peau soignée. Milan le rangea dans la catégorie des métrosexuels, ces hommes d'un nouveau genre, en adéquation avec leur époque, adeptes des produits cosmétiques et soucieux de leur apparence.

– J'ai quelques questions à vous poser au sujet de Marie.

Les traits du patron se tirèrent dans un soupir.

– Allons dans la salle privée. Nous serons tranquilles.

✧ ✧
✧

Les deux hommes traversèrent un long couloir.

Par-delà une porte, des cris de jouissance confondus à des râles de douleur portèrent leurs pas. Milan devina une femme et trois hommes.

Plus loin, un entrebâillement laissait échapper un filet de lumière rougeâtre. Sur un divan, deux jeunes, tout juste majeurs, discutaient dans un nuage de fumée. Verre à la main, ils se désintéressaient du spectacle offert à leurs pieds où deux femmes mûres, aux seins siliconés, s'embrassaient, se léchaient et s'emboîtaient à l'aide de godemichés.

Arrivés dans une grande salle, ils prirent place l'un en face de l'autre sur une banquette, séparés par une table en verre. Le périmètre carré en comportait une dizaine, réparties dans différents îlots.

– Il m'arrive de temps à autre de privatiser les lieux. Cette pièce assure une grande discrétion, expliqua le patron.

Passé cette précision, il entra dans le vif du sujet.

– Elle a disparu, il y a maintenant une semaine. C'est moi qui ai prévenu la police.

– Vous la connaissiez depuis longtemps ?

– Environ deux ans. Marie est une femme merveilleuse. Irréprochable. La première fois qu'elle s'est présentée, je ne vous cache pas que j'ai été un peu... dérouté...

– Travailler comme serveuse, ça change des plateaux de cinéma.

Les yeux verts se plantèrent dans ceux du lieutenant.

– Je voulais l'aider. On a longuement discuté. Je sentais en elle l'envie de tourner la page, de recommencer une nouvelle vie.

Les trémolos dans sa voix portaient son incompréhension.

– J'estime que chacun a droit à une nouvelle chance. J'ai décidé de la prendre à l'essai. Très vite, elle s'est montrée à la hauteur en apprenant le métier. Je n'ai jamais eu à me plaindre d'elle sur ce sujet.

Cette dernière phrase attisa la curiosité du lieutenant.

– Qu'est-ce qui vous dérangeait ?

Léger soupir avant de lâcher les raisons.

– Son comportement. Les premiers temps, tout allait pour le mieux. Peu à peu, elle a commencé à se plaindre de son salaire. Très souvent, elle comparait ce que je lui offrais avec ce qu'elle gagnait autrefois. Forcément, je ne pouvais pas rivaliser.

– Vous la sentiez nostalgique de cette époque ?

– Le mot est faible. Par-dessus tout, Marie désirait retrouver les plateaux. Elle ne l'a jamais affirmé de vive voix, mais je le sentais.

– J'ai cru comprendre qu'elle voulait changer de vie ?

– Au début, seulement...

Ses deux mains jointes formèrent un triangle qui épousa son menton.

– Vous savez, si Marie a arrêté sa carrière d'actrice pornographique, c'est par dégoût. Elle a refusé certaines choses qu'on lui proposait. Les *gang bangs*, par exemple. Les premiers temps, ça ne lui a pas porté préjudice. Mais, rapidement, les studios ont commencé à ne plus la rappeler. Dans ce milieu, vous tombez très vite dans l'oubli. Un jour, on ne jure que par vous, le lendemain, vous n'existez plus...

Prête à tout pour retrouver la lumière des plateaux, même à l'improbable...

Aveuglée par son désir, Marie aurait-elle accepté ce tournage sans savoir qu'il s'agirait du dernier ?

– J'ai toujours assimilé ce milieu à une drogue. L'argent facile, la notoriété, la reconnaissance, tout ça attire, fit Bruno d'une voix amère.

– Vous savez si elle a eu de nouvelles propositions de tournage ? Peut-être par un de vos clients ?

Il lui avait suffi de traverser le couloir pour comprendre que, derrière ces murs, les fantasmes sexuels les plus obscurs pouvaient être réalisés. Les *snuff movies* constituaient l'apothéose, l'extrême limite sur l'échelle de la perversité.

Tout en réfléchissant, Bruno se pinça le lobe de l'oreille.

– Si ç'avait été le cas, Marie ne m'en aurait pas parlé. Elle restait discrète sur ce sujet. Elle savait ce que j'en pensais.

Milan devina qu'entre le patron et la serveuse, la relation dépassait le stade de l'amitié.

– Vous étiez plus que des amis, s'avança-t-il.

Un temps. Bruno inclina son regard et ses lèvres dessinèrent un léger rictus.

– Si Marie était aussi importante à mes yeux, c'est qu'au fil du temps elle et moi avions construit une relation fraternelle. Quand ses parents ont appris son envie de tourner dans des films pornographiques, ils l'ont mise dehors, sans un sou. Elle n'avait que dix-huit ans. Imaginez un peu l'enfer auquel elle a dû faire face. Mes parents ont réagi de la même façon, en apprenant mon homosexualité. Ce genre de parcours aide à tisser des liens.

Milan acquiesça en silence. Cela seul s'imposait devant la sincérité de cet homme.

– Elle avait un fiancé ?

– Ce n'était pas le genre de femme à entretenir des relations de longue durée.

– Alors, un ancien petit copain qu'elle revoyait de temps à autre ?

– Pas à ma connaissance.

– Un client de qui elle serait devenue très proche ?

– Je suis désolé...

Leur conversation dura plusieurs minutes. Chacune des réponses du patron s'accompagnait d'une grande franchise. L'homme n'avait jamais entendu parler de Christina, ni même de Sébastien.

Des impasses.

Une plongée dans le néant.

Pour autant, le lieutenant devait continuer, faire jaillir de leur conversation une piste concrète pour cerner davantage la personnalité de la victime.

– Je voudrais me rendre chez elle.

Bruno acquiesça et sortit de sa veste un stylo et sa carte de visite. Il la retourna et nota l'adresse.

– C'est au 7, rue Javary, à deux pas d'ici.

Le lieutenant récupéra la carte et se leva.

– Quoi qu'il se soit passé, il faut la retrouver.

– Je vais faire mon possible.

Milan se refusait à donner de futiles espoirs. Les images de la vidéo parlaient d'elles-mêmes. Trouver Marie, c'était découvrir son cadavre.

Avant de quitter la pièce, il se permit une dernière question.

– Votre club, Le Matisse. Pourquoi un tel nom ?

Bruno ne put s'empêcher d'afficher un sourire malicieux.

– J'aime la peinture, et plus particulièrement cet artiste. Il est le chef de file du fauvisme. C'est un style qui se caractérise par ses couleurs violentes, vives.

– Il n'y a aucun rapport avec votre activité ? s'étonna Milan.

– Détrompez-vous, lieutenant. Vous avez traversé le couloir, vous avez pu le constater. Ici, ma clientèle se relâche et laisse libre cours à ce qu'elle a de plus primitif. Comme le fauvisme, elle libère ses instincts.

23

DES FRAGMENTS LAITEUX perçaient le velux du deux-pièces où résidait Marie Charton, avant sa disparition. À tâtons, le lieutenant s'avança dans le séjour et fut rassuré que la moquette étouffe chacun de ses pas. Il ne tenait pas à alerter quiconque sur sa présence en ces lieux.

Il alluma sa lampe torche et laissa son faisceau sonder les environs.

Contre le mur du fond, un canapé prenait forme. À ses côtés, une lampe sur pied s'étirait pour retomber au-dessus d'une table basse. Deux étagères accueillaient en leur sein de nombreux livres attestant la passion de la jeune femme pour la littérature. Le lieutenant y découvrit des œuvres hétéroclites synonymes d'une grande ouverture d'esprit.

Parcourant sa collection, il repéra une tasse à l'effigie de Woody Allen. De gauche à droite de l'anse, trois photos imprimées représentaient le réalisateur américain dans les rues de New York. À l'intérieur, il trouva quelques stylos, des pièces de monnaie de divers pays, un billet d'un dollar américain et des cachets d'aspirine.

Milan se rapprocha du bar séparant la cuisine du reste de la pièce. Une cafetière trônait, à côté d'un coffret dégustation.

Il se concentra sur les placards. Rien de probant. Tout était parfaitement rangé. Dans le frigo, à la vue des légumes pourrissants et des yogourts nature sans matières grasses, il devina une femme attachée à son apparence, refusant de prendre du poids. Retournant à proximité du canapé, le lieutenant pointa son cône de lumière en direction d'une porte.

La chambre à coucher.

Un lit fendait l'espace tandis qu'une penderie cachée derrière un rideau lui faisait face. Le lieutenant se concentra sur la garde-robe de la victime. De nombreux vêtements de qualité débordaient des niches. À la vue de ces éléments, il comprit qu'une grande partie de son argent devait passer dans la mode. Il perçut en Marie une femme à la pointe des dernières tendances vestimentaires et raffolant de dessous chics. Deux paniers de rangement en étaient remplis : porte-jarretelles, guêpières, nuisettes ou encore soutiens-gorge corbeille. Marie prenait soin de son image jusque dans son intimité.

Le lieutenant entreprit la fouille des poches des quelques vestes pendues : soupir de lassitude. Une perte de temps.

Il délaissa la penderie et focalisa son attention sur une commode surmontée d'une glace.

Dans le premier tiroir, il trouva une multitude de papiers : feuilles d'impôt, factures d'électricité, relevés bancaires, etc. Dans le suivant dormait une collection de chaussures. Il en souleva quelques-unes et décida de passer à la suite.

Ses pas le menèrent vers une porte entrouverte, coincée entre le velux et la garde-robe.

La salle de bains.

Une pièce étroite où se côtoyaient une douche, un lavabo et une toilette. L'espace ne comportait aucune ouverture sur l'extérieur. Il actionna l'interrupteur.

Sur une machine à laver, il trouva une trousse à maquillage : fards à paupières, rouges à lèvres, blushs et fonds de teint. Encore des produits de grandes marques. Sous le lavabo, un petit meuble renfermait des serviettes et des produits hygiéniques. Là aussi, le lieutenant comprit qu'il n'en apprendrait guère plus. Il était temps de quitter les lieux.

Alors qu'il s'apprêtait à éteindre, un objet brillant capta son regard.

Une boîte, nichée sous la commode de la chambre.

Avec jubilation, il sortit le carré de sa cachette et le posa sur le dessus du meuble.

L'intérieur se composait d'une boîte de douze préservatifs, dont quatre manquaient. Marie avait-elle un petit copain ?

Son patron était formel à ce sujet. Elle n'était pas le genre de femme à s'attacher. Pourtant...

Puis, il tomba sur deux godemichés, du spermicide et du gel lubrifiant. À cela s'ajoutaient d'autres accessoires qui le laissèrent sceptique quant à leur utilisation.

Il jeta son dévolu sur quelques photos de Marie.

Des *selfies*. L'ex-actrice prenait la pose dans des tenues et positions toujours plus suggestives.

Enfin, il attrapa deux numéros d'une revue au nom sans équivoque : *Partenaires.com*. Elle s'adressait aux amateurs de sexe libre. Les dernières pages regroupaient de nombreuses petites annonces.

Un frisson glissa le long de sa nuque. L'une d'entre elles manquait. Il regarda la couverture. Le tirage datait de novembre.

Les paroles de Bruno Rieux, encore.

Marie était désireuse de retrouver les plateaux.

Pouvait-il exister un lien entre cette annonce et la vidéo visionnée quelques heures plus tôt ? Les responsables de ce *snuff movie* seraient-ils passés par ce magazine pour la recruter ?

Un mouvement flou, derrière son dos. Ses sens se mirent en alerte. Il n'était pas seul dans la chambre. Tout en abandonnant le magazine sur la commode, sa main droite se posa sur le polymère de son arme.

Il porta son regard sur le miroir. Dans le reflet, il repéra deux jambes qui dépassaient des vestes accrochées dans la penderie.

Pantalon cargo et *boots* aux pieds.

Milan prit une profonde inspiration et dégaina son Glock dans une volte-face. Le reste se joua en une fraction de seconde.

Un poing se matérialisa dans l'obscurité. Pleine face.

L'onde de choc fit craquer son nez.

Sonné, il ne put empêcher le second impact de broyer son arcade sourcilière. Un voile noir dévora sa perception de l'espace et le chaos retourna son intérieur.

Troisième coup.

Une brûlure acide dans son ventre, crispant sa respiration.

Son corps bascula et, dans un fracas de verre, sa tête heurta le miroir, coupant son esprit de la réalité.

24

SA TÊTE PESAIT UNE TONNE. La sensation qu'on appuyait dessus. Il entrouvrit les paupières. Quelques secondes s'écoulèrent avant que le voile flou ne se levât. Aussitôt, son esprit se reconnecta dans une bousculade de questions.

Où se trouvait-il ? Depuis combien de temps ?

Les réponses tombèrent sous les traits d'une infirmière au visage délicat, sans ride, encadré d'une longue chevelure couleur sable, légèrement ondulée. « Sarah », c'était le prénom inscrit sur son badge. Son parfum sucré inonda les narines du lieutenant, réveillant ses derniers sens encore éteints.

– Comment vous sentez-vous ? demanda-t-elle dans un sourire.

– Étourdi... J'ai l'impression qu'un marteau-piqueur a pris possession de mon crâne.

– C'est normal. Vous allez sentir cette petite gêne quelques jours. Vous avez eu beaucoup de chance, votre nez n'est pas cassé.

Dans un réflexe, il passa sa main sur son visage. Mis à part un léger gonflement, tout semblait intact.

– Votre arcade sourcilière était ouverte. On vous a fait cinq points de suture. La marque devrait être discrète, elle est cachée par votre sourcil.

L'infirmière se saisit d'un miroir. Cinq piqûres couraient sous un pansement transparent. Le reste de son visage, quant à lui, accusait quelques éraflures : résultats de sa folie.

– Qui a prévenu les urgences ?

– Vos amis.

Mes amis ?

Elle reposa le miroir :

– Je vais les avertir. Prenez votre temps pour vous relever. Il est possible que vous ressentiez quelques étourdissements.

Elle s'éclipsa sur ces quelques mots.

La tête renversée en arrière, la lumière artificielle brûlant ses pupilles, Milan rassembla ses souvenirs.

La vidéo. L'ombre. Les bris de verre.

Sa virée nocturne chez Marie Charton.

Son inconscience.

Il imagina le visage enragé de Laura sauter sur lui. Cette nuit, il avait pris des risques inconsidérés.

Il devait s'en expliquer.

✧ ✧
✧

Traversant un couloir carrelé de blanc, il passa devant plusieurs brancards où des hommes dormaient. Ils puaient le vin à plein nez, mélangé aux odeurs de vomi et d'urine. Des épaves humaines pas encore dégrisées.

Au loin, il la vit derrière les portes automatiques. Elle fumait une cigarette avec un regard si furieux que, même à cette distance, il sentit des picotements grimper sur sa colonne vertébrale.

Les deux portes s'ouvrirent au passage de Dacourt et la colère de sa partenaire se déversa.

– Bordel de merde, c'est quoi, ces conneries ?

– Je suis désolé...

Laura leva la main pour l'interrompre.

– T'as un truc qui ne tourne pas rond chez toi ou quoi ?

La barrière du voussoiement venait d'exploser.

Regard noir, visage fermé et nerfs à vif. Son ton était froid, cinglant.

Elle poursuivit, ne laissant aucune chance de répartie au lieutenant :

– On va mettre les choses au clair ! C'est mon enquête ! Les décisions hâtives, tu oublies ! Ta présence va à l'encontre de la procédure !

La phrase de trop. Les tempes de Milan pulsèrent.

– Lâche-moi avec ta procédure ! la coupa-t-il.

Laura marqua un temps, soufflée par sa réaction.

– D'abord mon supérieur et maintenant toi ! poursuivit-il. T'as vu les images comme moi ! Elles sont suffisamment *gore* pour qu'on ne se prenne pas la tête pour ce genre de conneries !

Mains sur les hanches, Laura redressa son menton pour garder un semblant d'autorité.

– Parce que partir en pleine nuit sans m'en informer, tu appelles ça une connerie ? Pour moi, c'est de l'inconscience, du suicide ! T'as agi en toute connaissance de cause ! Et ça, je ne l'accepte pas !

Elle avait hurlé ces derniers mots.

Milan passa une main dans ses cheveux pour retrouver un soupçon de calme.

– OK, je le reconnais, j'ai mal géré la situation... J'ai écouté mon instinct, sans penser aux conséquences. J'aurais dû te prévenir...

Lèvres serrées, elle accrochait du regard le lieutenant.

Elle avait eu terriblement peur. Tout son être avait frémi quand elle avait pris connaissance de l'appel téléphonique. Pour quelle raison ?

Elle n'arrivait pas à se l'expliquer ou à se l'avouer. Entre les deux, la nuance est si mince.

– Qu'est-ce que tu as découvert ? le questionna-t-elle un ton plus bas.

– La fille sur la vidéo s'appelle Marie Charton. C'est une ancienne actrice pornographique. Elle travaillait ces derniers temps dans un bar appelé Le Matisse.

– Et elle est portée disparue depuis le 15 novembre, finit-elle.

Le lieutenant s'étonna :

– Comment es-tu au courant ?

Elle écrasa son mégot avant de se tourner en direction du parking. Au loin, un homme affublé d'une parka lisait un journal, le dos appuyé contre sa voiture.

– C'est grâce au commissaire Hugo Adami que tu es arrivé aux urgences. Il a retrouvé le corps de Marie Charton.

25

Mardi 23 novembre 2010

LE TROQUET SE FONDAIT dans une ambiance chaleureuse, même à une heure aussi matinale. Derrière son comptoir, le patron avait fort à faire avec ses premiers clients, qui profitaient d'un bon café, avant de commencer leur journée de travail. D'autres rivaient leur nez à une télévision diffusant les derniers tirages du Rapido.

Au fond de la salle, installé sur une banquette rouge, Adami se tenait face aux deux Français. Il leur expliqua les circonstances qui lui avaient permis de découvrir où vivait Marie Charton, mais passa sous silence le pendentif retrouvé dans son ventre et ayant appartenu à Adèle Brouck. Cet épisode renvoyait aux crimes du Borgne. Une histoire vieille de vingt-quatre ans. Trop douloureuse pour qu'il puisse la partager avec ces inconnus.

– Son corps a été découvert dans un asile abandonné du côté de Bruxelles. Son visage a été arraché. On a dû procéder à une reconstitution faciale.

La serveuse arriva à leur hauteur et servit trois cafés ainsi qu'un croissant. Hugo croqua dedans à pleines dents. L'horreur des derniers jours n'avait en rien coupé son appétit.

– Comme vous le savez, son patron a signalé sa disparition, il y a maintenant une semaine. Une fois son adresse localisée, j'ai décidé de m'y rendre, enchaîna-t-il. Sur place, la porte d'entrée était grande ouverte et je vous ai retrouvé sur le sol de la chambre. J'ai aussitôt prévenu les secours. Dans votre portable, j'ai découvert le dernier numéro enregistré.

– Celui de la capitaine Esposito, comprit le lieutenant.

Adami sortit de sa veste l'appareil à l'écran fracturé et le posa sur la table.

– Il a eu moins de chance que vous.

Nouvelle bouchée. Le commissaire glissa sur le duo ses agates bleutées exprimant une grande attente.

– Eh bien, je vous écoute. Comment êtes-vous arrivés jusqu'à Marie Charton ?

Laura prit la parole.

Chacun de ses mots remontait le fil de l'histoire, mentionnait les détails de l'affaire.

Les morts de Sébastien et de Christina, la carte mémoire, la suite de chiffres, le supplice de Marie immortalisé par l'œil de la caméra et, cette nuit, la visite de Milan au *night-club* Le Matisse.

– Ce film est authentique ?

– Si ce n'est pas le cas, c'est digne d'une production hollywoodienne, assura-t-elle. La peur de cette pauvre femme. La violence des coups. Difficile d'imaginer le contraire.

– Le rapport d'autopsie de Marie fait état de nombreuses ecchymoses. La légiste les date de trois ou quatre jours, comme sa mort. Ce qui nous amène à vendredi ou samedi.

– Sébastien a fui précipitamment Lille, le samedi matin. Avant de partir, il a laissé la carte mémoire chez un voisin.

– C'est donc le responsable de ce film ? les questionna le commissaire.

– Responsable ne veut pas dire coupable, intervint Milan. Ils étaient plusieurs à être témoins de ce massacre.

À travers le voile opaque, il était certain d'avoir aperçu au moins deux autres personnes qui assistaient à l'agonie de Marie Charton.

Les bras croisés, Adami s'enfonça davantage dans la banquette.

– Alors complice, si vous préférez. Une chose est certaine, si vous avez découvert l'existence de Marie Charton, c'est en enquêtant sur le meurtre de votre ami et celui de sa fiancée.

Un court silence, chargé d'incompréhension.

Pourquoi refuser de regarder la réalité en face ?

Sébastien était sans doute impliqué de près ou de loin dans le meurtre de Marie Charton. La carte mémoire lui appartenait, c'était donc lui qui tenait la caméra. Sans compter sa fuite précipitée et les différents ressentis évoqués par Louise et Noël Desmoulins. Des circonstances qui portaient la résonance des aveux.

Pour mener à terme cette enquête, le lieutenant ne devait pas se laisser submerger par ses liens affectifs avec son ami d'enfance.

Percevant le nœud dans lequel était emprisonné son esprit, Adami opta pour une autre trajectoire.

– Cette nuit, chez Marie, vous avez trouvé quelque chose ?

– Je voulais mieux la cerner. Me faire une idée précise d'elle, de ses centres d'intérêt. Comprendre le cheminement qui l'a poussée à participer à ce... film.

Le commissaire fronça les sourcils. Cette réflexion lui paraissait absurde.

– Elle avait de l'expérience, c'était même son premier métier. De nos jours, de nombreux amateurs acceptent de tourner dans des pornos pour quelques billets ! Vous avez des dizaines de sites qui pullulent sur la Toile ! Manque de bol, elle est tombée sur une bande de tarés !

– Les amateurs dont vous parlez assument leur goût prononcé pour le sexe. Quant à Marie, il y a quelques années, c'était sa principale source de revenus. Son patron m'a assuré qu'elle n'avait jamais complètement tiré un trait sur ce passé doré. En fouillant son appartement, j'aurais dû retrouver des traces de cette époque. Des magazines ou des DVD évoquant sa brève carrière.

– Il n'y avait rien de tout cela, acquiesça-t-il.

En secourant le lieutenant, Adami s'était fait une idée précise des lieux où vivait la victime.

– Je n'ai retrouvé qu'une boîte en métal cachée sous une commode, continua Milan. L'intérieur contenait plusieurs objets sexuels, quelques photos et deux magazines destinés aux rencontres libertines. Je m'en souviens parfaitement. Une annonce a été arrachée dans le numéro de ce mois-ci.

– Vous pensez que c'est une piste ?

– Les responsables de ce film se sont peut-être servis de cette annonce pour la recruter.

– Je vois. Rien d'autre ?

– Hormis la certitude que Marie attachait beaucoup d'intérêt à son apparence, non.

Une sonnerie ponctua ces derniers mots.

Le commissaire répondit à l'appel.

– Adami, j'écoute !

À l'autre bout du fil, l'inspecteur Richard Declerc jouait les oiseaux de mauvais augure, annonçant la nouvelle d'une voix grave.

Les deux Français virent le visage du commissaire blêmir à mesure que l'information lui parvenait.

Adami mit fin à l'appel et rangea son portable dans sa parka, s'efforçant de rester calme.

– On passe récupérer vos affaires et on file à Bruxelles.

– Un autre meurtre ? devina Milan.

– Une boucherie.

Vingt, c'était le nombre de coups de couteau.

26

LA COURSE FOLLE de l'homme résonna à travers le corridor, rebondit sur les murs de pierre, trahissant ce lieu tourné vers la méditation et le recueillement. Il dépassa quelques frères troublés par cette attitude.

Sur sa droite, un escalier massif le porta dans les hauteurs du cloître. Ses pas crissèrent sur les dalles froides. L'homme gardait un rythme effréné, poussé par l'adrénaline suscitée par la nouvelle.

Au loin, les tintements d'un clocher conférèrent une aura funeste à ce matin de novembre.

Au second étage, il s'engouffra dans un long couloir en pierre, naissant sous de volumineuses arcades. Des fenêtres ouvertes sur le ciel, laissant fondre la clarté du jour en puits de lumière.

Une nouvelle accélération. Une porte massive. La huitième.

Les poings cognèrent contre le bois avec force et détermination.

– Je dois vous parler ! Je dois vous parler !

Sans attendre de réponse, il pénétra dans la pièce.

L'effort engendré comprima son être. Le moine expira profondément et mit quelque temps à s'adapter à l'obscurité ambiante. Des bougies dévoilèrent une pièce morne, aux accents sépulcraux, pas plus grande qu'une cellule de prison.

Il devina la silhouette près de la fenêtre.

Le moine fit trois pas et sortit de sa soutane le journal du jour. La découverte du corps faisait les gros titres des journaux. Ce mardi matin, le quotidien *La dernière heure* se délectait de cette histoire en ouvrant sur cette accroche en caractères gras : « LE VISAGE ARRACHÉ, ELLE EST RETROUVÉE MORTE DANS UN ASILE ». Le portrait-robot de la victime illustrait l'article.

Une nouvelle fois, il frémit à la vue de cette image et se signa comme pour contrecarrer le démon.

– Il est de retour. Le diable... Il est de retour.

Comme un écho à ses paroles, une légère brise glissa d'entre les murs et fit trembler les flammes des bougies.

DEUXIÈME PARTIE

La mort est le commencement de l'immortalité.

Maximilien de Robespierre

27

LA PLUIE MITRAILLAIT les vitres de la Volvo dans un bruit assourdissant. Le ballet rythmé des essuie-glaces peinait à offrir une visibilité acceptable.

Installée à l'arrière de la voiture, Laura survolait les pages du journal à la recherche de l'article évoquant la mort de Marie Charton. Adami l'observait par quelques coups d'œil lancés dans son rétroviseur.

Quant à Milan, il s'était réfugié dans le silence. Son regard se portait sur sa droite, où défilait une rangée de bâtiments au style moderne, symétrique et dénué de charme.

Il en avait conscience. Cette nuit, les choses auraient pu mal tourner. Il avait été à la portée de son agresseur. Une proie facile, un jouet entre ses mains.

Pourquoi l'avait-on épargné ?

Le lieutenant retourna cette question sous tous les angles pour n'en dégager qu'une seule réponse.

Ils poursuivent un objectif précis...

Ils...

Adami s'arrêta au feu rouge.

– La rubrique « Faits divers » se trouve à la page 17.

Laura releva la tête et croisa dans le rétroviseur les deux icebergs.

L'article relatait le meurtre d'une jeune femme retrouvée dans un asile abandonné. Le journaliste n'était pas avare de détails. Au travers de sa plume se dégageaient l'horreur et le calvaire. La photo illustrant le reportage représentait le visage informatisé de Marie Charton. Un document censé ne pas tomber dans les mains de la presse.

– Comment sont-ils au courant pour le visage ? Vous avez une idée de la personne qui a pu s'étendre ?

Le feu passa au vert. Adami haussa les épaules tout en reprenant sa conduite.

– Allez savoir. Un flic, un employé de l'institut médico-légal. De nos jours, les gens ont la langue bien pendue. Tout le monde est prêt à n'importe quoi pour avoir son petit quart d'heure de gloire. Il suffit d'y mettre le prix.

– Ça n'arrange pas nos affaires. Si le tueur est un minimum organisé, il doit certainement lire les journaux.

Adami tourna à droite pour quitter le boulevard et rejoindre des rues plus intimes.

– J'imagine que oui. Il doit prendre plaisir à ce qu'on parle de lui.

– C'est ce qu'il cherchait, intervint Milan.

Le lieutenant faisait référence aux explications données un peu plus tôt par Adami, au moment de leur rencontre. En envoyant un courriel aux deux « urbexeurs », le tueur voulait qu'on découvre son meurtre.

– Un narcissique ? avança Laura.

– Un narcissique, un vaniteux, appelez-le comme vous voudrez ! Pour moi, c'est un grand malade ! lâcha le commissaire.

Il gara sa Volvo à cheval sur un trottoir et coupa le moteur.

À présent, seule la pluie tambourinant sur l'habitacle se faisait entendre.

Les trois tenaient leur regard suspendu au loin. Ce quartier aux architectures variées et déconstruites se trouvait à quelques pas de la rue d'Aerschot, haut lieu de la prostitution bruxelloise. Les façades fatiguées des immeubles se partageaient l'espace au milieu de boutiques sans prétention et de restaurants bon marché.

Les gyrophares des ambulances se répercutaient sur les fenêtres et dansaient main dans la main avec ceux des voitures de police.

Bravant la dureté du temps, un attroupement s'était formé à l'entrée d'une ruelle. Un *melting-pot* d'hommes et de femmes guidés par la même curiosité. Comme toujours, la presse se trouvait à pied d'œuvre, la gueule ouverte au scoop, au cliché-choc.

Mains croisées sur le volant, Adami poussa un soupir las en secouant la tête ostensiblement. Les causes de son désarroi prenaient forme sous les traits d'une mère accompagnée de son enfant âgé de huit ans.

Ils se trouvaient aux premières loges de ce spectacle morbide.

– Je suis trop vieux pour ce boulot...

✧ ✧
✧

La pluie et la neige des derniers jours formaient une mélasse transparente et visqueuse. Arrivées sur place un peu plus tôt, les forces de l'ordre avaient dû parer au plus pressé pour éviter qu'un indice disparaisse sous les intempéries. On avait élevé un abri de fortune à l'aide d'une bâche et de quatre piquets.

Après avoir franchi le ruban de sécurité et les rideaux humains, les trois collègues se portèrent au pied de la victime.

Une jeune femme entièrement nue était allongée sur le dos. Ses deux jambes écartées offraient son pubis rasé aux regards. Ses bras glissaient le long de son corps et reliaient ses mains au niveau de l'abdomen. Zone précise où la mort prenait racine dans une tache pourpre. Un mouchoir recouvrait le visage de cette Belle au bois dormant.

Adami s'agenouilla tout en enfilant une paire de gants.

Un rapide coup d'œil lui permit de prendre note de la configuration des lieux. Séparant deux bâtiments, le passage donnait sur un parking public. À la vue des lucarnes qui creusaient les murs à intervalles réguliers, il comprit que des salles de bains s'alignaient tout autour. Les verres dépolis occultaient toute visibilité.

Debout dans son dos, Laura et Milan retenaient leur souffle.

Le commissaire se concentra sur la victime, refoulant les bruits ambiants. Seule la pluie, cognant contre le plastique, parvenait à atteindre son ouïe.

Il détailla l'inconnue. Séduisante, c'était le mot. Régime et exercices réguliers avaient sans doute contribué à sculpter son corps. Des jambes fines, une poitrine généreuse. Sa chevelure brune s'étalait sur le sol. Il commença par les racines. Cheveux naturels.

La main du sexagénaire trembla en s'approchant du mouchoir.

Son visage, je dois savoir...

Il souleva la pièce de tissu.

– Mon Dieu..., murmura-t-il.

Un torrent d'angoisse se déversa dans son être, brisant les derniers contours du hasard.

Ce visage, une vérité noire. Dans les traits de la morte, le commissaire fit un retour en arrière de vingt-quatre ans et reconnut Mélanie Bellanca, la seconde victime du Borgne.

Les yeux fermés, cette femme semblait soulagée de mourir, tant ses lèvres fines se pliaient en un léger sourire.

– Vous pensez que c'est le même tueur ? lança Laura.

La question obligea le commissaire à sortir de sa torpeur. Il se releva tant bien que mal, encore sous le choc.

– Il y a de grandes similitudes...

– Cette fois, le visage n'a pas été arraché...

La gorge sèche, Adami se contenta de hocher la tête.

– Le tueur a été dérangé, continua la capitaine.

– Possible, répondit-il dans un filet de voix.

Son regard se porta sur la foule curieuse, au loin, puis se focalisa sur l'inspecteur Richard Declerc.

Une idée s'extirpa de son esprit embourbé.

– Excusez-moi une seconde.

Abrité sous un parapluie, Richard discutait avec deux collègues qui s'éclipsèrent à l'arrivée du commissaire.

– L'enquête de voisinage, ça donne quoi ?

– Pas grand-chose. On a cogné à toutes les portes. Comme toujours, personne n'a rien vu ni même entendu quoi que ce soit.

L'inspecteur passa une main dans ses cheveux bruns négligemment coiffés. Taille moyenne, épaules larges, visage carré et barbe de trois jours. À vingt-six ans, c'était un jeune inspecteur en début de carrière. En poste depuis quatre ans, il se caractérisait par une énergie sans limites. Sans doute marchait-il sur les pas de son père, Étienne. Un inspecteur mort en service et membre de la police fédérale. Adami se souvenait très bien de cet homme, croisé à maintes reprises.

Pauline, la mère de Richard, s'était montrée hostile à l'idée que son fils se lance dans une carrière d'inspecteur. Elle savait combien cette vie se gorgeait de danger et d'une pression constante qui finissait par broyer les hommes.

Des paramètres que Richard survolait avec aisance.

Le matin, il était le premier arrivé au bureau pour n'en ressortir qu'à des heures tardives. Une bête de travail.

Adami voyait en lui un futur grand nom. Il lui rappelait ce qu'il était à une autre époque. Toutefois, les rapports entre ces deux-là n'avaient jamais franchi la barrière professionnelle.

La faute au sexagénaire. En matière d'amitié, il n'y arrivait plus.

Depuis le drame...

Richard fixa son supérieur, en attente de nouvelles directives.

Les quelques pas du commissaire avaient suffi à la pluie pour cribler sa peau. Son front luisait et ses rares cheveux s'aplatissaient sur son crâne. Quelques lames liquides glissaient dans son cou.

Il y resta insensible.

– Ton portable a la fonction appareil photo ?

L'inspecteur mit quelque temps à réaliser ce qui lui était demandé.

– Euh, oui... Bien entendu...

Le sexagénaire porta de nouveau son regard sur l'attroupement encore présent. Par expérience, il savait que les prédateurs prenaient plaisir à revenir sur les lieux de leur crime, à la recherche d'une seconde jouissance. Sous les capuches et les parapluies s'était peut-être faufilé le tueur.

– Je veux que tu prennes la foule en photo, ainsi que le parking et les voitures.

– Vous pensez qu'il est parmi nous ?

– C'est pas impossible. Dès que tu as terminé, tu me balances les résultats !

– Aucun problème, commissaire.

– Une dernière chose. Sois discret !

Adami retourna vers la victime, aux côtés de laquelle se trouvait Isabelle Forgeret, en grande discussion avec les deux Français.

28

UNE CALLIGRAPHIE fine et élégante se dessinait à la base de la nuque. Un *F*. Au vu des petites croûtes, Laura savait que cette marque était récente.

– Ce tatouage est en cours de cicatrisation, lança-t-elle.

Isabelle abonda dans ce sens d'un signe de la tête.

– Vous aussi, vous avez un tatouage ?

– On commet tous des erreurs... Il va falloir faire le tour des tatoueurs pour trouver son identité. En privilégiant les plus connus. La qualité et la finesse des traits prouvent que la personne qui s'est occupée de notre victime est réputée dans le métier, précisa-t-elle.

Arrivé à leur hauteur, le commissaire prit l'information. Il alluma un cigarillo qui livra son odeur de pain d'épices. La consistance des premières bouffées lui permit de recentrer son esprit.

– Isabelle, je compte sur toi pour l'autopsie. Je veux tout savoir, même le détail le plus insignifiant.

– Je m'y colle dès mon retour à l'institut.

Adami chargea son regard d'une fureur silencieuse.

– Même si je dois ratisser cette ville de long en large, je trouverai le responsable de ce massacre.

– Ou *les* responsables, murmura Milan.

Le commissaire sourcilla devant la remarque du lieutenant qui, jusqu'ici, s'était différencié par son mutisme.

– Pardon ?

– Pour le moment, rien ne relie l'assassinat de Marie à celui de cette femme.

– Le mode opératoire est similaire, c'est suffisant.

– Pourquoi ne pas lui avoir arraché le visage dans ce cas ?

Un silence gêné flotta dans l'air.

Les yeux se braquèrent sur le commissaire, en attente d'une réponse.

– Je ne sais pas, concéda-t-il dans un souffle. Notre tueur a sûrement été dérangé et a dû se débarrasser du corps.

– Je ne crois pas. Marie Charton a été retrouvée morte dans un asile abandonné. Sans l'aide du tueur, elle y serait encore. Et voilà qu'aujourd'hui, cette pauvre femme gît dans une ruelle à la vue de tous. C'est la découverte du premier corps qui nous permet de penser que celui-ci pourrait être le second. Jusqu'à preuve du contraire, cette femme aurait très bien pu être tuée par son mari ou être victime d'une bande de forcenés.

– Pour Marie, la manière de procéder a demandé une grande maîtrise et certaines connaissances médicales, précisa la légiste.

– Et donc ?

– Des caractéristiques que je ne retrouve pas sur ce corps. Les faibles traces de sang sur le sol prouvent que cette femme est morte dans un autre endroit.

– Encore une fois, si je suis le même tueur, pourquoi épargner ce visage ? reprit Milan.

Adami poussa un soupir de morgue.

– Arrêtez de tourner autour du pot, je vous écoute.

– Notre homme n'a pas été dérangé. Il n'a tout simplement pas eu le courage d'aller jusqu'au bout. Ce mouchoir sur le visage, c'est un aveu. Il a eu honte de son geste et a refusé de voir les conséquences de ses actes.

– Alors quoi ? Vous pensez me faire avaler que nous avons deux tueurs dans la nature ? Un premier, froid et déterminé. Un second, plus en retrait et noué par les regrets.

– Pour comprendre le crime, il faut trouver le mobile. Nous n'avons ni empreintes digitales ni traces d'ADN. Les seuls indices sont sur les corps. Pour Marie, il vous a laissé suffisamment d'éléments pour que vous puissiez trouver son identité. Il a même choisi d'attirer la police jusqu'à son meurtre. Ça dénote un esprit calculateur, précis, sûr de lui. Pour cette femme, je suis à peu près certain que ce tatouage va nous permettre de l'identifier. Pour autant, le corps exposé aux yeux et à la vue de tous me fait penser à une prise de risque non calculée.

– Une prise de risque ou de panique ? intervint Laura.

Elle avait compris où voulait en venir son partenaire et se ralliait à son idée.

– De panique, précisa-t-il. Ici, le quartier est vivant. Même à une heure tardive, le risque d'être vu doit être pris en considération. Notre homme s'est débarrassé du corps comme d'un poids trop lourd.

Adami secoua la tête d'un air peu convaincu.

– Il cherche juste à attirer l'attention sur lui, rien de plus ! Comme tous les tueurs, il se croit supérieur à n'importe qui.

La chance tourne ! Tôt ou tard, il fera une erreur et nous serons là pour le cueillir ! assura-t-il.

– La réflexion doit se porter sur les victimes, trancha Milan. Marie Charton et cette femme sont reliées pour une raison ou une autre.

Le fil conducteur de tous ces crimes, Adami le connaissait. La ressemblance physique. Bien qu'elles n'aient pas été assassinées au même âge, ces femmes étaient les sosies parfaits des deux premières victimes du Borgne. Il tenait à garder cette information secrète. Cette idée de multiples tueurs était assez dingue sans qu'on y ajoute cette donnée.

Était-il possible que deux cerveaux malades se réunissent dans le même objectif, celui de tuer ? Qui étaient ces hommes ? Des illuminés ? Des fanatiques du Borgne ? Ou alors lui-même ?

Cette dernière éventualité lui sembla peu probable. Sorti de prison un an plus tôt, Enrik Falcowitz frôlait les soixante-dix ans. Difficile de l'imaginer reprendre du service à un âge aussi avancé. Mais le devoir du commissaire l'obligeait à n'écarter aucune piste.

– Imaginons que ces femmes soient reliées pour une raison ou une autre. Vous pensez sérieusement que ces meurtres sont à mettre sur le compte de deux tueurs ? les questionna Adami.

Le lieutenant répondit d'un air grave.

– Deux tueurs et peut-être plus. En l'espace de quelques heures, nous avons retrouvé quatre corps. Sébastien, Christina, Marie et elle... Deux meurtres commis en France, deux en Belgique. Aucun tueur, un minimum intelligent, n'agit sans marquer un temps d'arrêt. Là, tout s'est passé en quatre jours à peine. Sans compter la vidéo. Je suis certain qu'ils étaient plusieurs à assister au massacre de Marie.

Une parenthèse, avant le coup de tonnerre :

– Nous ne sommes pas face à un tueur en série, mais à une série de tueurs.

Adami ferma les yeux et massa ses tempes grisonnantes pour remettre de l'ordre dans son esprit. Les flots d'informations cognaient dans son crâne, tels des moustiques contre une fenêtre éclairée en pleine nuit.

Plusieurs tueurs. Réunis par le même dessein. Une idée totalement absurde, si irréelle. En un mot, folle.

Nous ne sommes pas face à un tueur en série, mais à une série de tueurs...

Il devait en avoir le cœur net.

– Occupez-vous du tatouage !

– On n'a pas de voiture ! lâcha la capitaine.

– Quoi ?

– Je l'ai laissée à l'hôtel en déposant nos affaires.

Adami lui balança ses clés.

– Attention à l'embrayage !

Sans donner plus de précisions, il s'éclipsa sous les regards confus du groupe.

29

DES TOURS CRÉNELÉES, des meurtrières et des mâchicoulis. Un château fort. Voilà l'impression qui se dégage de la prison de Saint-Gilles, le plus grand complexe carcéral du royaume.

Construit dans le style néomédiéval, le cœur de l'édifice s'étire sur cinq branches, hébergeant chacune cent vingt cellules. Au centre de cette étoile trône une chapelle, caractérisée par ses proportions comme ses volumes.

Adami franchit un sas de sécurité et un gardien lui remit un badge de circulation. En entrant dans l'enceinte du bloc C, il ne put s'empêcher de lever les yeux au ciel. Sous une imposante voûte tombaient trois niveaux de cellules. Ici, on comprimait la souffrance humaine et confinait le désespoir.

– Commissaire Adami ?

Une voix, sur sa droite. Il reconnut Danielle Thomasson, la directrice de l'établissement, qui s'avançait vers lui. C'était une femme d'une soixantaine d'années dont le tailleur noir renvoyait une image stricte. Lunettes à la monture épaisse, rouge à lèvres discret. Sa chevelure brune, coupée au carré, encadrait avec sévérité son visage.

Depuis l'incarcération du Borgne, ils n'avaient jamais eu l'occasion de se revoir.

– Comment allez-vous ? demanda-t-elle.

– Bien, je vous remercie. J'espère que ma venue ne bouleverse pas votre emploi du temps ?

Un peu plus tôt, Adami l'avait prévenue par téléphone qu'il devait la rencontrer pour les besoins de son enquête.

– Au son de votre voix, j'ai compris qu'il y avait une urgence. J'ai décalé mes deux prochains rendez-vous pour que nous puissions parler tranquillement.

Sans autre formalité, il entra dans le vif du sujet.

– C'est à propos de Falcowitz.

À l'évocation de ce nom, la directrice marqua un pas de recul.

– Je m'en doutais... Suivez-moi dans mon bureau.

Ils remontèrent une allée froide. Derrière les lourdes portes s'échappèrent des injures couplées à des menaces de mort. Toutes à l'encontre de la directrice. Celle-ci semblait ne pas les entendre, hermétique aux provocations.

Adami ne put s'empêcher de poser sur cette femme un regard interrogateur.

– Vous arrivez à supporter ça quotidiennement ?

– Ça fait trente ans que je m'occupe de ces murs. J'ai l'habitude.

– À votre place, j'aurais beaucoup de mal à rester aussi... zen...

Ils s'arrêtèrent devant un sas de sécurité. Elle posa son badge sur un petit capteur. Aussitôt, le système céda pour les laisser passer.

Alors, son explication tomba comme un couperet :

– Vous n'imaginez pas le nombre de prisonniers qui jouent les gros durs dans la journée et qui pleurent leur maman chérie une fois les lumières éteintes. Contrairement à eux, le soir, j'ai la chance de retrouver mes proches. Ça suffit à considérer ces provocations comme ce qu'elles sont en réalité... des appels de détresse.

✧ ✧
✧

Une table s'étirait à gauche de l'entrée, tout autour dormaient huit sièges. Adami devina la double fonction de cette pièce. Espace de travail et salle de réunion.

Il fit quelques pas et s'installa dans un des deux fauteuils postés devant un bureau en chêne recouvert d'une plaque de verre. Sur le mur de droite, une étagère. Des dossiers professionnels, classés et alignés.

La directrice retrouva sa place, dos à la baie vitrée. La vue donnait au loin sur un terrain de sport en piteux état, cerné par de hauts grillages.

– Je peux connaître les raisons exactes de votre venue ? commença-t-elle.

– Je vous l'ai déjà dit, c'est au sujet d'Enrik Falcowitz.

– Et de la femme retrouvée dans l'asile. Tous les journaux se délectent de cette histoire.

Pour appuyer ses dires, elle attrapa un quotidien et le glissa vers le commissaire. Il se désintéressa du présent :

– Une enquête est en cours.

La directrice fit tourner un stylo entre ses doigts, refrénant quelques instants sa curiosité.

– Parlez-moi de son comportement en prison, de ses rapports avec les détenus.

– Un prisonnier modèle. Je ne me souviens pas d'avoir eu à intervenir auprès de lui.

– Il avait tissé des liens ?

– Pas à ma connaissance. Enrik parlait très peu, sortait rarement dans la cour. Il ne se mélangeait pas aux autres prisonniers.

– Que faisait-il de ses journées ?

– Quand il quittait sa cellule, c'était pour se doucher ou se rendre à la bibliothèque.

– Il partageait sa cellule ?

Elle cessa de s'amuser avec son stylo et le reposa sur la table. Un sourire ironique l'enfonça dans sa chaise.

– Vous connaissez le profil de cet homme aussi bien que moi. Enrik était une bombe ambulante. À tout moment, il pouvait péter un plomb.

– Donc, il n'avait aucun lien ?

– Il a passé ses vingt-trois années d'incarcération dans le bloc D, celui réservé aux détenus à haut risque.

– Vous voulez me persuader qu'en vingt-trois ans, il n'a jamais tissé de liens avec qui que ce soit ? lâcha Adami, la voix tremblante.

Il faisait fausse route. En venant ici, il espérait trouver un indice capable de relancer son enquête. Si le tueur cherchait à rendre hommage au Borgne, Adami imaginait que ces deux-là s'étaient rencontrés. La prison restait le lieu le plus probable. Ou alors, le monstre avait réellement repris du service...

La réflexion poussa la directrice à mesurer ses propos.

– Je me suis avancée un peu vite. Quelques mois avant sa sortie de prison, nous avons eu un dégât des eaux dans le bloc B. On a dû parer au plus pressé.

– Ça veut dire quoi, « au plus pressé » ?

– Les prisonniers ont été dispersés, le temps que tout rentre dans l'ordre. Il faudrait que je vérifie, mais il est possible que le Borgne ait partagé sa cellule avec une ou deux personnes.

Adami hocha la tête. Son instinct avait eu raison de le conduire jusqu'ici. Quelques heures, quelques jours, quelques semaines. C'était suffisant pour passer un pacte diabolique.

– Vous avez une liste ? demanda-t-il.

La directrice posa ses coudes sur le verre, enchevêtra ses doigts et les plaça au bas de son visage.

– Je vais vous la faire parvenir. Nous nous connaissons depuis plus de vingt ans, commissaire. Si on jouait cartes sur table ? Cette femme retrouvée dans l'asile, il y a un lien avec le Borgne ?

Persévérance et obstination payaient toujours. Danielle Thomasson ne lâchait pas le morceau. Autant lui donner ce qu'elle désirait.

– On a découvert une nouvelle victime, pas plus tard que ce matin.

Elle ne laissa transparaître aucune émotion.

– Et vous pensez que le Borgne se cache derrière ces deux meurtres ?

– C'est la même signature.

Elle se leva et se rendit à l'étagère.

– Je vais vous faire gagner un temps précieux. Je peux vous assurer que Falcowitz n'est pas responsable de ces meurtres.

Adami marqua quelques secondes d'arrêt, pour réaliser.

– Qu'est-ce qui vous permet d'être aussi catégorique ?

– D'une part, son âge avancé. D'autre part, il a reçu un diagnostic en 2008. Le résultat est sans appel. Il souffre de tremblement essentiel.

– De quoi ?

– Tremblement essentiel, répéta-t-elle.

Elle sortit un dossier du meuble et le confia au commissaire avant de regagner sa chaise.

– C'est une maladie neurologique, différente du Parkinson. Les mains du Borgne sont touchées. Elles tremblent sans cesse dès qu'il se saisit d'un objet. Je vous laisse en juger par vous-même. C'est écrit noir sur blanc.

Adami ouvrit la pochette et feuilleta brièvement les rapports médicaux rédigés par le docteur Beaudrieux. Quelques secondes plus tard, ses yeux retrouvèrent ceux de la directrice.

– Et aujourd'hui, vous savez ce qu'il est devenu ?

– Notre ancien tueur en série vit des jours paisibles dans une maison de repos du côté de Mélin. L'association Horizons nouveaux l'a pris en charge à sa sortie de prison en 2009.

– Quel genre d'association ?

Elle fit une petite moue sceptique et rajusta ses lunettes.

– Des anges gardiens. Ils se sont donné pour mission d'aider les ex-détenus à trouver un emploi ou même un logement. Claude Antoine. C'est le nom de la personne qui s'est occupée du Borgne. Toutes les informations nécessaires sont dans le dossier.

30

NE JAMAIS RENONCER.

Les sols recouverts d'une boue transparente n'avaient pas freiné les ardeurs des touristes qui s'amassaient en nombre autour de la place de la Vieille Halle aux Blés. Leurs regards enchantés se portaient sur les maisons cossues, dont certaines s'inspiraient fortement du style baroque. D'autres profitaient de cet instant pour photographier la vitrine des éditions Jacques Brel, l'icône belge.

Insensibles à cette parenthèse, Laura et Milan marchaient d'un pas décidé, jouant parfois des coudes pour traverser la foule. Le froid saisissait leurs corps. La fatigue criblait leurs êtres. Les indices macabres s'accumulaient, les premières pistes dansaient dans leur tête.

La folie grimpait toujours plus haut.

Avant sa fuite précipitée, Sébastien avait capté l'innommable à travers l'œil de sa caméra. Un *snuff movie*. Un massacre. Marie Charton, le visage arraché, le ventre tailladé par vingt-quatre coups de couteau. Son corps avait été découvert dans un asile abandonné du côté de Bruxelles.

Et, maintenant, cette inconnue au tatouage sur la nuque. Elle avait subi le même sort. Toutefois, son visage avait été épargné.

Le mode opératoire de ces derniers meurtres laissait entrevoir que deux tueurs s'étaient réunis autour du même dessein.

Un premier, précis et déterminé.

Un second, en proie aux doutes et aux regrets.

L'effroi ne connaissait aucune limite.

Au fond d'elle, la capitaine puisait dans des ressources insoupçonnées pour aller de l'avant, faire face aux désillusions. Convaincue que le tatouage permettrait d'identifier la victime, elle avait relevé sur Internet cinq adresses de tatoueurs, tablant sur le style de la calligraphie, sa qualité et sa finesse.

Les trois premières n'avaient rien donné. Place à la quatrième.

Rue du Chêne.

L'enseigne brillait en lettres bleutées sur fond noir : « NOIR TENDANCE ».

✧ ✧
✧

Une odeur d'encens saisit leurs narines.

Les murs rouges tranchaient avec le carrelage noir et blanc recouvrant le sol, tandis que des spots suspendus mettaient en évidence des cadres renfermant des dessins. Des œuvres d'art signées du nom de Jules Kazawa, le propriétaire des lieux.

Un canapé semi-circulaire composé d'une assise en bois sculpté et doré à la feuille d'or permettait aux clients de patienter dans le plus grand confort, tout en consultant quelques magazines disposés sur une table basse.

Les deux Français s'approchèrent du comptoir qui scindait la boutique. Leurs regards se portèrent sur un rideau rouge derrière lequel s'échappaient les grésillements d'une machine à tatouer. Accroché au plafond, un panneau lumineux crachait les mots « *ON AIR* ». Un cri de douleur, retentissant, leur indiqua que Jules Kazawa s'occupait d'une cliente.

Milan se saisit d'une clochette et la secoua à plusieurs reprises. Ils attendirent une poignée de secondes, puis un homme au physique imposant tira le voile, laissant entrevoir une salle de travail aseptisée. Une femme était allongée sur une table en acier. Son dos nu révélait une œuvre en cours de réalisation.

D'origine japonaise, le teint bistre, les cheveux rasés, Jules portait un pull en laine blanc et un jeans usé. Des taches d'encre noire éclaboussaient ses gants en latex.

À la vue des deux Français, il se fendit d'un sourire chaleureux.

– Je peux vous renseigner ? demanda-t-il.

– Nous sommes de la police, annonça Laura.

Elle présenta son badge tricolore.

– Police française. Vous êtes Jules Kazawa ?

– C'est moi.

– Nous voudrions savoir si vous êtes l'auteur de ce tatouage.

Elle tendit une photographie. La nuque de la victime occupait tout l'espace.

Le tatoueur en prit connaissance et hocha la tête dans la foulée.

– Aucun doute possible. L'encre noire est ma spécialité.

Les yeux de la capitaine s'embrasèrent d'espoir en croisant ceux de Milan.

– Vous souvenez-vous du prénom de la cliente ? tenta-t-il.

– Hummm ! Attendez.

Il ôta ses gants et les jeta dans une poubelle, puis disparut derrière le rideau. De retour, il portait dans ses mains un lourd classeur qu'il posa sur le comptoir. En relevant ses manches, il dévoila deux bras musclés, imprimés de tatouages. Le gauche s'ornait d'un samouraï tenant un sabre à deux mains. Sur l'autre s'illustrait le visage de Bouddha, cerclé d'arabesques multicolores.

Il lui fallut plusieurs minutes pour retrouver l'esquisse qui avait servi de modèle à l'œuvre finale.

– C'est celui-là !

Les deux partenaires portèrent leur attention sur une feuille blanche où étaient dessinés une quinzaine de *F*. Du gothique au tribal. Le tatoueur avait effectué un long travail de recherche pour coller au plus près des volontés de sa cliente.

– Elle s'appelle Flavie, indiqua-t-il.

Il posa son doigt au bas de la feuille où était noté le prénom.

F *comme Flavie ?* s'interrogea le lieutenant.

– Son nom de famille ?

– Aucune idée.

Laura planta son regard dans les yeux noirs du Japonais.

– Vous souvenez-vous de la date où elle est venue se faire tatouer ?

– Je vais vous retrouver ça !

Il sortit de sous le comptoir un ordinateur portable et lança un logiciel de gestion. Un tableau Excel apparut. Des dates, des chiffres. Une comptabilité tenue avec précision.

– Le 10 novembre.

La capitaine acquiesça d'un signe de la tête. Elle avait vu juste. Les croûtes formées autour de la calligraphie témoignaient bien d'un tatouage en cours de cicatrisation.

– Vous a-t-elle parlé de quelque chose de particulier ? continua-t-elle.

– À quel sujet ?

– Je ne sais pas. Sa vie privée, sa vision du moment. Le moindre détail peut nous être utile.

– Vous savez, les personnes qui viennent me voir sont avant tout préoccupées par la douleur. Elles en perdent la parole. Nos rares conversations portaient sur le placement de la lettre. Elle cherchait un endroit discret qui ne la gênerait pas pour son travail.

– Quel travail ? rebondit le lieutenant Dacourt.

– Elle est restée discrète sur ce sujet. Je lui ai proposé de la tatouer sur le bras ou dans le bas du dos. Ce sont des zones qui sont faciles à cacher ou visibles que dans l'intimité, mais elle a refusé.

Laura et Milan croisèrent une nouvelle fois leurs regards. La même idée s'activait dans leur esprit. Le corps de Flavie jouissait de mensurations proches de la perfection.

Comme Marie Charton, la jeune femme entretenait-elle un rapport particulier avec son physique ? Son image, son corps, pouvaient-ils constituer son gagne-pain ?

– Elle a fini par opter pour la nuque, continua le Japonais. Ses cheveux longs cachaient naturellement son tatouage.

– Je vois que vous avez essayé plusieurs styles. Vous savez si ce tatouage a une portée particulière ? demanda Laura.

– On en a discuté brièvement. Avant de passer à l'acte, je m'assure toujours que le client n'est pas traversé par une lubie passagère. Beaucoup de personnes ne se rendent pas compte que leur peau sera marquée à vie.

Des mots pleins de sens auxquels la capitaine ne pouvait qu'adhérer. *Marquée à vie*, l'expression lui paraissait encore faible.

– Et donc ?

– Elle n'est pas entrée dans les détails. Je me souviens qu'elle faisait ça pour Frédéric.

F pour Frédéric. Équation résolue.

– Son petit copain ?

– Sans doute, répondit le tatoueur dans un mouvement d'épaules.

Une enquête ne se nourrissait pas d'imprécisions. Le duo savait que cette piste devait être creusée.

Le Japonais tourna la tête vers l'arrière de sa boutique, redoutant l'impatience de sa cliente.

– Vous avez d'autres questions ? On m'attend.

– Une dernière, capitale, fit Milan. Comment vous a-t-elle payé ?

Les pupilles tombèrent de nouveau sur l'écran.

– Par carte bancaire.

Laura et Milan se regardèrent avec intensité et se comprirent dans un profond sourire. L'identité complète de Flavie ne tenait plus qu'à un fil.

Il suffisait de tirer dessus.

31

AVANT L'HEURE DU DÉJEUNER, ils rejoignirent l'institut médico-légal. Dans sa salle, Isabelle Forgeret discutait avec Adami. Cette même pièce où deux jours plus tôt reposait Marie Charton.

Les Français pénétrèrent dans l'espace.

– Vous avez trouvé facilement ? lança le commissaire.

– Ç'aurait été plus simple si vous étiez restés avec nous ! pesta Laura.

Elle lui balança ses clés de voiture, en appuyant son geste. La capitaine n'avait pas digéré le départ précipité de l'homme.

– J'avais des choses à régler, se contenta-t-il d'affirmer comme explication.

– Tout comme nous.

Adami leva ses deux bras pour temporiser la situation.

– Capitaine Esposito, l'heure n'est pas venue de parler de ça.

Le sexagénaire n'était pas d'humeur au débat et encore moins à se justifier. Laura se heurta à une fin de non-recevoir.

Elle serra son poing dans sa poche, s'efforçant de garder son calme.

De son côté, Milan s'approcha de la table d'autopsie et laissa son regard courir sur le corps de la défunte. Des jambes fines et longues, des seins ronds. Des courbes parfaites. À n'en pas douter, elle devait rencontrer beaucoup de succès auprès de la gent masculine. Une incision en forme de *I* remontait de son pubis jusqu'à la base de son cou. Seule trace visible de l'autopsie pratiquée par la légiste.

La capitaine le rejoignit, talonnée par Adami, qui écoutait avec attention les dernières avancées de l'enquête.

Laura le savait. Le tatoueur ayant été payé par carte, il leur était possible d'obtenir les informations bancaires, et, par la même occasion, l'identité complète de Flavie. Ce n'était qu'une question d'heures avant que les résultats tombent.

La légiste attendit que le petit groupe soit disposé à l'écouter avant d'attaquer ses conclusions, d'un ton direct :

– J'ai constaté de nombreuses lésions au niveau de son vagin.

– Elle a été violée ? s'inquiéta Laura.

– Je n'en suis pas certaine.

– Des traces de sperme ?

– Aucune. Je penche pour des rapports sexuels violents ou, alors, sans réelle excitation. Comme Marie Charton, elle prenait soin de son apparence physique. J'ai analysé sa peau. Les résultats ont révélé de grandes traces de produits hydratants.

Le regard de la légiste croisa celui du lieutenant.

– Elle devait se ruiner en crèmes de beauté, toutes sont de qualité, ponctua-t-elle.

– Ce qui laisse supposer qu'elle gagnait très bien sa vie, répliqua Milan.

– Mieux que moi... à n'en pas douter.

Laura ferma les yeux un court instant et se remémora les paroles de Jules Kazawa. Flavie avait décidé de placer son tatouage sur sa nuque. Une partie du corps masquée naturellement par ses cheveux. Un choix qui tenait davantage de la praticité que d'un véritable sens esthétique.

Isabelle continua son compte rendu en écartant les doigts de la défunte.

– Ses manucure et pédicure sont parfaites.

– Qu'est-ce que tu en conclus ? la questionna Adami.

Les lèvres serrées, son regard accrochait le visage endormi.

– Je confirme simplement. Notre victime prenait soin d'elle, de manière obsessionnelle.

– L'heure de sa mort ? demanda la capitaine.

– Cette nuit, aux alentours de trois heures du matin.

– Tu as des signes distinctifs ?

– Mis à part le tatouage, rien.

– Ses empreintes digitales ?

– Elle est inconnue des services de police. L'analyse ADN de ses cheveux n'a rien donné non plus.

Un court silence tissé de tension se chargea dans la salle.

Adami osa sa question. Celle qui l'obsédait depuis quelques heures :

– C'est le même tueur ? demanda-t-il dans un filet de voix.

Les yeux verts de la légiste glissèrent sur l'assemblée pour annoncer les prémices d'un malaise.

– Il est droitier.

Adami sentit un frisson parcourir son enveloppe.

– Tu en es certaine ?

– Absolument ! Tout comme je peux t'affirmer que la personne qui a massacré Marie Charton était gauchère.

La révélation conforta une nouvelle fois les ressentis de Milan.

Deux femmes, Marie Charton et Flavie. Deux destins assassinés par les lames de deux tueurs.

– Il est possible qu'il soit ambidextre ? avança Adami.

– C'est peu probable... Les personnes appelées ambidextres naturels sont relativement rares. En admettant que ce soit le cas, il ne faut pas croire qu'elles utilisent avec la même facilité leur main gauche ou droite. En réalité, une personne ambidextre préférera une main selon la tâche à accomplir.

– Pourquoi tuer Marie de la main gauche et Flavie de la droite si je suis le même tueur ? murmura Laura.

– Il n'y a aucune raison qui puisse expliquer ce changement brutal, si ce n'est que nous avons deux tueurs dans la nature.

Le commissaire sentit son mal de crâne refaire surface.

– Qu'est-ce que tu sais sur la personnalité du second ?

– Il ne maîtrisait pas la situation. Flavie s'est débattue. J'ai relevé de nombreuses blessures défensives au niveau de la paume de ses mains.

Isabelle Forgeret retourna le membre gauche de la défunte, strié de fines lignes rouges.

– Le contraire de Marie, rajouta-t-elle.

– Donc, il a hésité à tuer cette femme, comprit Milan.

Dès la découverte du corps, il s'était étonné de retrouver la victime à la vue de tous, le visage caché sous un mouchoir. Cette attitude laissait entendre que le tueur s'était débarrassé du corps comme d'un fardeau.

– Disons qu'il a paniqué... Le corps de cette pauvre femme comporte de nombreuses incisions très peu profondes. Il s'y est repris à plusieurs fois pour porter ses coups. Le premier tueur se caractérisait par sa rage et sa précision. Ici, j'ai l'impression que notre homme était plus en retrait. Pas totalement décidé à donner la mort...

– Comme s'il regrettait son acte, poursuivit Laura.

La légiste ramena en arrière ses cheveux fauves.

– Vous avez résumé ma pensée.

Chacun se murait dans ses réflexions. L'heure n'était plus aux suppositions.

Le rapport d'Isabelle Forgeret mettait clairement en évidence que deux esprits torturés s'étaient liés dans le mal.

Des sanguinaires sans aucune limite.

L'application, la méticulosité et la précision définissaient le premier. Les doutes et une certaine forme de culpabilité singularisaient le second.

Milan brisa la glace.

– Pour le mouchoir, vous avez quelque chose ?

Isabelle secoua la tête :

– Absolument rien. Et je crois que je n'ai plus...

Une sonnerie de portable coupa la légiste. Comme un seul homme, les trois se focalisèrent sur le commissaire.

Il jeta un rapide coup d'œil sur son écran numérique. Les premières retombées de sa visite à la prison de Saint-Gilles.

– Dès que son identité est dévoilée, vous me tenez au courant ! annonça-t-il.

La porte claqua et Laura fulmina.

32

DURANT SON INCARCÉRATION, le Borgne avait partagé sa cellule avec un seul prisonnier. Un seul en vingt-trois années passées derrière les barreaux.

Jean-Marc Alsteen, libéré au cours de l'année 2009. Sur son casier judiciaire, on pouvait lire : « Braquage de banque avec séquestration. »

Le coup de fil donné par son conseiller d'insertion et de probation avait permis à Adami d'apprendre que l'ex-détenu occupait un poste de grutier au Port de Bruxelles.

Véritable centre logistique européen par sa capacité de stockage et de distribution, et implantée sur quatre-vingt-cinq hectares, la zone accueillait des navigations fluviales et maritimes allant jusqu'à quatre mille cinq cents tonnes. En parallèle, de nombreuses entreprises y siégeaient. De l'agroalimentaire à la chimie.

Jean-Marc Alsteen travaillait au sein de la compagnie Smet, établie à l'avant-port, dont les services couvraient les chargement et déchargement des navires, tout comme le stockage de marchandises.

Des conteneurs par milliers. Ils dessinaient un labyrinthe métallique dans lequel déambula le commissaire.

Retrouvant les quais, il rejoignit les entrepôts. Les sons se multipliaient et partaient dans tous les sens. Des bips retentissaient dans l'air, rythmés par les ronflements des moteurs. Sous ses pieds, la pluie, la neige et le sable formaient une bouillie sans nom collant à ses chaussures.

Adami s'avança près d'un ouvrier vêtu d'une veste orange et portant un casque. Le tout lui assurait une visibilité maximale.

– Jean-Marc Alsteen, vous savez où je peux le trouver ?

Il plaça sa carte de police à la hauteur des yeux de l'homme. Celui-ci lui indiqua du regard une silhouette fumant une cigarette à l'entrée d'un entrepôt.

– Là-bas, le grand gaillard !

Le commissaire le remercia.

Il s'approcha du bâtiment formé de tôles vertes et noires et découvrit un espace où s'alignait une multitude de caisses.

– Jean-Marc Alsteen ?

– Ça se pourrait, qui le demande ?

– Commissaire Adami.

Noir. Or. Rouge.

Alsteen fronça les sourcils en prenant connaissance de la carte de légitimation flanquée des trois bandes constituant le drapeau du royaume de Belgique.

– Allons bon ! Qu'est-ce que vous me voulez ?

Il jeta son mégot dans un geste de colère. Un visage carré, un cou de taureau, de larges épaules. Une montagne de muscles qui imposait un respect naturel. Le commissaire jaugea du coin de l'œil l'homme. Avec ce genre de gars, il fallait la jouer serré.

– J'ai quelques questions au sujet de Falcowitz. Tu as partagé sa cellule.

– Tout ça ne me concerne plus ! J'ai fait des conneries plus jeune et j'ai payé. Pourquoi venir me chercher des poux jusque sur mon lieu de travail ? grogna-t-il.

La variation des toniques, l'abrégement des voyelles finales, la rudesse dans la tonalité. Derrière la colère de l'homme courait une pointe d'accent caractéristique de la province du Hainaut, située dans la partie ouest de la Belgique. Un accent comparable au picard.

– J'enquête sur une série de meurtres.

– Et après ?

– Je peux repartir et te convoquer de façon plus officielle au commissariat. Interrogatoire, garde à vue... Je te passe les détails, ton CV parle pour toi.

Regards fielleux. Les deux hommes restèrent accrochés quelques instants. Jean-Marc Alsteen glissa sa langue sur ses lèvres gercées par le froid et abdiqua dans un soupir.

– Qu'est-ce que vous voulez savoir au juste ?

– Tes rapports avec Enrik...

– Froids ! Glaciaux ! cracha-t-il. Ce mec était cinglé ! Je ne comprends toujours pas qu'on ait pu me foutre dans sa cellule !

– Il y avait des fuites dans le bloc B, plaisanta Adami.

Le bœuf n'était pas d'humeur à rire.

– Vos sujets de conversation ? reprit le commissaire, plus sérieux.

– Nos prochaines vacances ! ironisa Alsteen. Vous déconnez, non ? Vous vouliez qu'on parle de quoi au juste ?

– Les autres détenus partageaient-ils ton point de vue ?

– Bien entendu ! C'est simple, chaque fois qu'il entrait dans une pièce, tout le monde se taisait.

– Parce qu'il vous faisait peur ?

– Peur ? Non, pas vraiment. Disons qu'il nous rendait mal à l'aise. Avec les tarés, on ne sait jamais comment se comporter. C'est son regard vicieux qui me dérangeait le plus...

En venant ici, Adami comptait en apprendre plus sur le comportement du Borgne. Comme celui de la directrice de la prison de Saint-Gilles, le discours de l'ex-taulard abondait dans le sens de la folie. Celle d'un homme, d'une bombe à retardement prête à exploser sans prévenir.

– Il recevait des visites ?

Alsteen alluma une nouvelle cigarette. Entre ses gros doigts engourdis par le froid, la tige paraissait bien fine.

– Pas à ma connaissance.

– Parle-moi des surveillants.

Haussement d'épaules.

– Eux non plus n'en menaient pas large. Ils ne prenaient pas le temps d'échanger sur leurs dernières vacances, si c'est votre question.

– Essaie de te rappeler, c'est très important. Falcowitz n'avait vraiment aucun lien en prison ?

L'homme cracha un épais nuage de fumée, le temps de la réflexion.

– Avec les taulards, non...

– Mais...

Gratter. Toujours gratter. Le morceau était là, niché dans la bouche de l'ex-prisonnier.

– Y a bien un truc, mais je doute que ça puisse vous être utile.

– Dis toujours.

– Enrik s'entretenait avec un surveillant...

– Son nom ?

Alsteen gloussa dans un sourire moqueur :

– Georgio Dascarino.

– Qu'est-ce qui te fait rire ?

– En matière de gardien, on n'a jamais vu pire. C'est limite s'il ne s'excusait pas d'être là. Il baissait la tête en croisant les prisonniers.

Le commissaire sourcilla, intrigué par le profil dressé.

– Il avait peur ?

– À en faire dans son froc ! En prison, ce genre de comportement, ça ne pardonne pas.

– Comment ces deux-là se sont-ils rapprochés ?

– On raconte qu'un matin, Dascarino surveillait les douches. Des gars ont tenté de le saigner. Comme ça, histoire de passer du bon temps. Enrik était là. Il est intervenu et a laissé les deux mecs sur le carreau.

– Pourquoi cette histoire n'est-elle pas mentionnée dans le dossier du Borgne ?

– Pour écrire quoi ? « S'est comporté avec bravoure en sauvant la vie d'un surveillant » ? Ça ne colle pas vraiment avec le profil du personnage.

– Et ensuite ?

– Ce jour-là, tous deux ont commencé à avoir un lien très particulier.

– Du genre ?

– Ça va vous paraître bizarre, ce que je vais dire...

– T'occupe, j'ai l'habitude.

Jean-Marc Alsteen cracha sa réponse d'une voix tranchante :

– Comme un père avec son fils. Georgio était chargé de surveiller le bloc D, où on m'avait balancé. La nuit, ces deux-là se faisaient des messes basses. Moi, je m'en tapais, de ce qu'ils pouvaient se raconter, du moment qu'on me foutait la paix. Il me restait deux mois à tirer... Je me tenais tranquille.

– Le sujet de leurs conversations ?

– Je ne sais pas trop. Enrik parlait de respect, de valorisation, d'estime de soi. Vous voyez, ce genre de conneries ?

– Pas vraiment. Et comment se comportait Georgio ?

Le grutier laissa un pli narquois marquer ses lèvres :

– Lui, il buvait ses paroles ! Je vous l'ai dit, Georgio était trop fragile pour ce métier. La plupart des surveillants sont des blocs de glace. Obligé pour pouvoir tenir la distance. Lui, on le sentait pétrifié, pas à sa place. Alors, forcément, certains en profitaient...

Des messes basses. Un père et son fils.

Une idée lui vint et, avec elle, une question :

– À la suite de ces discussions, le comportement de Dascarino a-t-il changé ?

– De ce que j'en ai vu, ouais ! Quand Enrik est intervenu, il y a eu une sorte de pacte tacite entre les prisonniers. Georgio devenait intouchable. Tout le monde avait peur des représailles du Borgne. À partir de ce jour, Georgio a commencé à prendre confiance en lui. C'était comme si Enrik lui avait montré...

Il s'arrêta net, réalisant la portée de ses paroles.

– Lâche-toi ! l'encouragea Adami.

– Sa personnalité... Enrik l'a transformé en lui révélant sa véritable personnalité.

Un prisonnier qui éveille la crainte autour de lui. Un surveillant qui, du jour au lendemain, se découvre une nouvelle personnalité. *Comme un père et son fils.* Des mots forts, puissants, sortis tout droit de la bouche d'un témoin privilégié de l'époque.

La piste Dascarino prenait forme.

✧ ✧
✧

Une fois la porte claquée, l'agitation du port tomba dans l'oubli. Adami retrouva le cuir fatigué de sa Volvo. Depuis trop longtemps, elle partageait son quotidien. Elle avait sillonné Bruxelles des milliers de fois, l'avait porté dans d'innombrables nuits blanches.

Usure du temps, taches de graisse et miettes en tout genre témoignaient des heures passées dans l'habitacle. À chaque coup de démarrage, il redoutait que ce ne soit le dernier. Les amortisseurs accusaient le poids des années, au même titre que l'embrayage. Mais la Volvo tenait bon, tout comme lui. Ils n'étaient pas finis, pas encore prêts pour la casse.

Il rassembla ses pensées en sortant son téléphone portable de sa veste.

Deux tueurs, peut-être plus. C'était les mots du lieutenant Dacourt. Il avait visé juste, dans le mille. L'autopsie pratiquée par Isabelle abondait dans ce sens.

À présent, un autre paramètre entrait en piste. Un nom se dégageait des confessions de l'ex-taulard : Georgio Dascarino.

Le commissaire imaginait un homme mal à l'aise dans sa peau, une personnalité fragile, donc modelable. Un être que le Borgne aurait pu influencer par ses mots.

Adami rechercha dans le répertoire de son cellulaire le numéro enregistré à la suite de son entretien avec la directrice de la prison de Saint-Gilles.

Claude Antoine. Il exerçait pour le compte de l'association Horizons nouveaux. C'était lui qui s'était occupé du dossier d'Enrik lors de sa libération, un an plus tôt, en 2009.

Une simple pression sur la touche d'appel, il entrerait en communication avec cet homme.

Adami hésita. Longuement.

Les souvenirs de ces quatre femmes affluèrent à son esprit. Des cauchemars toujours plus vivaces, des terreurs sans nom. Le commissaire ne s'était jamais remis de cette histoire. Ces visages, ces âmes, étreignaient sa personne depuis vingt-quatre ans. Derrière ces angoisses mortifères, par-delà le chaos, se dressait un homme.

Son diable à lui...

Le Borgne ou la perversion à l'état pur.

Il connaissait la portée de son appel : le dernier rempart entre lui et ses ténèbres.

Tu dois le faire pour les besoins de l'enquête... Tu n'as pas d'autre choix !

Vingt-quatre ans et toujours cette peur panique. Il ferma les yeux, respira à fond. Pression sur la touche. Une sonnerie dans le vide, puis une annonce. Une voix métallique l'invita à laisser un message.

Gorge sèche, incapable du moindre mot.

Adami raccrocha.

33

AU COMMENCEMENT, elle n'était qu'un visage. Puis, un prénom. À présent, elle devenait une identité.

Flavie Dubreuil.

La banque était catégorique. La carte bancaire utilisée pour le paiement du tatouage lui appartenait. Son dernier achat remontait au 19 novembre : un billet aller-retour, Bruxelles-Paris.

Départ programmé le jour même et retour dans la capitale belge le lundi 22 novembre, la veille de sa mort.

Téléphone portable dans sa main, Laura écrivit un SMS au commissaire afin de le prévenir de ce bond en avant. Elle en profita pour lui transférer la liste des passagers envoyée par courriel par l'entreprise ferroviaire Thalys. À son retour de Paris, Flavie y occupait une place en classe Comfort.

C'était par ce document que les deux Français avaient découvert l'existence de Paul Boateng, un avocat d'affaires travaillant pour le compte de la société Blan'c Division Group siégeant à Tour & Taxis. Autrefois site industriel, le complexe se fondait d'une série de bâtiments aux dimensions imposantes faits de brique et de verre. Le lieu accueillait des manifestations culturelles, des commerces et des sociétés.

Paul Boateng invita les partenaires à prendre place dans les fauteuils disposés face à son bureau en acajou.

Milan parcourut la pièce d'un regard clinique. Tout un pan de mur accueillait des photographies d'art. Une dizaine, en noir et blanc.

Une tête de tigre, prise de profil. Gueule ouverte, entre paresse et gourmandise.

Sur une autre, le corps nu d'une femme allongée, main posée sur son sein droit. Un store en arrière-plan. Les rais de lumière habillaient de zébrures les formes de cette déesse anonyme.

Plus loin, un paysage minimaliste. Un arbre, perdu au milieu de nulle part. Derrière lui, une brume persistante, décidée à le happer.

Encore une. New York ? Dubaï ? Cadrage en forte contre-plongée. Des buildings étouffaient le ciel de toute leur masse.

Passé ces œuvres, son regard se concentra sur la table de travail habitée d'un ordinateur iMac, d'un clavier et d'une lampe au design surdimensionné.

Sobriété et efficacité.

Seule touche de fantaisie, un modèle réduit d'une Porsche dormait au pied de l'écran.

L'avocat retrouva son fauteuil en cuir noir. C'était un homme à l'aspect impeccable. Laura lui donna une quarantaine d'années. Costume italien sur chemise blanche. Ses cheveux blonds coiffés en arrière dynamisaient les lignes fines de son visage. L'attitude de cet homme, comme ses regards, exprimait une grande confiance portée par la rigueur et l'élégance.

Il ôta ses lunettes et les posa sur le bois.

Prévenu par téléphone des raisons de leur venue, il opta pour une entrée en matière franche et directe.

– Je me trouvais bien à bord du Thalys ce lundi matin, face à Flavie, déclara-t-il d'une voix posée.

La capitaine sortit de sa veste en cuir rouge la photographie de Flavie Dubreuil.

– Vous souvenez-vous de cette femme ?

L'avocat récupéra le document, le consulta jusqu'à le détailler. À la vue de la belle endormie, il ne sourcilla pas une seconde. Sans doute au cours de sa carrière avait-il vu bon nombre de clichés de victimes. Ses yeux restèrent fixés encore un long moment avant de retrouver ceux de la capitaine Esposito.

– Elle s'appelle Flavie, lâcha-t-il.

– Vous la connaissiez ?

Il rendit la photo, puis joignit ses deux mains.

– En quelque sorte.

Milan observa le comportement de l'avocat. Sourire crispé, gêne tangible. Sa superbe affichée quelques minutes plus tôt s'effritait.

– Maître Boateng. C'est maintenant qu'il faut parler, l'encouragea-t-il.

Il secoua la tête d'un air entendu et prit une profonde respiration avant de se lancer :

– Avant toute chose, sachez que j'aime profondément ma femme. Nous sommes mariés depuis bientôt quinze ans. Nous nous sommes rencontrés à la faculté. Entre nous, ç'a tout de suite collé. Elle m'a donné deux beaux enfants dont je suis extrêmement fier.

Mauvaise entrée en matière. Laura connaissait trop bien ce discours et comprenait que, par-delà les apparences, fourmillaient les mensonges.

– Mais..., répliqua-t-elle brusquement.

Paul Boateng hésita quelques secondes, surpris par la réaction. Il réfléchit à l'angle à adopter et reprit d'une voix plus tendue.

– La lassitude. Je travaille comme un dingue pour assurer un confort financier à ma famille. Je me lève aux aurores et rentre très tard chez moi. Si bien qu'entre mon épouse et moi, il ne se passe plus grand-chose... sur le plan sexuel, précisa-t-il.

Tous les mêmes, pensa la capitaine, un peu trop fort.

L'avocat s'arrêta un bref instant et planta son regard dans le sien, comme s'il lisait dans son esprit.

– De temps en temps, je m'octroie quelques moments de plaisir. Il m'arrive de me rendre dans une maison close.

Alors, ils comprirent. Il était là, le rapport singulier qu'entretenait Flavie avec son corps. Hôtesse dans une maison close, elle n'avait pas d'autre choix que de conserver des formes de déesse pour satisfaire sa clientèle.

– Vous étiez un client de Flavie ? intervint Milan.

– Non. Quand je me suis installé dans le train, elle m'a demandé de l'aider à porter sa valise. C'est là que je me suis rendu compte que j'avais déjà croisé son visage.

L'avocat gratta sa tempe droite tout en esquissant une moue honteuse, puis ses mains, retrouvant le bois, pianotèrent une mélodie silencieuse.

Laura le regarda sans pouvoir s'empêcher de ressentir du dégoût.

– Pendant une bonne partie du voyage, j'ai cherché à savoir où je l'avais vue...

– Et donc ? poussa-t-elle.

Son attention se déporta un bref instant sur l'écran d'ordinateur. La mise en veille de l'iMac laissa apparaître sur un fond blanc une croix rouge flanquée en son milieu de trois initiales, « BDG ». La capitaine devina que ce symbole représentait la société Blan'c Division Group dans laquelle Paul Boateng exerçait son métier d'avocat.

– Pour décompresser, j'ai l'habitude de me rendre dans la maison close TENTATION, reprit-il. C'est là qu'elle travaillait...

– Vous n'avez échangé aucun mot ?

– Je suis assez timide. Ce genre de circonstances ne m'était encore jamais arrivé. Je ne me voyais pas lui demander un service... comme ça... à la volée...

La capitaine bouillonnait d'entendre cet homme parler avec un tel détachement de ses envies d'aller voir ailleurs. La pique partit d'elle-même :

– Pourquoi ? Cette fois, vous aviez le réel sentiment de tromper votre femme !

L'avocat s'interrompit. Ses doigts se refermèrent.

– Je ne suis pas fier de ce que je fais, croyez-le bien.

Une tristesse immense filtrait dans ces derniers mots. Celle d'un homme aimant sa femme, mais dont l'habitude et le manque de désir l'avaient poussé vers des dérives obscures.

Le lieutenant le sentit : ces confidences mettaient sa partenaire dans de fâcheuses conditions. Il reprit les rênes, afin que la situation demeure sous contrôle.

– Monsieur Boateng, que s'est-il passé durant le reste du voyage ?

– Pas grand-chose. À plusieurs reprises, j'ai essayé de me faire remarquer de Flavie. Par des sourires ou par mon comportement. Je pense qu'elle a dû me trouver un peu lourd. Un steward est arrivé pour servir les clients. C'est à ce moment qu'elle a pris ses affaires pour le suivre.

– Vous l'avez revue une fois le train arrivé à la gare ?

– Pas du tout. Pour être exact, j'étais pressé. J'avais un rendez-vous professionnel. Vous pouvez vérifier auprès de ma secrétaire. Elle vous fournira toutes les informations que vous jugerez utiles.

Laura leva la main pour lui indiquer que ce n'était pas nécessaire.

– Une chose est certaine, reprit-il. Elle a passé tout le reste du voyage dans le wagon-bar.

L'avocat sortit de sa veste son portefeuille et en retira une carte de visite. Lettres roses sur fond noir.

Il la glissa sur la table.

– Tenez ! Voici l'adresse de la maison close.

Son regard se planta dans celui de la capitaine. Laura sentit ses poils se dresser tant l'homme respirait le vice. Elle la récupéra et mit ses ressentis sur le compte de son histoire personnelle. Depuis que son ex-mari l'avait trompée, elle n'avait plus beaucoup de respect pour ce type d'individus. Sans même le remercier, elle se leva, suivie par le lieutenant Dacourt.

L'avocat les raccompagna à la sortie.

– Une dernière chose... Les réputations se font et se défont très vite dans notre milieu. Il existe pas mal de requins qui gravitent autour de moi...

– Venez-en aux faits ! le coupa Laura sur le pas de la porte.

– J'espère que cette conversation restera entre nous.

Elle détestait cet homme, depuis le début. Il avouait tromper son épouse et tout ce qui lui importait concernait sa carrière. Le soir, les remords ne devaient guère l'étouffer.

Elle s'affubla de son sourire le plus ironique :

– Ne vous inquiétez pas. Vous pouvez dormir sur vos deux oreilles.

Ils quittèrent le bureau sous le regard de l'avocat.

Au bout de quelques pas, Laura se retourna. Carte dans la main, elle la leva au ciel avant d'ajouter :

– J'en oublie mes bonnes manières. Merci pour l'adresse ! Embrassez votre femme pour nous !

Les deux regards hostiles restèrent en suspens quelques instants sous l'œil mi-surpris mi-amusé du lieutenant.

Elle avait un sacré caractère, ce n'était vraiment pas pour lui déplaire.

34

POUR LA SIXIÈME FOIS, Laura tomba sur la messagerie du commissaire. Le visage sévère, elle se retint in extremis de fracasser l'appareil contre le sol. Le comportement d'Adami commençait à l'exaspérer au plus haut point, à moins que ce ne soit sa rencontre avec maître Boateng. Elle gardait de cet échange un arrière-goût de vice et de mensonge, qui la renvoyait à sa propre histoire, à sa propre déchéance avec Stéphane.

– Il se fout de nous ! lâcha-t-elle. Ça fait deux fois qu'il se tire sans prévenir. Et, maintenant, il nous laisse sans nouvelles !

– Il a sûrement une bonne raison, tempéra Milan.

– Une bonne raison ? Il va devoir se montrer très convaincant pour nous expliquer pourquoi il se la joue solo !

Un caractère volcanique, le genre de femme à ne pas mâcher ses mots. Le lieutenant avait dû l'affronter quelques heures plus tôt, après sa sortie nocturne au domicile de Marie Charton. Aucun doute là-dessus, dès son retour, le commissaire allait passer un sale quart d'heure.

La journée s'étirait, le froid se faisait toujours plus cinglant. En silence, la neige reprenait ses droits. Les flocons définissaient les contours d'un nouveau monde. Des guirlandes s'illuminèrent peu à peu, dans les rues, les vitrines. Les multiples nuances de couleur et leurs reflets glissaient sur le boulevard Adolphe Max, qui crachait son perpétuel flot de flâneurs.

Les deux partenaires marchaient en direction de la maison close TENTATION.

Le lieutenant accrocha du regard Le Plaza hôtel, reconnaissable à ses lettres dorées et à sa façade bleutée, dont l'architecture – datant de 1930 – s'inspirait fortement du George V. Un palace situé non loin de l'avenue des Champs-Élysées, à Paris. Ils tournèrent à gauche pour rejoindre le 26, rue de Malines.

Aux yeux de Milan, cette histoire devenait dingue. Hier encore, il se trouvait à Lille à enquêter sur l'assassinat de son ami d'enfance et celui de sa fiancée, Christina. En visionnant le film laissé par Sébastien avant sa fuite, il avait découvert un nouveau meurtre : celui de Marie Charton. Un calvaire immortalisé en vingt-quatre images par seconde. Derrière le voile opaque, il avait deviné deux, peut-être trois silhouettes se délectant du massacre.

Cette raison l'empêchait d'imaginer un tueur isolé agissant au hasard.

Tout était calculé. Maîtrisé. Le corps retrouvé ce matin confirmait ses pressentiments.

Sébastien, Christina, Marie et Flavie.

Quatre victimes, mortes sous les coups d'une série de tueurs. Parmi eux se cachaient au moins un gaucher et un droitier.

Seul manquait le lien, le petit rien capable de faire basculer leur enquête et d'éclaircir les zones d'ombre, déjà trop nombreuses.

Une porte noire, anonyme.

Une sonnette.

✧ ✧
✧

Quatre fauteuils de style baroque disposés tout autour d'une table basse design formaient le boudoir. Du plafond tombait un lustre en métal chromé, finement décoré par des pampilles en verre transparent. À l'extrémité des branches, la lumière des halogènes léchait les murs taupe. Le sol, quant à lui, était revêtu d'un carrelage noir à l'aspect rugueux, proche de la pierre.

Un homme au costume sombre et cravaté occupait le troisième fauteuil. Depuis l'arrivée des Français, il avait trouvé refuge dans la lecture d'un roman pour éviter le regard furieux de la capitaine Esposito. En constatant qu'à son annulaire gauche brillait une alliance, elle ne put s'empêcher de serrer les dents.

Fendu en son milieu par une baie vitrée, le mur séparant la salle d'attente du hall d'entrée permettait aux deux partenaires de voir les allées et venues des clients.

Comme rattrapé par la culpabilité, un homme dévala les escaliers et sortit des lieux sans un regard pour la blonde qui le talonnait.

À plusieurs reprises, une femme de type espagnol, de vingt ans à peine, traversa leur champ de vision. À chacun de ses passages, elle gratifiait le lieutenant de son plus beau sourire, ponctué de clins d'œil malicieux. Revêtues d'une robe glamour finement taillée, ses courbes exceptionnelles paraient les limbes de promesses alléchantes pour les réguliers de cet établissement.

Flatté par tant d'intérêt, Milan lui répondit du coin des lèvres.

– Lieutenant Dacourt ! lâcha la capitaine.

Le petit jeu auquel se prêtait la jeune femme avait fini par l'excéder. Bras croisés, elle accrocha de ses yeux noirs ceux de son partenaire. Les épaules du lieutenant s'affaissèrent dans une mine narquoise.

Dix minutes d'attente.

Armelle, la maquerelle des lieux, vint à leur rencontre. De taille moyenne, elle naviguait au milieu de la cinquantaine d'années. Ses talons hissaient son regard à la hauteur de celui de Milan. Coiffés en chignon, ses cheveux gris mettaient en valeur ses pupilles turquoise, soutenues par un léger trait de mascara. Quelques rides griffaient son visage, au contraire de son nez trop parfait, avouant un recours à la chirurgie plastique. Son pantalon noir sculptait ses jambes, tandis qu'une ceinture argentée entourait sa taille. Un accessoire qui tenait plus de l'ornement que d'un véritable ajustement. Ouverte à hauteur de poitrine, sa chemise blanche cintrée laissait entrevoir le sillon profond de ses seins. Enfin, un collier de perles assorti à ses pendants d'oreilles épousait son cou.

Derrière la froideur et la sophistication, Milan devina la femme animale, érotique, voire sulfureuse.

– Je vous propose de me suivre, indiqua-t-elle en serrant la main de Laura.

Ils montèrent un large escalier marbré et circulaire.

Le premier niveau débouchait sur un palier aux murs tapissés par un damassé baroque rouge et desservant trois portes fermées. Laura remarqua que chacune d'entre elles portait un nom : Carmen, Gloria, Lucie. Elle comprit que chaque fille disposait de son espace personnel pour s'adonner à son activité.

Au second étage, d'ardents gémissements provenaient d'une porte fermée. Sabrina. En matière de plaisir, elle se donnait sans compter.

Sans y prêter attention, la tenancière continua jusqu'au troisième.

Alors, Laura sentit son échine se raidir. Derrière cette séparation, elle allait découvrir l'univers de la victime, plonger dans son intimité.

Armelle sortit une clé de sa poche et leva le verrou.

– Après vous, lança-t-elle.

D'un geste de la main, elle invita les deux Français à prendre possession de l'espace. L'interrupteur fut actionné et les chandeliers muraux dessinèrent les contours d'une pièce en forme de *T*.

Dès l'entrée, un tapis noir et blanc traversait un fin couloir menant tout droit à un lit à baldaquin. À gauche de celui-ci, une petite table basse et deux fauteuils faisaient office de salon. À l'opposé, derrière un paravent, le client pouvait se dévêtir avant de passer dans la salle de bains, séparée de la chambre par une cloison en pavés de verre. Ici aussi, la décoration s'imprégnait du style baroque, tout comme le reste des lieux.

– C'est là qu'elle vivait, annonça Armelle d'une voix chevrotante.

– Toutes les filles qui travaillent pour vous habitent ces murs ? demanda le lieutenant.

– Quand elles le désirent, oui. Je mets à leur disposition une chambre-studio comme celle-ci pour qu'elles puissent y gérer leurs affaires en toute sécurité. La plupart optent pour cette solution, surtout les nouvelles. Ça leur évite de se retrouver dans la rue et de tomber entre les mains de proxénètes.

– Depuis combien de temps Flavie travaillait-elle pour vous ?

La question était à mettre sur le compte de Laura, qui arpentait les lieux.

– Quatre ans, maintenant. Dès qu'elle est arrivée à Bruxelles, elle a déposé ses valises ici même.

À ces mots, des perles de larmes roulèrent le long de ses joues. La conscience du choc, la puissance du drame.

Étourdie, elle prit place dans l'un des fauteuils.

Elle réalisait, enfin.

– Elle avait des clients réguliers ?

– Des habitués, comme toutes les filles.

– Quel genre d'habitués ?

– Nous sommes une maison de luxe. Ici, les hommes qui viennent chercher du plaisir sont respectables sous tous rapports.

Sauf celui de la fidélité, pensa la capitaine, qui ne put s'empêcher d'apposer le visage de Boateng à sa réflexion.

– Vous tenez une liste ? demanda-t-elle.

La tenancière sourcilla tant la question lui paraissait absurde.

– La base de notre métier est la discrétion.

Elle sortit de sa poche un mouchoir et tamponna les quelques larmes encore persistantes.

– Quel genre de clients recevait-elle ? reprit la capitaine.

– Des hommes d'affaires, des sportifs, des politiques.

– Des hommes pressés, comprit le lieutenant.

Armelle hocha la tête.

– Flavie n'a jamais eu de problèmes particuliers avec qui que ce soit ? continua Laura.

– Pas à ma connaissance.

– Il lui arrivait souvent d'exercer en dehors de ces murs ?

– Quand il le fallait, oui. Mes filles sont libres de gérer leur activité comme elles l'entendent.

La capitaine prit place dans le fauteuil vacant. Ses yeux fixèrent la maquerelle.

– Flavie vous a-t-elle parlé d'un voyage à Paris dernièrement ? la questionna-t-elle.

– À Paris ? Ça ne me dit rien.

Laura laissa filer quelques secondes pour marquer la portée cruciale de sa prochaine question.

– Connaissez-vous une personne dans son entourage prénommée Frédéric ?

Armelle resta bouche bée, cherchant à se souvenir.

– Frédéric ? Pas la moindre idée...

Alors, le regard de la capitaine croisa celui de son partenaire. Dans les traits de l'homme, elle put lire ce qu'elle portait au fond de son être : la déception.

Enquêter, c'était forcer des barrages, faire céder des portes pour remonter le chemin de la vérité. Mais que faire quand celles-ci demeuraient inexorablement fermées ?

Continuer, encore et toujours.

Laura embrassa la pièce des yeux. Aucun tableau, aucune photo, pas même un bouquet de fleurs. Rien de personnel. Un mobilier posé là, sans doute commun à toutes les chambres. Une fois le deuil terminé, une autre femme prendrait possession de ce périmètre, sans une pensée pour celle qui avait dormi dans ce lit, avant elle.

Une existence portée par des rêves, des passions. Forcément. Flavie avait une vie en dehors de son travail. Quatre ans dans la même ville, elle avait créé des liens.

La capitaine Esposito posa sa main sur celle de la tenancière :

– Vous connaissiez les habitudes de Flavie en dehors de son travail ? Lui arrivait-il de sortir ?

Armelle leva ses deux prunelles foudroyées par la douleur.

– Une ou deux fois par semaine, elle se rendait dans un bar appelé le Bunker.

Une réponse. Mieux, un espoir.

35

DU JOUR AU LENDEMAIN, Georgio Dascarino avait démissionné de son poste de surveillant à la prison de Saint-Gilles. Fin 2009 : la même année que la libération du Borgne. Ce n'est qu'au début de l'année 2010 que l'homme avait retrouvé un emploi, à la société RailRest qui assurait de nombreux services à bord du Thalys, du placement des voyageurs à la restauration.

De là à imaginer qu'il se soit servi de cette couverture pour s'adonner à ses crimes, il n'y avait qu'un pas. Le commissaire le franchit en consultant la liste de tous les passagers qui avaient emprunté ce train ces dernières quarante-huit heures.

Le nom de Flavie Dubreuil y figurait. Aucune trace de Georgio Dascarino. Quand d'autres auraient pris cette information pour argent comptant, son instinct de flic lui soufflait l'ordre de creuser cette piste. En trente-six ans de carrière, Adami avait largement eu le temps d'aiguiser son odorat. Son pif, c'était son meilleur atout pour déceler les mauvais coups.

Après cette opération, il plongea dans la lecture du courriel envoyé par la police scientifique. Comme il le pressentait, leur inspection chez Claire Brouck s'était conclue par un échec cuisant et total. Les hommes en blanc n'avaient rien d'intéressant à lui livrer. Pas l'ombre d'une empreinte ou d'un indice. Là aussi, le tueur avait fait preuve d'une grande attention.

Le même constat s'imposait pour l'asile où on avait retrouvé le cadavre de Marie Charton. La bâtisse avait été passée au peigne fin, sans aucun résultat.

Adami assimila l'assassin à ces tueurs organisés et conscients de leurs actes. Un monstre de précision.

✧ ✧
✧

Cinq minutes.

C'était le temps nécessaire pour rejoindre la sortie la plus proche des quais réservés au Thalys. Pour son calcul, le commissaire avait tenu compte de la foule et d'une démarche rapide. Il imagina l'homme intimant à Flavie d'avancer. À tout moment, elle risquait de crier pour alerter les voyageurs.

Tout ça ne tenait pas debout. Si Georgio était le responsable de cet enlèvement, il avait procédé différemment.

Alors, comment ?

Les gares portaient toutes le même parfum.

Les portes du train s'ouvrirent.

Dans cette masse, les hommes d'affaires étaient reconnaissables à leurs costumes et à leurs mallettes. Portable collé à l'oreille, ils marchaient d'un pas pressé, préoccupés par leurs prochains rendez-vous. Les touristes se différenciaient par leurs sourires, empreints de curiosité. Et puis, il y avait les amoureux, enlacés, isolés du monde par une bulle de bonheur.

Au tour des contrôleurs et autres employés qui travaillaient à bord du Thalys. Adami les suivit du regard. Au contraire des voyageurs, une fois le quai dépassé, ils s'engouffraient par une porte métallique, où était clouée une plaque « Issue réservée au personnel de la gare ».

Il tenait sa réponse.

Des secondes s'égrenèrent avant qu'il ne plonge à son tour dans les entrailles de la gare. Dans son dos suffoquèrent les murmures et l'agitation.

Tout un réseau de corridors étroits et flanqués de néons courait dans le ventre de la gare de Bruxelles-Midi. Il frissonna tant ses mains étaient glaciales. À moins que ce ne fût la situation qui pesait sur son corps ?

Des bruissements lointains. Une porte qu'on referme. Adami se sentit mal à l'aise dans ce lieu et décida d'accélérer le mouvement. Son exploration le conduisit à un escalier remontant à la surface, au niveau du parking réservé au personnel.

Au loin, il reconnut l'un des contrôleurs aperçus plus tôt qui montait dans sa voiture, encore en tenue de service.

Le commissaire alluma son Señorita tout en scrutant la zone dans ses moindres détails. Aucun gardien ni caméra. Seule la façade arrière d'un hôtel se dressait à quelques mètres. Une simple barrière séparait le parking de la rue.

Du pain bénit pour le tueur.

Un bruit de bouteilles.

Il leva les yeux et distingua un clochard réfugié entre deux poubelles. Quelques cartons constituaient son abri de fortune.

Adami sortit son portefeuille et considéra l'argent qu'il avait en sa possession. Un billet de vingt euros.

Ça devrait suffire.

Il s'avança dans sa direction et ses narines furent frappées par une forte odeur d'urine.

– Salut ! lâcha-t-il en s'accroupissant.

– Fous le camp !

Belle entrée en matière.

Il frotta son billet entre ses doigts et le tendit à la hauteur des yeux de l'homme.

– Il est à toi si tu réponds à ma question. Autrement, je m'offrirai un bon repas en pensant à toi ! T'es partant ?

Le clochard envisagea les perspectives de cet argent. Comme celui d'un enfant devant un sapin de Noël, son sourire s'illumina, laissant apparaître une dentition de noires et de blanches.

– Nom de Dieu !

Il arracha sa récompense des mains du commissaire.

– Qu'est-ce que tu veux savoir ?

– Ça fait longtemps que tu vis dans le quartier ?

– Mouais ! Regarde un peu la vue !

Les ongles noircis par la crasse désignèrent le parking.

– Je m'intéresse à ton voisinage. Un homme accompagnant une femme, ça te dit quelque chose ?

Le sans-abri gratta sa barbe rousse, devenue le territoire des puces.

– Me rappelle plus, mentit-il.

Le commissaire esquissa un mince sourire du coin des lèvres. Malgré les relents d'alcool qui émanaient de sa bouche, son interlocuteur n'avait pas complètement perdu ses esprits.

– Je suis bon joueur. En plus des vingt euros, tu auras le droit ce soir à un vrai lit.

Adami se tourna en direction de l'hôtel pour préciser son idée. Le SDF écarquilla les yeux. Aujourd'hui, c'était Noël.

– Entendu, patron !

– Je reprends. Hier matin, un homme et une femme. Une brune, plutôt bien faite... Lui portait une tenue de contrôleur.

– Ouais ! Je les ai vus !

– Tu sais dans quel véhicule ils sont partis ?

– Une camionnette blanche ! Je m'en souviens très bien. La femme est montée à l'arrière. Votre type, il a démarré comme une bombe ! souligna le sans-abri.

Une camionnette. Un démarrage en trombe. Une femme à l'arrière. C'était bien son homme, derrière tout ça.

– Tu te souviens de la marque du véhicule ?

– Je ne sais pas lire.

Le commissaire esquissa une moue de défaite en tirant sur son cigarillo. Les volutes s'échappèrent dans les cieux sous un regard envieux.

Adami comprit le message.

– Tu ne sais pas lire, mais tu as des yeux...

– Perçants.

Dans un rictus, il ouvrit sa main crasseuse, en attente d'une offrande. Le sexagénaire y déposa le cylindre de tabac épicé.

– Merci, patron ! Je le fumerai ce soir en prenant un bon bain ! promit-il en le reniflant.

– J'y compte bien ! Allez, sur le sol, dessine-moi le logo de la camionnette.

Le SDF s'exécuta. Sur le tapis de neige, à l'aide de son doigt, il dessina un ovale, debout. Il le traversa en son centre d'un demi-cercle.

Adami observa quelques instants la grossière esquisse.

– Une tête de taureau ?

Le clochard leva la main.

– Patience, patron ! C'est pas fini !

Langue sortie, l'homme retourna à son œuvre. Nouvel ovale horizontal, et plus gros. Ce dernier entourait le dessin.

– Ouais ! C'est exactement ça ! fit-il, satisfait de sa prouesse artistique.

Changement de direction.

Ce que le commissaire prenait au départ pour une tête d'animal se rapprochait en réalité d'un *T* stylisé.

36

EXCITATION ET ADRÉNALINE le portèrent jusqu'à sa Volvo. Il connaissait la marque du véhicule dont s'était servi Dascarino. Il sortit son téléphone de sa poche et composa le numéro de l'inspecteur Declerc.

Une sonnerie plus tard, l'homme était au bout du fil :

– Commissaire ?

– J'ai un véhicule. Une camionnette blanche. Marque Toyota. Son propriétaire s'appelle Georgio Dascarino.

– Vous avez le numéro d'immatriculation ?

– À ton avis ?

Un blanc sur la ligne. La question de l'inspecteur avait été posée pour la forme, sans réelle réflexion.

– Pardon...

– Écoute-moi. Tu tapes tous les garages de la région, tu lances des appels à témoins, tu vérifies le système des immatriculations. En un mot, tu me la retrouves !

– Je vais faire mon possible !

– Richard, tu ne m'as pas compris. J'attends de toi un miracle !

– Vous pensez que c'est l'un des tueurs ?

Adami marqua un temps, mesurant la portée de ses propos :

– Ça colle plutôt bien. De ton côté, tu as du nouveau ?

– Pas vraiment. On a continué l'enquête de voisinage pour le corps de Flavie. Ça ne donne rien. Vous avez lu le rapport de la scientifique ?

– J'ai vu... Un coup d'épée dans l'eau. Cette camionnette est notre seule piste ! Alors, au boulot, Richard !

Il raccrocha.

Le commissaire demandait l'impossible, il en avait conscience. Retrouver ce véhicule en si peu de temps relevait de l'utopie. Toutefois, il devait tenter le coup. Conduire une enquête criminelle, c'était aussi s'en remettre à la chance.

Jusqu'à présent, Georgio restait la piste la plus sérieuse. Il était le seul à avoir eu un contact direct avec le Borgne. Son travail à la société RailRest, le portrait dressé par Jean-Marc Alsteen. *Comme un père et son fils.*

Le profil parfait. Tout collait. Tout s'imbriquait.

Et Marie Charton ? Qui tenait la lame ?

Sa conscience le ramena sur terre.

Toujours cette idée de communauté de tueurs.

Adami réfléchit un court moment. Les éléments flottaient dans son cerveau. Il se repassait le fil des dernières heures, identifiait des voix. Dans cette multitude, il devait dégager une piste, en extraire une solution. Elle était là, forcément.

L'évidence même.

Le Borgne ne recevait aucune visite, ne se mélangeait pas avec les autres détenus. Les rares fois où il sortait de sa cellule, c'était pour se rendre à la douche ou à la bibliothèque. Si une communauté de tueurs existait, elle tirait sa source au-delà de la prison.

Adami ne pouvait imaginer que ce plan ait pu se former sans l'aval du Borgne. D'une manière ou d'une autre, il était impliqué dans cette histoire. Sa promiscuité avec Dascarino tendait vers ce point.

Dans ces conditions, par quel moyen aurait-il pu avoir un contact avec l'extérieur ?

Un éclair. Une fulgurance.

Il fit claquer son pouce contre son majeur, solution en tête.

– Le courrier ! lâcha-t-il dans l'habitacle.

Son portable encore chaud, ses doigts virevoltèrent sur le pavé numérique. Trois sonneries interminables, puis la voix stricte de Danielle Thomasson, comme une délivrance.

– Commissaire Adami ?

– Enrik, il recevait des lettres en prison ?

Un court instant, la question la prit au dépourvu.

– Oui, bien entendu... Comme tous les prisonniers.

Cet homme n'était pas n'importe qui. Quatre femmes avaient trouvé la mort sous le tranchant de sa lame. Quatre crimes odieux, froids, monstrueux. L'homme n'avait jamais éprouvé le moindre regret ni aucune forme d'empathie pour ses victimes. Alors, non. Le Borgne était tout sauf un prisonnier lambda.

– À quelle fréquence ?

– Tous les jours, par dizaines. D'ailleurs, on avait du mal à gérer. Vérifier chaque lettre nous prenait beaucoup de temps.

– Ces lettres, vous les avez encore ?

– Si Enrik ne les a pas emportées à sa libération, elles doivent être consignées dans notre établissement. Il faut que je m'en assure.

– Faites-le ! Si c'est le cas, je les veux ce soir sur mon bureau !

Il raccrocha.

L'instant d'après, un rictus satisfait se dessina sur ses lèvres.

Il tenait sa solution.

37

LE MAL.

Elle en connaissait la définition. Il avait pénétré son âme avec violence, dépliant ses tentacules durant de longs mois, la marquant au fer rouge. Encore aujourd'hui, les mêmes questions venaient la heurter. Une, en particulier.

Qu'avait-elle commis pour mériter un tel supplice ?

Sa famille s'était détournée, la bannissant à tout jamais de leurs épaules solides et réconfortantes. Ses rares amis ? Aux abonnés absents.

Alors, elle s'en était remise au Tout-Puissant par l'entremise de ses soldats. Son histoire les avait émus. Décidés à la protéger des jugements des hommes trop souvent violents, ils avaient édifié autour de son malheur une forteresse impénétrable.

Durant de longs mois, Clothilde avait vu son ventre grossir, ses formes changer. L'éclat de son sourire s'était mué en un lointain souvenir. La mort. Elle l'avait envisagée comme une délivrance. Chaque objet entre ses mains se transformait en une arme. À trois reprises, ils l'avaient arrachée à ce voyage sans retour.

Au quatrième mois, elle connaissait son sexe. Cet enfant, le fruit d'un viol, la résultante d'une horreur sans nom.

Comment pourrait-elle l'aimer ?

Quand viendrait le moment, elle l'abandonnerait à une de ces familles qui ne mesurent pas toujours la chance de ne pas pouvoir donner la vie. Une décision réfléchie depuis longtemps.

Ses hôtes avaient compris son choix. Depuis le premier jour où Clothilde s'était présentée à eux, ils s'étaient juré de l'accompagner dans l'épreuve qu'elle affrontait.

Leurs prières lui étaient consacrées.

Le klaxon du taxi la ramena sur l'instant.

La circulation était au point mort. Cernée de part en part, Bruxelles suffoquait sous les gaz d'échappement.

La tête collée contre la vitre, Clothilde portait un visage grave. Dans sa retraite, elle avait oublié le monde moderne matérialisé par cette consommation à outrance, enraciné par cette incivilité grandissante. Et puis cette peur...

Les ténèbres ne l'avaient jamais vraiment quittée. Aujourd'hui, elles ressurgissaient avec férocité. Ce portrait-robot paru dans le journal. La première pierre de son édifice mortuaire.

La main réconfortante du frère Anatole se posa délicatement sur la sienne. La chaleur de son regard l'apaisa un moment.

– Tout va bien se passer...

C'était un homme de taille moyenne, aux cheveux grisonnants et à la voix éraillée. Sa peau tannée faisait ressortir le gris-vert de ses yeux. Tout son être dégageait une tranquillité rassurante qui allait de pair avec la bienveillance portée à l'égard de la jeune femme.

Depuis toutes ces années, le frère Anatole était ce pilier qui maintenait Clothilde à flot.

38

AMBIANCE FEUTRÉE et musique lounge. Le Bunker possédait une réputation de bar ultra-moderne et tendance, où se côtoyait une clientèle branchée : hommes d'affaires, jeunes entrepreneurs, starlettes. Le lieu où il fallait se montrer, *the place to be*.

Point focal de cet antre de quatre-vingt-dix mètres carrés, le majestueux comptoir circulaire en béton armé crachait une lumière orangée. Une large sélection de cocktails et de boissons alcoolisées était proposée, tout comme, pour les plus connaisseurs, une cave à whiskys et à cigares. Deux hommes discutaient en dégustant un verre de single malt. Du seize ans d'âge.

Que ce soit pour un rendez-vous intime ou entre amis, les habitués pouvaient profiter de fauteuils installés autour de petites tables basses grises métallisées résolument design. Les murs, quant à eux, s'habillaient de panneaux de bois et de lampes personnalisées.

En ce début de soirée, le Bunker accueillait ses premiers clients. Laura et Milan s'avancèrent au comptoir où un homme aux longs cheveux noirs et aux épaules carrées préparait trois cocktails.

Il leva la tête en voyant s'approcher de lui les deux Français. Teint mat, yeux marron, il affichait un sourire maîtrisé. Éclat qui vira à la gêne quand il prit connaissance du badge tricolore.

– On a quelques questions à vous poser, rien de grave, fit Laura.

Ils s'installèrent sur les tabourets de bar.

– Je vous demande deux minutes, le temps d'apporter cette commande à mes clientes, indiqua-t-il d'un mouvement du menton.

Sac Louis Vuitton, talons Gucci, robes hors de prix. Dans un coin de la salle, trois jeunes BCBG s'esclaffaient, piaffaient sans retenue, en consultant le portable de l'une d'entre elles. Des filles à papa, à n'en pas douter. Laura leur donna une vingtaine d'années. L'âge de l'insouciance. Elle imagina la platitude de leurs conversations : les dernières tendances mode, la nullité de leurs petits copains, la destination de leurs prochaines vacances au soleil.

Tout ce qu'elle n'avait pas connu, ni même approché.

La capitaine les détestait.

Elle tourna son tabouret et posa ses coudes sur le bar.

– Faites vite ! le pressa-t-elle.

Le serveur partit d'un bon pas pour honorer sa commande.

Laura considéra l'écran de son portable avec une grimace. Adami n'avait toujours pas donné signe de vie malgré ses nombreux appels et SMS pour le prévenir de leurs avancées.

– Qu'est-ce qu'il fout, merde ?

– Il va finir par rappeler.

Elle secoua la tête, sans conviction.

– Je ne le sens pas. Il y a un truc qui cloche avec lui.

– Adami ?

– Il nous cache quelque chose. Depuis le début, il a un comportement suspect.

Elle lâcha son portable sur le zinc.

Ses yeux croisèrent les iris noisette de son partenaire.

– Ça ne t'étonne pas, ces départs à répétition ? Sans parler de sa réaction, ce matin. On aurait dit qu'il avait croisé un fantôme.

Le lieutenant avait eu la même impression sans pour autant s'en formaliser.

– Tu penses qu'il joue sur deux tableaux ?

– Il ne nous dit pas tout...

Elle coupa son élan à la suite du retour du serveur, qui se plaça derrière son comptoir.

– Excusez-moi pour l'attente.

La capitaine s'adressa à Milan :

– C'est ma tournée, qu'est-ce que je t'offre ?

Il fixa deux hommes qui se tenaient à quelques mètres de lui.

– Un whisky fera l'affaire.

– Très bon choix, je t'accompagne. Le même que ces messieurs, indiqua-t-elle au serveur.

– Tout de suite.

Le barman s'exécuta. Elle en profita pour lancer son flot de questions :

– Comment vous appelez-vous ?

– Raphaël.

– Enchantée, Raphaël. Moi, c'est Laura Esposito, et voici le lieutenant Milan Dacourt. Nous avons quelques questions au sujet d'une de vos clientes. Flavie Dubreuil...

L'homme ne put empêcher ses lèvres de se tordre en un sourire malicieux.

– Flavie ? Un sacré bout de femme. C'est une très bonne cliente...

Il releva la tête, réalisant.

– Elle a des problèmes ?

– Je ne peux pas vous en dire plus.

La nouvelle pouvait attendre demain. Laura devinait le schéma. L'homme se réveillerait et prendrait connaissance de la mort de Flavie par les journaux ou au détour d'une conversation. Enfin, il comprendrait la raison de leur venue et combien il était illusoire de parler encore d'elle au présent.

Le serveur posa les deux verres au liquide ambré sur le comptoir et fut remercié par des mouvements de tête.

Milan fit virevolter son whisky d'un geste sec et circulaire.

– Elle vient seule ou accompagnée ? le questionna-t-il.

– La plupart du temps, seule. Quand c'est le cas, elle ne le reste guère longtemps. Très vite, les hommes s'invitent à sa table.

– Et quand elle est accompagnée ?

– Ça fait un an que je travaille ici. J'ai dû la voir deux ou trois fois avec une copine.

– Le prénom de la copine ?

– Christina.

Un prénom lourd de conséquences.

Hasard ou coïncidence ?

Pas de place pour l'à-peu-près, il fallait du concret.

– À quoi ressemblait cette Christina ? enchaîna la capitaine.

– Petite, brune, cheveux courts. Assez jolie...

Pas la peine d'aller plus loin. C'était bien elle. La même personne qui vivait avec Sébastien, celle-là même qui fut retrouvée pendue, deux jours plus tôt, du côté de Lille.

Il fallait gratter, continuer dans cette voie.

– Vous avez échangé quelques mots avec Christina ?

– On a comme consigne d'être assez discret avec notre clientèle. Nos rares échanges se sont limités à des formules de politesse.

Une impasse. Haut de gamme rimait avec discrétion.

– Et avec Flavie ? poursuivit Laura.

– Flavie...

Un court silence, comme pour marquer une différence.

– Quelquefois, elle termine les fins de soirée complètement soûle. Il m'est arrivé à plusieurs reprises d'appeler un taxi pour la ramener chez elle.

– Vos sujets de conversation ?

Léger haussement des épaules.

– Des banalités... La pluie, le beau temps, ses projets...

– Quel genre de projet ? fit Milan.

– Je ne sais pas trop. Elle en a assez de faire l'hôtesse.

Raphaël s'arrêta net, la mine embarrassée. Un aveu. Lui aussi avait profité des charmes de la victime. Le lieutenant balaya l'air de sa main pour lui indiquer que sa vie privée ne les intéressait pas.

– Vous avez une idée de ce qui l'aurait poussée à un tel choix ?

– L'amour... Depuis six mois, elle vit une idylle secrète, annonça-t-il dans un sourire moqueur.

F *comme Frédéric*, songea Laura.

– Vous ne croyez pas à cette histoire de petit copain ?

– Pas vraiment... Vous savez, Flavie, c'est le genre de femme plutôt libre. Je ne l'imagine pas tomber amoureuse d'un type et mener une vie tranquille. Flavie, c'est grand hôtel, ambiance tamisée, porte-jarretelles et caviar. Vous voyez ?

– On commence à saisir, lâcha la capitaine.

Pour Raphaël, il était impensable que Flavie entretienne une relation. Pourtant, ils n'avaient pas rêvé. Ce *F* inscrit sur sa nuque avait été fait pour Frédéric. Le Japonais à l'origine du tatouage avait été catégorique à ce sujet.

Si cet homme n'était pas son petit ami, qui pouvait-il être ?

À n'en pas douter, une personne importante aux yeux de l'hôtesse pour qu'elle ait accepté de marquer sa peau.

Raphaël resservit deux verres aux partenaires.

– C'est ma tournée !

Laura le remercia d'un clin d'œil.

Le lieutenant tira de sa veste une photo de son ami Sébastien et la porta à la hauteur du regard du serveur.

– Vous connaissez cet homme ?

Il prit le temps nécessaire pour détailler le portrait.

– Jamais vu...

– Certain ?

– Cent pour cent !

Les questions tombèrent les unes après les autres sans leur fournir de véritable avancée. De toute évidence, Flavie gardait une part de sa vie verrouillée dans le plus grand secret. À cet instant, leur seul bond en avant était un lien. Flavie et Christina se connaissaient. Une nouvelle piste à exploiter. Pour le reste, cette enquête demeurait laborieuse tant ils avaient du mal à rassembler les morceaux du puzzle capable d'expliquer tout ce sang versé.

– OK ! Ce sera tout, conclut Milan.

Le ton employé sonna la fin de l'entretien.

L'homme vaqua à ses occupations.

Laura glissa de nouveau son regard sur le groupe de copines. Celles-ci venaient de se lever et s'apprêtaient à quitter les lieux. Elle agrippa le bras de son partenaire.

– Range ta photo et commande une bouteille !

Sans même attendre de réponse, elle rejoignit le divan laissé libre.

Au bout de quelques instants, Milan revint en tenant dans ses mains le désir de la capitaine.

Pour quelques heures, Laura voulait se libérer de ses démons. Oublier les meurtres, la folie humaine, ces femmes, le fiasco de sa vie personnelle. Elle aussi en avait le droit. Ce soir-là, elle voulait juste en profiter, se rassurer sur le fait que derrière la flic et la mère de famille existait encore une femme séduisante, capable de se donner.

✧ ✧
✧

Minuit filait déjà entre leurs doigts.

La musique était tombée d'un cran, poussant les derniers clients à rejoindre la sortie. Derrière son comptoir, Raphaël remettait de l'ordre dans ses bouteilles, préparant la fermeture de l'établissement.

Une soirée bien arrosée. Le whisky embrumait leurs esprits. Leurs têtes tournaient dans une semi-conscience libératrice. Autour de la table, il n'était plus question d'enquête, de vidéo macabre et d'assassinats. Simplement d'eux. De ce qui restait une fois l'arme rangée au fond du tiroir.

– En fin de compte, nous portons tous des masques...

Le lieutenant rejoignait cette pensée.

– C'est con... Dans le boulot, j'ai besoin de tout contrôler. De sentir que je maîtrise la situation, sans ça je perds vite pied... Alors qu'en privé...

– On n'en mène pas large, compléta Milan.

– Oui, c'est tout à fait ça...

Laura ne put s'empêcher de lui sourire.

– Et toi, raconte...

Verre à la main, l'homme sourcilla. Il n'était pas coutumier de l'exercice.

– Je n'ai pas grand-chose de très intéressant à partager.

– Non, non, non... Lieutenant Dacourt, vous n'allez pas vous en sortir comme ça, s'amusa-t-elle.

Elle se saisit de la bouteille et la leva pour accentuer ses paroles.

– Depuis ce soir, t'en sais pas mal sur moi.

Les caresses de l'alcool avaient désinhibé la capitaine, la poussant à vider son sac. L'absence de son fils Damien, son divorce, sa jeunesse, les rapports avec son père. Elle s'était ouverte comme jamais, sans contrôler ses mots, sans appréhension du jugement. Main sur la joue, elle porta un regard malicieux sur le lieutenant.

– Tu me fais penser à James Dean. L'acteur américain, tu connais ?

Milan voyait très bien. L'éternel rebelle, idole de toute une génération, mort tragiquement à l'âge de vingt-trois ans. Il hocha la tête, même si la comparaison lui parut aléatoire.

– Vraiment ?

Elle tendit son index en direction du lieutenant et dessina des cercles imaginaires dans l'air.

– T'es comme lui, tu portes une sorte de... nostalgie. Dans chacun de tes gestes... tes regards... Je suis sûre que ça t'a aidé à ramener deux ou trois filles dans ton lit, pas vrai ?

Petit sourire du coin des lèvres. Laura voyait clair dans son jeu. Depuis sa séparation avec Karine, Milan sortait souvent tard la nuit, à la recherche d'une présence pour quelques heures.

– Tu sais quelle était sa philosophie de vie ? demanda Laura.

– À qui ?

– James Dean. Il disait qu'il fallait « vivre vite, mourir jeune et faire un beau cadavre ».

– Je suis d'accord avec le début de la phrase... Pour le reste, je ne suis pas vraiment pressé...

Un silence enserra ses paroles.

Les yeux de Laura glissèrent délicatement sur la bouche de l'homme, parcoururent son visage marqué d'éraflures, stigmates de l'agression survenue au domicile de Marie Charton. Le pansement sur son nez et son arcade sourcilière droite lui renvoya l'image d'un boxeur.

Puis, elle plongea dans ses billes noisette et sentit une émotion brutale et délicieuse l'enrober.

– Comment s'appelait-elle ?

– Karine, répondit-il, la gorge nouée.

– Tu l'aimes toujours ?

– Plus maintenant.

Deux mots frappés du sceau de l'honnêteté. Dans la voix du lieutenant, ni regret ni amertume. Juste le constat d'une réalité.

Laura s'avança dans son fauteuil. Les deux coudes plantés dans ses genoux, elle posa ses mains à plat contre ses joues.

– Laisse-moi deviner. Tu travaillais trop et rentrais tardivement. Elle te voyait en coup de vent. Elle ne supportait plus ton métier.

Le lieutenant laissa planer le doute.

– Non, je sais ! lança-t-elle en claquant des doigts. Elle était jalouse !

– Elle voulait un enfant.

La réponse la figea.

Le silence, encore. Les prémices d'un aveu.

– Je ne savais pas comment le lui signifier. Pendant deux ans, j'ai fait semblant, me persuadant que j'en étais capable... que moi aussi, j'étais capable de donner la vie...

– Elle t'aimait, murmura-t-elle.

– Lorsque mes parents sont morts d'un accident de voiture, j'ai su que la vie était trop courte. Je ne pouvais pas lui laisser l'espoir qu'un jour je deviendrais père à mon tour...

– Tu n'as pas essayé de la retenir ?

Il haussa les épaules, vérité accrochée dans la voix.

– Je n'étais pas l'homme capable de la rendre heureuse. Alors, pourquoi continuer ?

La réponse, Laura la connaissait. Elle avait emprunté le même chemin six mois plus tôt. Celui qui l'avait conduite à demander le divorce à Stéphane. Passé les étincelles des premiers instants, la magie des promesses d'avenir, le quotidien et la lassitude avaient effrité leur couple jusqu'à les séparer. Chacun n'était plus capable de combler les désirs de l'autre. La capitaine s'en voulait de ne pas avoir ouvert les yeux, de ne pas avoir compris l'inexorable. Ça lui aurait évité de le retrouver dans les bras de sa secrétaire.

Elle fixa son partenaire avec intensité.

– Parle-moi de toi.

– Qu'est-ce que tu veux savoir ? répondit le lieutenant.

– L'essentiel.

Milan but une gorgée de whisky et laissa son regard partir dans le vague.

Alors, il se livra sur sa vie, sur sa jeunesse passée à Dijon, ses premiers émois. Son appétit dévorant pour la lecture, sa passion pour l'ésotérisme et sa faculté de croire à un au-delà.

Il dressa les contours d'une famille modeste, mais soudée autour de l'amour et de la bienveillance. Le sourire de sa mère, sa douceur, son intelligence. Le courage de son père, sa sensibilité, sa détermination à ce que personne ne manque de rien. Assureur, il était constamment en voyage. Malgré ces absences à répétition, Milan ne ressentit jamais de vide. Comment en irait-il autrement quand on grandit dans l'amour et l'affection la plus totale ?

Il confia l'origine de son prénom. Ses parents, Émilie et Patrick, vouaient une passion sans limites à l'Italie, à son patrimoine, à sa culture. Dès que leurs finances le leur permettaient, ils y passaient leurs vacances. C'est dans la capitale lombarde que le lieutenant avait été conçu. Alors, Milan, comme un symbole.

Il raconta son quotidien. Ses petits plaisirs, modestes. La lecture et la musique. Ses dimanches à fouiner dans les brocantes, à la recherche de vinyles.

Il frissonna en évoquant son expérience de flic et la difficulté d'appréhender les travers de sa profession.

Larmes. Cris. Ténèbres. Encore et toujours.

Il passa sous silence ses nombreuses conquêtes.

Il s'ouvrit sur la mort de ses parents. Un soir, une chaussée glissante, l'accident de voiture. Les corps retrouvés le lendemain par un groupe de chasseurs.

Il s'interrogea sur son incapacité à pleurer leur perte.

Puis, il s'arrêta en reconnaissant la façade de leur hôtel. Ses mots les avaient portés au-delà des murs du Bunker et guidés sur le chemin du retour.

Du ciel de novembre tombaient des flocons de neige. Le temps ne souffrait d'aucune hésitation, au contraire de ces deux-là.

Au pied du bâtiment, un nouveau silence s'installa, que personne ne rompit. Depuis plusieurs jours, ils se mesuraient, se jaugeaient avec prudence.

Un fil invisible les reliait. Entre élégance et perdition.

Un lien, une attirance capable de faire chavirer les sens.

Il sentit la fougue naître en lui. Elle aussi.

Elle comprit l'envie qui imprégnait son être. Lui aussi.

Pas de jugement ni de compassion. Laura et Milan. Deux êtres cabossés par la vie. Deux âmes échouées par des vagues trop fortes.

Elle fut la première à faire un pas en avant. Il lui répondit en l'attrapant par la taille.

Leurs lèvres se posèrent, se goûtèrent.

Et s'embrasèrent.

✧ ✧
✧

L'instant glissa dans l'impatience et l'envie.

Corps à corps, excitation, sueur et abandon.

Ils faisaient route vers l'oubli.

Laura bascula sur le dos et éprouva les caresses arpentant ses cuisses pour se présenter aux portes de son intimité. Elle se cambra et frissonna à la promesse à venir. Un doigt se perdit. D'abord en surface, puis en profondeur. Ses fluides lui tracèrent le chemin, l'encourageant à prendre possession de son être.

Elle chercha le sexe dur et l'invita au combat.

Les premiers assauts galopèrent.

Laura posa ses mains sur les fesses de l'homme et appuya dessus, sans détour. Elle voulait le cloîtrer au plus profond d'elle. Son enveloppe lui appartenait, dévouée à ces folies.

Les déferlements, de plus en plus rythmés, se multiplièrent. Des furies saccadées, des charges triomphales incendièrent douloureusement son corps, brûlant son jardin secret. Souffle court. Tête tournoyante. Sens à leur apogée. Elle vibra dans de longs gémissements et se sentit glisser dans un précipice.

Griffures sur le dos, mains sur les joues. Barbe et éraflures nappées de sueur. Elle s'accrochait à l'homme, se soudait à sa chair. Leurs langues se tordirent, sonnant une trêve.

Puis, il la retourna sur le ventre.

Il captura ses seins et s'emboîta dans ses fesses tendues.

Servitude des corps. Abandon total. Tout n'était que perdition.

Les mouvements s'accélérèrent progressivement, les râles s'amplifièrent dangereusement.

Les derniers coups, les dernières pressions.

Des vagues divines poussées par la vigueur, l'un dans l'autre, emportés par les ultimes saveurs.

La lave se déversa au point culminant de leur jouissance, paroxysme de cette fusion.

Dans cet accord absolu se confondirent leurs cris.

39

SA NUIT FUT COURTE, une fois encore.

Il parvint à dormir deux petites heures avant de se réveiller, transpirant, les images de ces femmes imprimées sur ses rétines. Il le sentait. Cette histoire avait ouvert un puits sans fond d'où remontaient des peurs féroces qu'il ne savait maîtriser. Ce lourd fardeau ne l'avait jamais quitté durant toutes ces années. La culpabilité avait rongé son intérieur, parcellé chaque surface de son corps jusqu'à étouffer les dernières lueurs résistantes de son être. Quelquefois, elle se terrait entre deux ondes de bien-être avant de ressurgir au détour d'une phrase, d'un mot ou même d'un visage. Une seconde peau invisible. Un habillage de remords. Depuis vingt-quatre ans, le fantôme de sa propre personne se reflétait dans son miroir. Un spectre qui en apparence tâchait de faire bonne figure, alors qu'une fois le rideau tiré, tout sombrait dans l'angoisse.

Une aspirine. Voilà ce dont il avait besoin. Son maigre repos n'avait pas suffi à fléchir son mal de crâne. Depuis le début de cette foutue journée, celui-ci cognait avec une rare violence.

Enfoncé dans sa chaise, Adami regarda d'un air grave le cachet se dissoudre dans le liquide. Le dessin du SDF avait permis d'identifier la camionnette conduite par Dascarino au moment d'enlever Flavie. Une Toyota, blanche. Un modèle des plus banals. Le véhicule de *monsieur Tout-le-Monde.*

Le SIV – Système d'immatriculation des véhicules – ne donnait rien. Aucun certificat d'immatriculation n'était répertorié au nom de Georgio Dascarino. Le commissaire s'en doutait. Son devoir consistait également en ça ; vérifier, même les évidences. Pour le moment, l'avis de recherche et le tour des garages de la capitale n'apportaient aucune aide précieuse.

Un peu plus tôt, Danielle Thomasson, la directrice de la prison de Saint-Gilles, lui avait fait livrer la correspondance du Borgne. À sa libération, il y a un an, le monstre n'avait pas jugé bon de les récupérer. Au pied du bureau d'Adami s'amoncelaient une dizaine de boîtes, pleines à ras bord.

Le travail s'annonçait fastidieux. Il fallait lire chacun des éléments de ce courrier, les analyser, faire des recoupements, en tirer des suppositions, pour peut-être ne rien trouver de très probant.

Une communauté de tueurs. Des visages identiques. Ils reproduisent les crimes du Borgne.

Si derrière le meurtre de Flavie flottait l'empreinte de Dascarino, qui était responsable de celui de Marie ?

Son portable vibra une nouvelle fois à l'intérieur de sa poche. Un rappel. Six messages en attente. Tous émis par la capitaine Esposito. Il savait que ses départs à répétition ne devaient guère lui plaire. Il les effaça sans prendre la peine de les écouter et vida d'un trait sa bouteille.

Au moment de la jeter dans la corbeille, il la remarqua.

Une enveloppe traînant sur le sol. Une écriture appliquée : « Photos – Scène de crime Flavie ». Les clichés pris par l'inspecteur Declerc. Ça lui était complètement sorti de la tête. D'un geste, il déchira le papier et étala les résultats sur son bureau.

Vingt photographies. Un rapide coup d'œil sur l'ensemble.

La foule. La victime. Le parking.

Adami sortit de son tiroir une loupe et les examina avec attention. Les premières ne donnèrent rien. Une seule raison, la pluie. Les curieux amassés portaient pour la plupart un parapluie ou une capuche. Impossible d'identifier avec certitude le moindre visage.

Les cinq suivantes se concentraient sur les lieux, leur configuration. Là non plus, rien de significatif.

Il fallait le reconnaître, l'inspecteur Richard Declerc s'appliquait à son travail. Le corps de Flavie se trouvait dans un passage donnant directement sur un parking. L'inspecteur l'avait mitraillé.

Les derniers clichés.

Carrosseries multicolores. Des voitures, par dizaines.

Adami les passa en revue sous un œil précis, clinique. Au fur et à mesure, il réalisait combien le tueur avait paniqué. Déposer ce corps à un tel endroit s'apparentait à du suicide.

Deux âmes funestes à l'esprit inégal s'étaient réunies. Nul doute que la première tirait les ficelles de ce jeu macabre.

Le dernier tirage. Là, l'esprit du commissaire s'emballa.

Elle était garée à une dizaine de mètres de la victime. Il reconnut le logo de la marque. Cette lettre stylisée. Cette camionnette blanche. Sa lentille grossissante lui permit de relever le numéro de la plaque d'immatriculation.

– L'enfoiré..., murmura-t-il.

Son mal de crâne venait de disparaître.

40

Mercredi 24 novembre 2010

LA VIBRATION la tira de son sommeil. Laura ouvrit les yeux dans l'obscurité. Elle capta sur sa droite les fines lamelles bleutées de l'écran numérique de son portable.

Elle décrocha, la voix fatiguée :

– Allô...

– Adami à l'appareil !

– Quelle heure est-il ? grommela-t-elle.

– Pas loin de quatre heures du matin. Où êtes-vous ?

Un temps. Besoin de se remémorer le début de la nuit.

Le whisky. Cette envie d'insouciance. L'envie tout court.

– Laura ?

– À l'hôtel, souffla-t-elle.

– Je suis là dans dix minutes !

La capitaine resta quelques instants sans réagir, une partie d'elle encore nouée au sommeil.

Puis, elle réalisa. Le choc.

Elle était nue. Sa langue, desséchée. L'alcool.

À l'autre bout du lit, elle sentit une masse bouger.

Non, ce n'est pas possible...

Des images se tortillèrent dans sa mémoire.

La chambre. La chaleur des corps. L'abandon.

Elle récupéra ses vêtements et se glissa dans la salle de bains. Son reflet dans la glace lui avoua qu'elle avait une sale gueule. À peine deux heures de sommeil, difficile d'espérer mieux. Elle ouvrit les robinets et s'aspergea le visage. Il fallait qu'elle recouvre ses esprits. Elle enfila sa culotte et son soutien-gorge noir, puis se rhabilla en vitesse.

Son instinct de flic reprenait le dessus.

Et pour Milan ?

La question.

Depuis qu'elle avait claqué la porte de la maison et entrepris une procédure de divorce six mois plus tôt, Laura ne s'était encore jamais retrouvée dans une telle situation.

Que faire dans ces conditions ?

Les cartes en main, elle aurait poussé l'étalon d'un soir à rejoindre la sortie sans aucune once de culpabilité. Mais là, il ne s'agissait pas d'un homme de passage, pas même d'un lot de consolation. On parlait de Milan, d'un collègue, d'un partenaire avec qui elle serait amenée à partager les prochaines heures, les prochains jours. Une configuration délicate dans laquelle oscillaient son corps et son esprit, entre raison et perdition. Deux mots à la saveur renversante selon le sens qu'on leur donnait.

Elle le sentait. Une partie d'elle n'arrivait pas à s'en vouloir d'avoir cédé à l'envie. Cette nuit, Milan l'avait heurtée, inondée de plaisir jusqu'à vriller son âme dans une plénitude salvatrice. L'autre, encore sur la défensive, regrettait la précipitation futile des dernières heures, se désolait d'avoir vu ses chaînes se briser avec autant de facilité.

La réalité prit le pouls de l'instant. Il était trop tard pour changer quoi que ce soit. La seule attitude à adopter était de faire comme si rien ne s'était passé. Voilà les directives.

Pas très mature comme réaction ? Pas le temps de philosopher, ma grande.

Sans autre forme de délicatesse, elle alluma la chambre. L'éclat des halogènes agressa le lieutenant.

Elle rassembla les affaires de son partenaire et les balança sur le lit :

– Adami est en route. Il nous attend en bas dans dix minutes !

La porte claqua dans son sillage, laissant Milan sans réaction.

41

PIED AU PLANCHER, Adami fonçait dans les rues à peine réveillées, en expliquant les circonstances qui lui avaient permis d'établir l'identité de Georgio Dascarino. Toutefois, il passa sous silence sa visite à la prison de Saint-Gilles. Cette idée de communauté de tueurs lui paraissait assez folle sans rajouter que ces crimes tiraient leur source de ceux perpétrés vingt-quatre ans plus tôt par le Borgne. Cette histoire appartenait à son passé. Il n'était pas encore prêt à la partager ou ne le voulait simplement pas. Entre les deux se matérialisait une fine nuance.

Au fond du siège passager avant, Laura tempérait son envie de balancer au commissaire ses quatre vérités. Ce n'était ni le lieu ni le moment.

Virage à gauche. La voiture glissa dans la rue d'Anderlecht. Main sur la boîte de vitesses, jouant avec les rapports, le commissaire fit bondir la Volvo.

– Il y a quelques semaines, la société CIT Oscar, spécialisée dans la rénovation et la construction de bâtiments, a racheté une vieille usine située non loin de la gare du Midi, rue de Birmingham, expliqua-t-il.

– Et donc ?

– Les intempéries ont causé pas mal de retard dans les travaux. Pour éviter que des squats s'établissent, ils ont fait appel à une société de gardiennage, B. Security. Tous leurs véhicules sont des camionnettes blanches de marque Toyota, continua Adami dans une nouvelle accélération.

– Le véhicule identifié à la gare, comprit la capitaine.

– Et sur les clichés pris par Richard. Cet enfoiré devait se trouver dans la foule au moment de la levée de corps.

Laura revit mentalement la scène. Sous la pluie battante, l'homme était là, à les observer, anonyme parmi les anonymes, sourire de délectation aux lèvres. Sans doute avait-elle croisé son visage sans deviner un seul instant la bête immonde nichée en lui.

Morbide au possible, cette image glaçante souffrait d'une incohérence.

– Vous êtes certain que c'est notre homme ? demanda-t-elle. L'autopsie et la découverte du corps nous laissent penser qu'il n'était pas vraiment sûr de lui... J'ai du mal à l'imaginer revenir sur les lieux où il s'est débarrassé du corps de Flavie...

– Assassiner..., intervint Milan.

La capitaine tourna la tête, attentive à la suite.

– Assassiner cette femme lui était difficile. Malgré tout, notre homme s'est forcé à aller jusqu'au bout pour savourer les retombées de son acte.

– Pour quelle raison ? demanda Adami.

– Pour qu'on parle de lui.

Troublé par cette dernière phrase, le sexagénaire posa les yeux dans le rétroviseur central pour capter le regard de Milan, installé à l'arrière.

Le courriel envoyé à Benjamin et Jérôme, les deux « urbexeurs », leur avait permis de découvrir le corps de Marie Charton. Derrière ce geste transpirait une volonté : l'assassin avait guidé les deux amis sur les lieux de son crime.

Le schéma se répétait pour Flavie. Même paniqué durant l'acte de mort, l'homme était resté fixé à son objectif. En abandonnant le corps à la vue de tous, il savait que son ambition serait satisfaite.

Ces deux tueurs, par-delà leur sauvagerie, se confondaient dans le désir qu'on découvre leurs *œuvres*. Qu'on s'intéresse à eux.

Le commissaire ralentit, gara sa voiture au numéro 38 de la rue de Birmingham et coupa le moteur. Il profita du mutisme ambiant pour terminer son exposé :

– Il y a quelques semaines, la société de gardiennage a employé un certain Georgio Dascarino. Le patron me l'a confirmé cette nuit par téléphone.

– Dascarino... Ce serait donc lui, dit Laura.

– Ça y ressemble. Cet après-midi, j'ai également contacté la société RailRest, qui gère les services à bord du Thalys. Dascarino figurait dans leurs fichiers. Il a été pris à l'essai quelques mois, en début d'année, en qualité de steward. Du jour au lendemain, il n'a plus jamais donné signe de vie, si bien qu'ils n'ont jamais pu récupérer leurs affaires.

Un détail. Une étincelle.

– Il aurait donc profité de son expérience pour monter à bord du Thalys et enlever Flavie.

– C'est ce que je pense. D'abord le Thalys et maintenant la société de gardiennage. Le même nom, coup sur coup...

– Vous avez vérifié à son domicile ? demanda Milan.

– J'ai envoyé mes hommes s'assurer qu'il n'était pas chez lui. Il habite dans un petit pavillon à la périphérie de la ville. Ça fait bientôt une semaine que ses voisins ne l'ont pas revu. Tous font état d'un homme taciturne, complexé... Le genre mal dans sa peau...

Milan mesura les paroles du commissaire. L'enquête prenait une autre tournure. En plus d'une identité, un soupçon de raison découlait des dernières découvertes. La défaillance de l'homme et son mal-être pouvaient-ils être l'élément déclencheur de son acte ? Derrière ce terme, *mal dans sa peau*, se cachaient mille et une causes capables de ronger les consciences.

De nos jours, notre société pousse toujours plus vers le matérialisme et l'individualisme. Un *fléau* qui empêche certains de s'épanouir pleinement, de se sentir exister aux yeux des autres. L'absence d'estime de soi, le sentiment de ne pas être reconnu à sa juste valeur conduisent à la rancœur. Une pente glissante vers des dérives obscures.

La singularité du parcours de Sébastien pouvait-elle expliquer sa présence lors du massacre de Marie Charton ?

Lui qui voulait devenir un grand réalisateur, qui rêvait de strass et de paillettes, se retrouvait à habiter Lille, contraint à filmer des mariages. Toutes les personnes l'ayant rencontré ces derniers mois le qualifiaient d'homme triste, mal dans ses baskets. *Comme si quelque chose s'était éteint en lui*, avait lâché un de ses clients.

Le commissaire tendit un doigt en direction de leur destination.

– C'est au 25, indiqua-t-il.

Le lieutenant sortit de ses réflexions et porta un regard sur la rue déserte. Tout autour de la Volvo se dressaient des façades d'usines parées de neige. Des masses lugubres aux architectures d'un autre temps. La bulle économique avait explosé, redistribuant les cartes. Puis les hommes s'étaient détournés de ce lieu, autrefois zone d'effervescence, le conduisant à sa propre désolation. Seuls quelques entrepreneurs s'y aventuraient encore afin de reconvertir ces bâtiments en résidences haut de gamme. Toute leur bonne volonts s'était vue freinée par la conjoncture économique de 2008.

Alors, en attendant des jours meilleurs, on avait laissé quelques réverbères pour insuffler un soupçon de vie et repousser les ténèbres toujours plus étouffantes.

– Difficile de trouver un endroit plus tranquille, constata Laura.

Adami récupéra dans sa boîte à gants trois lampes torches et les distribua.

– Je vous l'accorde, capitaine. Ici, vous pouvez hurler à pleins poumons, personne ne vous entendra.

42

L'USINE ÉTAIT CONSTITUÉE d'un sinistre bloc dévoré par le temps et encerclé d'une cour. Les parties est et ouest accueillaient des ateliers, alors que la centrale se composait de bureaux. Pour rejoindre la porte d'entrée principale, les trois partenaires devaient traverser la cour, fractionnée par des épaves : ferraille, emballages divers, carcasses de voitures.

Adami jugea le risque trop grand. Les hautes fenêtres en série donnaient sur cette zone. Si Georgio se trouvait derrière l'une d'entre elles, ils deviendraient des proies faciles. Des lapins sous le feu des balles.

Pour le moment, ils bénéficiaient d'un coup d'avance sur leur adversaire. La surprise. Le commissaire tenait à profiter de cet avantage jusqu'au bout. D'un signe de la main, il indiqua aux deux Français la marche à suivre. Les trois ombres glissèrent le long du mur gauche. Leur progression était lente et délicate tant le sol était jonché de débris de verre et de détritus en tout genre. Le moindre faux pas pouvait leur être fatal en ces lieux cernés par le silence. Le plus petit bruit résonnerait, se répercuterait contre les façades et donnerait l'alerte à Georgio.

Accroupis, ils s'arrêtèrent sous une fenêtre aux carreaux brisés.

– Par là, chuchota le commissaire.

Laura fut la première à enjamber l'ouverture, suivie par les deux hommes.

Lumière. Les trois faisceaux effleurèrent cet espace aveugle. Une masse large, au plafond mansardé. Quelque part, des bruits d'écoulements. À leurs pieds, des bidons et jerricanes. Sur les murs, des tags de révolte.

Dans sa tête : les cris, les coups, le calvaire.

En prenant connaissance des lieux, Milan les souda au supplice de Marie Charton. Avant d'apprendre que son massacre s'était déroulé dans un asile abandonné, il avait imaginé une zone haute de plafond, à l'instar de cette usine.

Une brise glaciale circulait par les fenêtres, mordillant leurs âmes.

Alors seulement, Adami comprit que son attitude tenait de la folie. Sans même avoir prévenu ses hommes, il avait foncé tête baissée dans l'espoir d'interpeller Dascarino. Sans doute, sa volonté d'en finir avec cette enquête lui avait ôté tout sens de la réflexion, l'empêchant d'imaginer le pire. À présent, il se jugeait irresponsable et priait secrètement que la situation ne dégénère pas.

Franchissant cet espace, ils s'arrêtèrent devant une porte. Elle rejoignait la partie centrale de l'établissement. Le commissaire la poussa avec la plus grande précaution.

Légers grincements. Frissons intenses. Le bruit se répercuta dans la bâtisse dans une cohue d'échos.

La crainte, chevillée à son corps, poussa Adami à fixer les deux Français, alors que ses sens en alerte se portèrent bien au-delà du périmètre, à l'affût du moindre mouvement.

Le rez-de-chaussée de l'usine se composait d'un long couloir courant sur toute la longueur du bâtiment, ouvrant sur de multiples pièces. Arme au poing, les trois partenaires avançaient prudemment, le dos collé aux murs rugueux.

La tension monta d'un cran. Ils ne connaissaient pas la configuration des lieux. Georgio, oui. Ils visitaient chaque zone avec appréhension, se forçant à la plus grande vigilance. Tous redoutaient que leur cible se trouve tapie dans un recoin, prête à bondir.

Détritus, papiers et vieilles étagères rythmèrent leur progression.

Un escalier en ciment. Direction le deuxième étage : toujours plus haut dans les ténèbres.

Les pièces se succédèrent sous l'éclat de leurs lampes. Les murs n'en finissaient plus, les recoins se multipliaient. Il leur fallait répéter les mêmes gestes, sonder chaque parcelle, maintenus par une concentration maximale.

S'élancer. Armer. Fouiller.

Laura sentit la sueur perler sur son front, ses mains trembler. La transpiration brûlait ses yeux. Elle s'arrêta quelques instants et tâta la poche de son blouson en cuir, en quête d'un mouchoir. Dans son champ de vision, les deux hommes concentrés sur leur objectif commençaient à la distancer.

Elle se tamponna le visage en rageant contre la futilité des dernières heures. L'alcool ingurgité à haute dose ressortait par tous les pores de sa peau.

Une latte grinça sur le parquet. Un bruit discret, presque timide. La capitaine roula les yeux sur sa gauche, s'efforçant de rester calme. Son erreur lui sauta en pleine face. Elle s'était arrêtée devant un trou béant donnant dans une pièce.

Elle bloqua sa respiration et se tourna face au gouffre.

Dernier coup d'œil sur sa droite pour en être certaine. Adami et Milan se trouvaient bien trop loin pour qu'elle puisse les appeler sans lever la voix. Un risque qu'elle refusa de prendre. En cas d'erreur, toute l'opération serait vouée à l'échec.

Après tout, son imagination pouvait lui jouer des tours.

Des deux mains, elle pointa son canon et sa lampe.

Un pas en avant.

Nouveau grincement. Plus fort. Plus proche.

– Police ! Ne bougez pas ! ordonna-t-elle d'une voix étranglée.

Le pinceau lumineux virevolta à travers la pièce en quête d'une silhouette. À chaque déplacement, une terreur pure électrisait la capitaine. Frissons dans le dos, perles de sueur, palpitant au bord de l'implosion. Laura respira profondément pour chasser l'angoisse de son enveloppe.

Du calme, Laura... Du calme...

Le crayon de lumière sonda la désolation des lieux abandonnés. Pas l'ombre d'une menace. Toujours sur ses gardes, elle recula, décidée à s'extirper au plus vite de ce cauchemar. Pas à pas, canon et lampe aux aguets, doigt sur la détente, regard glissant pour parer à toute mauvaise surprise.

Quand elle retrouva le sol carrelé du couloir, elle ferma les yeux un instant, soulagée.

Quand elle les rouvrit, elle sentit deux lourdes mains agripper ses épaules.

Elle décolla du sol.

43

UNE DÉTONATION ÉCLATA, suivie d'un bruit de verre brisé. Comme un pantin désarticulé, son corps ricocha contre l'angle d'une fenêtre, puis retomba lourdement sur la sol.

Second réflexe. Bras en avant, la capitaine se protégea de la violence de l'impact. Dans son champ de vision, elle vit une masse sombre prendre la fuite.

La réponse à son premier réflexe ne tarda pas à arriver. En appuyant sur la détente de son SIG Sauer, elle avait alerté ses deux partenaires, qui couraient à son secours.

– Laura ! Ça va ? s'inquiéta Adami en la relevant.

– Il faut le rattraper !

Sans penser aux conséquences, Milan dégaina son arme et s'élança à la poursuite du fuyard. En quelques foulées, il remonta le couloir et tourna sur sa droite.

Un escalier. Troisième étage.

La puissance du lieutenant lui permit de rattraper son retard et de découvrir une zone étirée en longueur. Du plafond tombaient des bâches en plastique. Elles formaient des cloisons entre lesquelles se faufilèrent les deux hommes. Par endroits, le toit éventré avait laissé les intempéries des derniers jours infiltrer les lieux. Sous ses pieds, Milan sentit quelques flaques d'eau lécher ses talons alors que le vent sifflant faisait craquer l'ossature du bâtiment.

Sa lampe torche accrocha la masse sombre, qui entama une nouvelle accélération.

Le changement de direction réussit à le surprendre.

Sur sa gauche, la silhouette rattrapa une rangée de fenêtres avant de disparaître dans l'obscurité.

Des murs. De nombreux murs.

Cinq bureaux lui faisaient face.

Mains soudées à sa crosse, lampe braquée sur l'invisible, Milan contrôla sa respiration et dicta à son ouïe la plus grande attention. Il colla son corps contre la cloison et sonda d'un œil furtif l'intérieur de la première pièce.

Des papiers et de vieux meubles.

Dans une autre, des étagères renversées.

Dans celle-ci, une forte odeur de moisissure.

Il répéta l'opération en s'efforçant d'aller plus vite. La sueur glissait le long de son échine, tapissait son front, collait à sa peau. Il redoutait que l'homme lui ait filé entre les doigts.

Soudain, la voix d'Édith Piaf grimpa le long des murs, amplifia l'espace et cogna ses tympans, avalant tous les autres sons dans son sillage.

Non ! Rien de rien.
Non, je ne regrette rien.
Ni le bien qu'on m'a fait
Ni le mal, tout ça m'est bien égal !

Son regard se porta sur le bureau le plus à droite. Appréhension dans la gorge, il s'en rapprocha avec prudence.

Dans ce périmètre, un matelas poisseux s'étalait sur le sol à côté duquel se regroupaient des déchets alimentaires : boîtes de conserve, chips, canettes de bière. Ses pas le menèrent à l'angle de la pièce, où un tourne-disque reposait sur une table.

Non ! Rien de rien.
Non, je ne regrette rien.
Ni le bien qu'on...

Il le coupa.

Un bruissement suspect. Dans un réflexe, Milan fit volte-face en braquant son arme devant lui. Il plissa les yeux en portant son crayon de lumière sur le mur du fond, percé d'une fenêtre. Il vit passer le fuyard. Les sons métalliques qui se dégageaient à chaque foulée l'aiguillèrent.

Un échafaudage !

Il rejoignit l'ouverture et une détonation éclata. D'un coup de coude, il brisa les derniers morceaux de verre encore accrochés au cadre, puis posa son pied sur la structure. Son regard glissa dans le vide, où il vit la masse descendre d'une échelle. En contrebas, l'éclairage d'un réverbère lui permit de distinguer une camionnette.

Rapidité et agilité. Le lieutenant dévala les marches, sauta, prit tous les risques pour rattraper son retard.

Quand ses pieds touchèrent la terre ferme, il mit une poignée de secondes à se familiariser avec ses nouveaux repères.

La silhouette se tenait toute proche du véhicule où, derrière, se profilaient des immeubles, la rue. La fuite.

Son doigt appuya sur la détente. Un éclair gronda et les vitres arrière de la camionnette explosèrent. Georgio ralentit sa course en décrochant brusquement. Quelques mètres de gagnés. L'ombre abandonna son idée pour fouler les pavés de la rue.

Milan sentit les premiers étourdissements se diffuser dans son corps. Un point de côté lui arracha les flancs. Serrant les dents, il appuya sur ses cuisses. La colère. Elle portait ses foulées, le forçait à puiser au fond de lui ses ultimes forces. Dans son champ de vision éclatèrent des images. La mort de Sébastien, la pendaison de Christina, ces deux femmes retrouvées assassinées à quelques jours d'intervalle.

Un flash se détacha de cette quantité.

Laura. Son agression.

Une accélération, mue par la rage.

Le lieutenant gagnait du terrain. Dix mètres les séparaient.

Les ruelles se succédèrent avant de rejoindre un boulevard.

À cette heure matinale, il drainait son flot habituel de voitures. Les premiers travailleurs. Georgio prit des risques inconsidérés pour le traverser, n'hésitant pas à zigzaguer entre les véhicules. Coups de klaxon et freinages improvisés répondirent à sa folie.

Arrêté sur le bas-côté, le lieutenant tendit son regard par-delà l'agitation, où se dressait un bloc de verre géométrique.

La gare de l'Ouest.

Les portes automatiques s'ouvrirent sur son passage. Ses talons claquèrent contre le sol. Froissements d'épaules et bousculades. Dans sa ligne de mire, Georgio s'engouffrait dans les entrailles de la terre. Rapide coup d'œil sur le panneau au-dessus des escaliers.

Il va prendre le métro.

Une volée de marches. Des corridors fluorescents. Des visages. Un nouvel effort physique. Milan redoutait que la course-poursuite se transforme en prise d'otages. Dans cette succession de virages, la masse sombre accrochait toujours son regard.

Le lieutenant s'arrêta net à une intersection où deux escaliers desservaient des quais.

Lequel avait emprunté le fuyard ?

Par celui de gauche, le métro le mènerait tout droit au centre-ville de Bruxelles. L'autre, à la périphérie de la ville. Un souffle grogna dans les profondeurs et fit vibrer le bâti souterrain. Le métro entamait son arrêt. Une décision, vite !

À gauche.

Les portes des rames s'ouvrirent dans une synchronisation parfaite. En quelques secondes, une foule envahit le quai. Le regard du lieutenant glissa des fenêtres aux anonymes. Arme au poing, mouvement circulaire sous le nez des badauds. Les voyageurs reculèrent sur son passage, d'autres crièrent ou tombèrent. Chacun tentait de rejoindre au plus vite la sortie.

Un bip résonna. Quelques secondes en suspens, puis les portes se refermèrent. Les vitres fusèrent dans son champ de vision. Cœur battant à tout rompre, tempes bourdonnantes, Milan serra les mâchoires, redoutant que l'homme ait réussi à lui échapper.

En relevant la tête, il capta son regard.

Le quai d'en face.

Sans hésiter, il le mit en joue.

– Bouge pas !

La dangerosité de la situation poussa les derniers voyageurs à déguerpir.

Georgio se tenait à quelques mètres du bord du quai.

– Au premier mouvement, je tire !

L'homme leva les mains au ciel en signe de reddition.

Milan ne maîtrisait pas la situation. Le panneau lumineux annonçait pour le prochain métro une attente inférieure à une minute. Le temps qu'il remonte les escaliers et qu'il franchisse la passerelle, il serait trop tard. Georgio se trouverait à bord du tube d'acier sans plus rien pour empêcher sa fuite définitive.

– Je ne regrette rien ! hurla-t-il.

Sur ces mots, il fit un pas en avant.

Un crissement au loin. Dans le tunnel sombre, deux points lumineux se rapprochaient. Un golem prêt à broyer quiconque oserait croiser sa route.

– Aujourd'hui, l'effroi est rattaché à mon nom ! continua-t-il.

Sa voix était soutenue par un sentiment de toute-puissance.

– Reste où tu es ! ordonna Milan.

Deux pas. Le vide, encore plus proche.

– Arrête, Georgio !

L'homme porta son regard sur sa gauche, où le métro entamait son freinage. Puis, dans un sourire, il jeta ceci :

– Je suis devenu quelqu'un... par-delà la mort.

– Arrête ! hurla Milan.

Dans la seconde, la puissance du métro happa son corps.

44

LES OMBRES s'évanouirent sous l'éclat des projecteurs. Derrière les rubans de sécurité, la police scientifique en combinaison blanche passait en revue chaque recoin des lieux, à l'aide de ses pinceaux et de ses révélateurs.

Assis sur le sol, adossé contre un mur, le lieutenant relatait sa course-poursuite. Malgré la fatigue psychologique et physique cernant ses traits, il tentait de ne rien oublier des derniers événements.

– J'étais incapable de réagir... Il était devant moi, sur l'autre quai... Il s'est suicidé sous mes yeux..., confessa-t-il, la terreur dans la voix.

– Tu as donné ton maximum, le rassura Adami. Ce type avait une case en moins. Il pouvait croupir en prison ou opter pour une solution plus radicale. Il a choisi la deuxième option.

– Il était si déterminé... Si seulement j'avais été plus rapide...

En s'arrêtant sur le boulevard, Milan avait perdu de précieuses secondes. Une erreur qu'il n'arrivait pas à se pardonner.

– Fiston, on ne va pas refaire l'histoire !

Le commissaire tapota d'un geste compatissant l'épaule du lieutenant.

La capitaine Esposito restait muette, traumatisée par sa rencontre avec Georgio Dascarino. Si son corps n'avait pas heurté le cadre de la fenêtre, elle serait probablement morte à l'heure actuelle. Elle avait eu beaucoup de chance. La douleur mordant son épaule droite était là pour le lui rappeler. Et puis, elle ressentait une certaine admiration pour le courage de Milan. Il n'avait pas hésité à se lancer à la poursuite de Georgio, sans même penser à sa vie.

Un crépitement la sortit de ses songes.

Son regard se focalisa sur les cinq bureaux. Dans celui situé le plus à droite, la police scientifique continuait son travail de recherche. Lieu où on avait découvert un matelas et des déchets alimentaires.

– Vous pensez qu'ils vont trouver quelque chose ? demanda-t-elle.

– Si Georgio est bien notre homme, ce qui est pour moi une évidence, oui, on retrouvera des traces de sang, commenta le commissaire.

Il jeta un coup d'œil à sa montre.

– La deuxième équipe doit être arrivée à la gare, je vais la rejoindre.

Le visage de la capitaine se crispa sous le coup d'une colère noire. Elle n'allait pas laisser Adami s'éclipser une nouvelle fois.

– Vous vous foutez de nous !

Le ton employé laissa le sexagénaire sans voix.

– J'en ai plus qu'assez de votre comportement ! Milan et moi-même ne sommes pas vos pions !

– Où voulez-vous en venir ?

– Depuis le jour de notre rencontre, vous vous la jouez solo ! Vous décampez sans un mot de l'institut médico-légal, je passe ma journée à tenter de vous joindre par téléphone sans que vous preniez la peine de me répondre ! Et, cette nuit, vous nous sortez de votre chapeau un présumé coupable ! On attend des explications !

La voix de la capitaine avait résonné dans l'usine.

L'affrontement musclé poussa un groupe de policiers à jeter des regards amusés sur la scène.

– J'avais des choses à régler, éluda-t-il.

– Ça va ! On connaît la musique ! Vous nous avez déjà joué ce morceau ! Vous comptez nous laisser sans explications pendant combien de temps ?

– Vous m'emmerdez, Esposito !

– Moi, je vous emmerde ?

– Je n'ai aucun compte à vous rendre ! reprit-il. On ne vous apprend pas le respect dans vos écoles de police françaises ? Ici, je suis votre supérieur ! Ne l'oubliez pas !

L'animosité souda leurs regards.

– Excusez-moi... Je crois que vous devriez venir, lança une voix gênée dans leur dos.

– On arrive..., répondit Adami tout en maintenant ses icebergs sur la capitaine Esposito.

✧ ✧
✧

Un capharnaüm sans nom.

Dans le coin gauche de la pièce, un matelas rongeait l'espace alors que des détritus couraient sur le sol. Des détails sans importance pour les enquêteurs.

Le technicien les amena devant le mur du fond.

– Je vous préviens, c'est un cauchemar.

Il sortit de sa mallette son Bluestar, un réactif à base de luminol connu notamment des chasseurs pour la détection du sang de gibier. Le technicien éteignit le projecteur, plongeant la pièce dans l'obscurité. À un mètre de distance, il pulvérisa horizontalement puis verticalement son produit sur l'ensemble de la surface. Une lumière bleue fluorescente matérialisa l'immonde.

Des traces de sang. Des arabesques de violence, d'acharnement, de fureur, à travers lesquelles se détachait l'antichambre de l'enfer où avait péri Flavie.

La capitaine sentit son cœur basculer dans le désespoir en repérant les empreintes de mains de la victime qui couraient à intervalles réguliers sur le mur. Flavie avait cherché à se sauver de ce cauchemar, à se soustraire à l'emprise de son bourreau. Blessée, au bord de l'agonie, elle s'était arrêtée là, devant les yeux de la capitaine.

Le projecteur remis en route, le chaos retomba.

– On a prélevé le sang pour des analyses. On en a également retrouvé sur le matelas, souligna le technicien.

Adami glissa son regard sur la couchette de fortune à la propreté douteuse. Il s'accroupit et distingua quelques taches brunâtres incrustées dans les draps.

– Des projections ?

– Ça y ressemble.

– Les autres pièces, ça donne quoi ? poursuivit-il en se relevant.

– On continue notre inspection. J'ai quelque chose qui devrait vous intéresser.

Évitant un suspense superflu, le technicien se dirigea à la hauteur d'un panneau accroché au mur de droite. Il tira les deux volets renfermant un tableau blanc.

La découverte figea l'assemblée.

– Mon Dieu..., murmura Laura.

Flavie. Une vingtaine de clichés la mettait en scène dans son quotidien. Plans d'ensemble, larges ou serrés. On la voyait se promener dans les rues de Bruxelles, se rendre à la maison close TENTATION. Parfois souriante ou encline à la réflexion. Dascarino l'avait suivie de longues semaines, la photographiant à son insu. Une attitude digne d'un prédateur, toujours plus en contradiction avec le profil imaginé quelques heures plus tôt.

À la seconde information, un flot de bile acide remonta de l'estomac du commissaire. Au-dessus des photos était écrit au marqueur : « Flavie Dubreuil/Mélanie Bellanca ».

La capitaine soupira ouvertement d'exaspération.

– C'est QUI, Mélanie Bellanca ? le questionna-t-elle.

Son ton accusateur, couplé à son regard, se porta sur Adami.

L'heure qu'il redoutait venait de sonner. Le teint blafard, les épaules rentrées, il ferma les yeux et puisa au fond de son âme ce qui lui restait de courage. Vingt-quatre ans après les faits, l'empreinte de cette histoire nourrissait encore les fantômes de son être.

– Je... Je dois vous parler, balbutia-t-il.

45

LE CRÉPUSCULE glissait lentement, par le sud-est, marbrant le ciel d'un rouge orangé et écumant une lumière sans ombre, mouvante sur le paysage urbain, dans une uniformité et un équilibre parfaits.

Adossé contre la portière de sa Volvo, Adami fixait le sol nappé par les miroitements des gyrophares des véhicules des forces de l'ordre.

L'incompréhension la plus totale figeait les traits des deux Français. Si Milan restait réfléchi, ce n'était pas le cas de la capitaine. Piquée au vif, elle faisait les cent pas en tirant de longues bouffées sur sa cigarette.

Pendant près de dix minutes, le commissaire raconta les liens existant entre ces crimes et ceux datant de 1986. Une affaire qui s'était conclue par l'arrestation d'Enrik Falcowitz, surnommé le Borgne.

Longtemps remisé aux seconds rôles, à trente-six ans, l'inspecteur Adami intégra le groupe dirigé par Carma, une figure de la police fédérale. À chacune de leurs enquêtes, lui et ses hommes empruntaient un ascenseur plongeant dans les abysses de l'âme humaine. Un cauchemar quotidien, où les termes « monstruosités », « atrocités » et « sévices sexuels » ne suffisaient plus à expliquer les cas exceptionnels jalonnant leur route.

Le 23 juillet, on découvrit aux abords d'un asile le corps d'Adèle Brouck. Le premier acte d'une série de meurtres tous plus horribles.

Toujours avide de sensations fortes, la presse s'empara de l'affaire et fit monter en épingle cette sinistre histoire.

Carma et ses hommes mesuraient la pression. Au sein de l'équipe, la tension était palpable. Chacun redoublait d'efforts pour ne pas baisser les bras. En l'espace de six jours, ils retrouvèrent trois femmes assassinées selon le même mode opératoire.

Éventrées au niveau du bas-ventre.

Pour chaque victime, une enquête minutieuse fut menée avec l'objectif de ne rien laisser passer.

Adèle Brouck.

Mélanie Bellanca.

Constance Diallo.

Trois identités. Trois destins brisés.

Adami prenait conscience de l'ampleur de sa tâche. Homme déterminé, il savait que cette affaire pouvait être l'élément déclencheur de sa réussite. Les nuits se succédaient. La recrue puisait au fond d'elle des ressources insoupçonnées, allant parfois au-delà de la raison. Enquête de voisinage, fouille de la vie privée de ces femmes. Pas de place pour le hasard. Les témoignages n'en finissaient plus. Les lots de désolation s'accumulaient.

Une piste pourtant. Elle venait d'Adèle Brouck. Point de départ de cette spirale infernale. Elle était internée dans un hôpital psychiatrique. Le docteur Mallancourt la suivait. Son diagnostic oscillait entre délire et obsession. Un nom, une maladie : la schizophrénie. Adèle se sentait pourchassée, observée.

Adami remonta les faits, pour comprendre, toucher du doigt les causes d'un tel état. Des efforts couronnés par une impasse.

Puis arriva l'étincelle. Ce petit rien qui donne une autre perspective aux meurtres, qui tend à les *expliquer*.

Ces trois femmes s'étaient rencontrées à l'adolescence. Adèle et Mélanie étaient inscrites à la même école, alors que Constance habitait dans leur quartier.

Chantale Arno, la maîtresse des deux premières victimes, les avait qualifiées de chahuteuses. Passé les cours, les filles aimaient se regrouper et s'adonner à leur occupation favorite : se moquer des élèves. D'un en particulier.

Enrik Falcowitz.

Un petit garçon chétif, sans histoire. Le genre de gamin isolé au milieu de la classe, destiné à une adolescence calme et tranquille. Jusqu'à cet accident...

Enrik jouait avec ses camarades dans la cour de l'école. Un morceau de bois, un élastique. Il n'en fallait pas plus pour fabriquer un lance-pierre. On s'amuse, on se vise. L'innocence et la naïveté sont là pour faire oublier qu'entre les mains se cache une arme.

Un caillou. Un œil crevé. Le gauche. L'accident bête qui marque à jamais une existence au fer rouge.

Du jour au lendemain, le petit garçon invisible aux yeux des autres devint la source de moqueries toujours plus virulentes. On le narguait, le montrait du doigt. Son infirmité était l'objet de toutes les railleries.

En tête de proue de cette vague cynique, on croisait Adèle, Mélanie, Constance et puis Catherine Bauwens. La quatrième. Celle dont Enrik était éperdument amoureux. Jusqu'à ce drame, elle ne l'avait jamais remarqué ni n'avait daigné lui prêter la moindre attention, alors qu'ils se trouvaient dans la même classe.

Quotidiennement, Enrik subissait leurs assauts violents et sans retenue. Le soir, le garçon ne montrait rien du calvaire dont il était la proie.

Jour après jour, insulte après insulte, il se remplissait de haine, d'une soif de mort ponctuée par le désir de s'affirmer. Le petit gamin se réfugiait dans la lecture. Bientôt des sanguinaires peuplèrent son panthéon. Jack l'Éventreur et consorts exercèrent sur lui une véritable fascination.

Si son œil gauche avait perdu la lumière, le droit avait imprimé ces quatre visages. Les trois premiers ne devaient plus jamais exister. Quant au quatrième, il lui appartenait. Catherine ne le réalisait pas encore, mais, un jour, il lui ferait comprendre sa toute-puissance.

La mort, le sang, les crimes. C'est de cette façon qu'il deviendrait quelqu'un... Un accomplissement glorieux l'arrachant à la banalité de son quotidien. En tuant, il marquerait de son empreinte les esprits. Lui, le petit enfant isolé sujet aux moqueries, se transformerait en un monstre de terreur dont la résonance serait portée par les larmes et le chaos.

– Quand on a compris qu'il se cachait derrière ces trois meurtres, on s'est mis à traquer Falcowitz, dit le commissaire dans un filet de voix. L'homme était introuvable. Il travaillait dans un abattoir. On a interrogé ses collègues, pour connaître un peu plus sa psychologie. Tous parlaient d'une personne torturée, qui se mêlait rarement aux autres.

La capitaine alluma sa troisième cigarette, passage obligé pour estomper la furie diffusée dans son être.

– Un type comme Georgio, comprit-elle.

Adami acquiesça d'un mouvement de tête.

– En parallèle, Catherine avait subitement disparu. Son mari était complètement désemparé... On a découvert son corps le 30 juillet. Enrik s'était réfugié dans la maison où il habitait durant son enfance. Jamais je n'oublierai cette nuit. Une pluie torrentielle tombait sur Bruxelles et ses environs, confessa-t-il. Une fois son acte accompli, il... s'est rendu sans opposer la moindre résistance...

Les cartes en main, la capitaine secoua la tête, percevant la folie dans laquelle ils étaient plongés.

– Marie et Flavie sont les portraits crachés des deux premières victimes ?

– À s'y méprendre... Ce sont les mêmes, en plus jeunes. Quand je l'ai compris, je me suis rendu à la prison de Saint-Gilles, où était incarcéré le Borgne. Là-bas, j'ai découvert l'existence de Dascarino. Entre ces deux-là, le courant passait plutôt bien...

– Du genre ?

– Comme un père et son fils...

Cette réponse renvoya à une nouvelle question :

– Vous pensez que derrière les crimes de Flavie et de Marie se cache un hommage au Borgne ? intervint le lieutenant.

Soupir du commissaire.

– J'en suis persuadé... Après avoir retrouvé le pendentif ayant appartenu à Adèle Brouck, j'ai longtemps cru que le Borgne lui-même se trouvait derrière la mort de ces deux femmes. Jusqu'à ce que j'apprenne qu'il souffre de tremblement essentiel.

Les deux Français connaissaient les symptômes de cette maladie touchant les muscles du corps destinés à maintenir une position ou à permettre un mouvement. Les mains, les bras étaient en premier lieu atteints, ôtant au malade la faculté d'avoir des gestes précis.

– Sans compter les rapports de la légiste, qui mettent en évidence deux tueurs, un gaucher et un droitier, souligna Milan.

– Enrik ne parlait pas aux autres prisonniers, ne se mélangeait avec personne. Les seuls moments où il quittait sa cellule, c'était pour les douches ou pour se rendre à la bibliothèque. Pourtant, je suis convaincu que, d'une façon ou d'une autre, il a communiqué avec les personnes qui cherchaient à lui rendre hommage, certainement par courrier interposé.

La capitaine fronça les sourcils tant la marche à suivre lui paraissait évidente. Il fallait rencontrer la source du mal pour lui poser la question.

– Où se trouve Enrik depuis sa libération ?

– Dans une maison de repos, pas loin du village de Mélin. C'est dans la province du Brabant wallon. L'association Horizons nouveaux l'a pris en charge à sa sortie en 2009.

– Vous n'en savez pas plus ? s'étonna-t-elle.

Les lèvres du sexagénaire poussèrent un sourire oppressé et son visage s'assombrit. Alors, elle perçut la douleur traversant l'âme du commissaire, le plaçant face à ses propres peurs.

Dans cette enquête, il avait perdu un morceau de lui.

Une ébréchure encore visible aujourd'hui.

46

ILS TRAVERSÈRENT une salle d'une superficie agréable, à aire ouverte et accueillant une dizaine de bureaux métalliques occupés par des ordinateurs en veille, des fax et des dossiers en cours. Une odeur de tabac froid et de testostérone gravitait autour de la zone. Ici opérait l'équipe du commissaire Adami, son arrière-garde. Sur les murs, Laura découvrit des étagères bourrées de classeurs, témoignages tangibles de leurs nombreuses affaires résolues.

Ce périmètre franchi, Adami les fit pénétrer dans son antre. Une pièce séparée de la salle par un pan de mur vitré, lui permettant de garder ses hommes à l'œil.

La lumière du jour naissant filtrait à travers les stores et laissait entrevoir un espace rudimentaire, propre et ordonné symétriquement. La table de travail s'étirait sur la gauche, face à deux armoires fermées à clé. Dans un coin sommeillait un téléviseur cathodique.

Adami se cala dans sa chaise et invita les deux Français à prendre leurs aises. Puis, il souleva l'un des cartons amassés au pied de son bureau et le déposa sur le meuble.

– Vous avez devant vous vingt-trois ans de correspondance, annonça-t-il en ouvrant ses bras dans un mouvement ample.

Appréhendant la somme de travail, Laura avisa les boîtes avec une moue défaitiste. Il fallait lire chacune des lettres, retrouver son auteur, recouper les informations, pour espérer découvrir la main à l'origine de la barbarie exercée sur Marie Charton.

– On ne pourra jamais tout lire.

– Je vais placer une équipe dessus. Dès qu'ils trouveront quelque chose d'intéressant, nous serons les premiers informés.

À la vue du nombre de lettres, Milan prit conscience du succès que rencontrait le Borgne. Il en frissonna. De nos jours, les monstres deviennent des vecteurs d'identification se plaçant au rang de stars. Notre société va-t-elle si mal pour en arriver à de tels extrêmes ?

– Que cherchons-nous exactement ?

La question venait de la capitaine Esposito, qui prit possession d'une chaise.

– Un taré, un fan. Une personne avec qui Enrik se serait entretenu de longs mois, peut-être même des années.

Adami plaça ses deux mains derrière sa nuque, tout en croisant ses jambes sur le bois, et poursuivit :

– Ça fait un an qu'Enrik est sorti de prison. Il approche des soixante-dix ans. J'imagine qu'il a voulu s'offrir un dernier trip avant de passer l'arme à gauche. Pour cela, il a dû s'entourer de disciples, d'illuminés qui se sont reconnus en lui et qui ont décidé de passer à l'acte à leur tour.

Le lieutenant piocha quelques lettres au hasard et enchaîna :

– Des hommes et des femmes, comme Dascarino.

– Son suicide reste un aveu. Il était le seul en prison à avoir tissé un lien avec Enrik. Les autres contacts possibles passent forcément par ce courrier. C'est là-dedans que nous trouverons l'assassin de Marie Charton.

Une écriture serrée, frénétique, parfois illisible. Milan dut froncer les sourcils pour déchiffrer les mots inscrits sur le papier. Un homme avouait toute sa sympathie envers le Borgne. Pour lui, la mort de ces femmes n'était que justice. Dans une autre lettre, on lui reprochait de s'être rendu aux forces de l'ordre. Quand une fan se glissait derrière les lignes, les pleins et les déliés exaltaient l'ardeur et la passion. Très souvent il était question de mariage, d'amour démesuré, et même d'enfant.

Milan sentit son estomac se retourner devant tant d'horreurs.

– Vous êtes certain que le Borgne n'avait aucune visite en prison ? demanda-t-il.

– La directrice me l'a affirmé de vive voix.

– Donc, de ce côté-là, c'est une impasse, comprit la capitaine.

– Nous savons que Dascarino et le Borgne étaient très proches durant son séjour. Serait-il possible qu'il soit la liaison ayant permis un contact avec l'extérieur, sans passer par ces lettres ? avança Milan.

– Pas impossible. On va devoir creuser cette piste. Dommage qu'il se soit foutu en l'air...

Le crissement des pneus, les dernières paroles de Georgio, le saut de l'ange. En un éclair, la scène ressurgit dans le champ de vision du lieutenant. Il ferma les yeux pour expulser ces images d'effroi.

– Une chose est certaine, poursuivit Adami. Sébastien et Christina ont joué un rôle important dans la mort de ces deux femmes.

Son attention se porta sur la capitaine Esposito. L'homme n'eut pas besoin de continuer pour faire entendre sa pensée.

– L'appel de Blanchard ne devrait plus tarder, fit la capitaine d'une voix désolée.

Voilà un peu plus de deux jours que le corps de Christina avait été retrouvé, pendu à un arbre. Son autopsie n'avait toujours pas été pratiquée. Laura avait la sensation de perdre un temps précieux et une énergie folle à attendre ces résultats.

Adami empoigna son portable d'un geste déterminé.

L'heure était venue de rameuter ses troupes.

47

SA PREMIÈRE RENCONTRE avec le Borgne fut au détour d'un article. La police était sur les dents et peinait à identifier l'assassin de ces femmes. En quelques jours, un vent de panique avait secoué Bruxelles et l'ensemble du pays, à mesure que les pages des quotidiens se noircissaient de l'immonde. Pas une journée ne passait sans qu'on évoque ce monstre et sa folie.

Au bistrot du coin ou dans les hautes sphères, l'homme focalisait toutes les attentions, dominait tous les débats de ces âmes domestiquées, de ces cerveaux atones, incapables d'ébranler les assises illusoires et insignifiantes de leur existence. Même sa famille ou ses rares amis, portés par le dégoût et l'écœurement, y allaient de leurs petits commentaires.

Alors que lui, en silence, avait ressenti une fascination grandissante pour cet esprit éclairé, ce sauveur.

Passé ses études à la faculté, il avait suivi les recommandations de ses parents et épousé Camille. Un mariage arrangé, sans amour ni passion. Une énième soumission qui le renvoya à sa propre condition. Celle d'une existence fade, sans parfum.

Même ses deux enfants n'avaient pas réussi à lui insuffler un minimum d'intérêt pour ce monde toujours plus sourd. Il n'avait jamais été capable de s'émouvoir en prenant dans ses bras ces morceaux de lui-même. Comment pouvait-il en être autrement, alors qu'année après année, il versait dans une intolérable version de sa personne ?

Si son métier ne l'avait jamais passionné, il en tirait des revenus confortables lui permettant d'assouvir son manque de reconnaissance par la consommation. D'abord matérielle. Comme les autres, il déambulait dans les grands magasins, achetant des produits non destinés à combler ses besoins fondamentaux, mais à satisfaire son désir d'admiration. Il l'avait très vite compris. Le bonheur éphémère procuré par cet acte n'était qu'une illusion, un artifice, tout juste bon à éblouir la masse composée de moutons inaptes à la réflexion.

Alors, il se tourna vers les plaisirs charnels.

Diable ! Comme il aimait voir ces visages se tordre de douleur, sentir son sexe aiguisé comme la lame d'un couteau pénétrer leur être avec une rare violence. Mais, là aussi, tout n'était qu'un exutoire, réussissant avec peine à temporiser ses pulsions assassines.

Non, la réelle sensation d'exister passait par ce qu'il avait compris en ce mois de juillet 1986. Une prise de conscience qui ne l'avait jamais quitté. Une volonté de respect. Une résonance qui l'avait obligé à s'intéresser toujours plus au Borgne, jusqu'à l'idolâtrer.

Comme lui, il rêvait de briser ses chaînes, sans jamais avoir osé passer à l'acte.

Avant cette rencontre.

Pour la première fois, il s'était senti compris, écouté, rassuré. Il n'était plus seul. D'autres comme lui étaient poussés par la même destinée. Ces mots lui avaient ouvert la voie et montré qu'au milieu des aveugles restaient encore quelques esprits éclairés. Il le savait depuis toujours, la résonance s'accouplait avec la promesse du sang.

Son premier acte s'orienta vers son histoire personnelle. Ce matin-là, il s'était levé avec cette pulsion de mort ancrée dans son corps, décidé à supprimer toute trace de ses origines.

Un plan diabolique, mûrement réfléchi, implacable. Le soir même, sa femme et ses deux enfants avaient été retrouvés morts, fauchés par une voiture.

Le goût du sang dans la bouche, plus rien ne pouvait empêcher sa mutation.

Comme les autres, il dut attendre de longs mois, prendre son mal en patience.

Jusqu'à ce matin...

Cette femme, il allait la tuer. C'était son chemin, sa destinée.

Enfin, il sentirait cet accomplissement glorieux de sa personne. Cette reconnaissance si particulière, si singulière, seule capable de le plonger dans l'immortalité.

Le prix à payer pour conjurer ce monde toujours trop sourd et le marquer de sa toute-puissance.

48

– LAURA ? Blanchard à l'appareil !

Enfin, l'appel que la capitaine attendait avec impatience. La sentence pouvait tomber.

– Tu as le rapport ? lança-t-elle sans masquer sa nervosité.

– Sous les yeux. L'autopsie a été pratiquée cette nuit. Tu avais raison, cette pauvre femme ne s'est pas suicidée. Quelqu'un l'a menée tout droit à la potence. Le médecin légiste a relevé une dose importante de curare dans son corps.

Le curare ou « la mort qui tue tout bas » est un puissant poison notamment utilisé par les Indiens d'Amazonie pour chasser leurs proies. Ils enduisent leurs pointes de flèches de cette substance paralysante. Aujourd'hui, ses vertus sont utilisées par la médecine dans le cadre d'anesthésies, pour relâcher les muscles au moment d'interventions chirurgicales.

– Comment le tueur a-t-il procédé ?

– De la façon la plus simple, une piqûre dans le haut du dos. Tout s'est passé relativement vite. La victime s'est retrouvée paralysée, incapable du moindre mouvement.

– Et elle est morte d'asphyxie...

– Pas vraiment... En théorie, le curare agit sur l'ensemble des muscles du corps avant de toucher le diaphragme. À partir de cet instant, la mort survient par asphyxie en l'espace d'une poignée de minutes.

– Mais ?

– La substance ayant passé par la voie neuromusculaire, les effets se sont fait ressentir seulement au bout de quinze à vingt minutes.

Blanchard marqua une courte pause, avant d'ajouter :

– Tu sais ce que ça veut dire ?

– Qu'elle s'est vue mourir...

La capitaine pensa aux photos de Christina prises avant que son corps ne soit transporté à l'hôpital. Ses traits renvoyaient à un masque d'effroi.

– J'ai calculé le temps exact entre sa maison et le lieu où on l'a retrouvée. Huit minutes suffisent pour rejoindre les deux points.

– Le légiste a-t-il relevé des traces de lutte ?

– Aucune. Tout porte à croire qu'elle a été piquée par surprise, commenta-t-il.

Par surprise...

– Du nouveau à son domicile ?

Lors de leur passage, les deux Français n'avaient absolument rien retrouvé de significatif. Dans la crainte d'être passée à côté d'un indice, elle se devait de poser la question.

– Nos investigations n'ont rien donné. Pas d'empreinte ni d'indice matériel. Nos informaticiens ont bossé sur l'ordinateur de Sébastien. Les données effacées n'apportent rien de flagrant.

– Fait chier ! pesta-t-elle. L'enquête de voisinage ?

Blanchard laissa filer quelques secondes d'un silence lourd, puis répondit :

– Je suis au courant pour la carte mémoire.

– Excuse-moi, j'aurais dû te prévenir.

– Tu aurais dû... C'est la moindre des choses...

Nouveau flottement sur la ligne. Puis, il reprit :

– Ces deux-là ne posaient aucun problème particulier. Pareil du côté du propriétaire de la maison où ils vivaient. Ils payaient leurs factures en temps et heure, et toujours en liquide.

– Ils vivaient où avant de s'installer dans cette maison ?

– Dans un petit studio en périphérie de Lille.

Dans l'habitation du couple assassiné, la capitaine avait été étonnée de constater qu'ils vivaient dans un lieu à l'évidence bien au-dessus de leurs moyens financiers.

– Tu n'as rien qui peut expliquer ce changement de vie brutal ?

– Pas pour le moment. On a passé leurs comptes en banque au crible, sans relever le moindre mouvement d'argent suspect.

– Ça faisait combien de temps qu'ils habitaient dans ce loft ?

– Depuis mars 2008. Pour finir, le soir du meurtre, personne n'a rien entendu ni même vu quoi que ce soit...

On tournait en rond. Un ordinateur nettoyé, un couple sans histoire, propre sous tous rapports. Les avancées de Blanchard ne pesaient pas bien lourd. Seule la trace de curare dessinait l'embryon d'une piste à explorer.

– Côté professionnel ?

– Sébastien était autoentrepreneur. Il filmait des mariages. Là non plus, on n'a rien à se mettre sous la dent.

– Et Christina ?

– Elle courait les CDD* et agences d'intérim. McDonald's, vendeuse, bref je te passe les détails. Christina avait du mal à se stabiliser. Elle sillonnait Lille et Bruxelles pour ses recherches d'emploi.

La capitaine tiqua :

– Bruxelles, ce n'est pourtant pas la porte à côté.

– On a retrouvé sa carte de train à son domicile. Je suppose que, même sans son permis de conduire, elle voulait s'offrir le plus de chances possible de réussir.

– Sans son permis ?

– Fin 2007, elle a été arrêtée en état d'ivresse. Tu connais la musique. Même avec un bon avocat, le verdict est sans appel.

– Parle-moi un peu des différents postes qu'elle a occupés, demanda Laura, le cerveau en ébullition.

– De décembre 2007 à février 2008, elle a travaillé comme caissière au McDo. Il faut croire qu'elle n'a pas été emballée, puisqu'elle a refusé une proposition de CDI**. Ensuite, silence radio jusqu'à février 2009. De là, elle travaille quatre mois comme vendeuse dans une boutique de lingerie fine, à Lille. Puis, elle trouve un poste à Actiris. Elle y reste presque un an et le quitte en mars 2010.

– Actiris ?

* Contrat à durée déterminée.

** Contrat à durée indéterminée.

– C'est l'Office régional bruxellois de l'emploi. Il s'occupe uniquement de la région bruxelloise.

Ces derniers éléments la laissèrent interdite. Elle vit se focaliser en point de mire une réalité évidente.

Les découvertes du commissaire Adami.

S'il avait trouvé un travail à la société RailRest, Dascarino était passé par un office national chargé du *matching* des employeurs et des chercheurs d'emploi. En travaillant pour Actiris, Christina avait facilité son embauche.

Ces deux-là se connaissaient. Tout se recoupait.

– Côté vie personnelle, tu as quelque chose ?

– Pour Sébastien, ton partenaire pourra t'en dire beaucoup plus que moi. Pour Christina, ses parents vivent à Ragnies, c'est un village situé en Belgique. Je suis allé les interroger. J'ai appris que Christina a perdu un petit frère, mort-né.

– Le prénom du gamin ?

– Marc.

– Merde, murmura la capitaine.

Même durant une enquête, la mère de famille prenait de temps à autre le dessus sur la flic.

Sa voix se fit plus délicate :

– Les parents, tu les as trouvés comment ?

– Déboussolés, comme tu peux t'en douter. La mort de leur fille a fini par les dévaster, même s'ils n'avaient pas beaucoup de rapports avec elle.

– Pour quelle raison ?

– Christina reprochait à ses parents de ne pas s'être assez occupés d'elle. Ils sont restés bloqués sur leur deuil et en ont oublié leur fille aînée.

Ce dernier point laissa la capitaine sans voix.

– Je t'envoie mon rapport, conclut Blanchard.

Laura resta quelques instants à fixer la neige. Elle devait digérer l'avalanche d'informations déversée par son collègue de Lille.

Le blanc immaculé lui renvoya plusieurs certitudes.

Christina connaissait son agresseur et lui faisait confiance. Elle l'avait fait rentrer chez elle sans se douter de ses réelles intentions. À aucun moment, elle n'avait jugé bon de se méfier de lui.

Tu étais tranquillement chez toi. Tu connaissais suffisamment ton bourreau pour le recevoir en petite tenue.

Les découvertes faites au Bunker attestaient que Flavie et Christina avaient tissé des liens... Les allers-retours de cette dernière entre Lille et Bruxelles ne concernaient pas uniquement le travail. Non, elle agrandissait le champ des possibles pour les trouver. Elles. Ces victimes à la parfaite ressemblance avec celles mortes vingt-quatre ans plus tôt sous les coups du Borgne.

Son travail chez Actiris avait offert à Dascarino une voie royale pour son embauche par la société RailRest.

Toi et Dascarino étiez unis par le même dessein. La mort de ces femmes.

Si le lien entre Marie et Christina restait à prouver, la capitaine devinait qu'elles s'étaient rencontrées d'une manière ou d'une autre.

L'explication la plus probable revenait à ce que lui avait rapporté le lieutenant Dacourt au moment de son escapade nocturne au domicile de la victime. Il avait été étonné de la garde-robe de cette dernière, et plus particulièrement de sa lingerie fine. En surface, rien de très surprenant, puisque Marie apportait un grand soin à son apparence physique.

Pour autant, cette découverte prenait une autre importance à la mise en lumière du parcours professionnel de Christina. Celle-ci avait travaillé quelque temps comme vendeuse dans une boutique de lingerie fine.

Une coïncidence qui avait tout d'une piste. Avant de raccrocher, elle avait demandé à Blanchard de creuser ce point.

Le soir du meurtre de Marie, la caméra de Sébastien avait capté l'innommable. Comprenant qu'il était en danger, il avait fui. Mais sortir de cette tourmente se révélait sans espoir. Alors, il avait orchestré ce faux braquage à la station-service pour attirer l'attention et pousser Milan à mener l'enquête.

Sébastien était-il réellement au courant des intentions de cette communauté de tueurs ?

De son côté, Christina n'avait pas bougé.

Dans cette histoire, tu as joué un rôle majeur. Jamais tu n'as imaginé subir le sort de ton fiancé.

Devenus encombrants ou même gênants, ils avaient été éliminés.

Sacrifiés, pour éviter la défaite.

49

LA MÉTHODE.

Il fallait la trouver. Elle déterminerait la suite des directives, le moyen de stopper cette vague sanglante.

Marie, Flavie, Christina et Sébastien.

Tous massacrés.

Dans le couloir, Laura porta son regard à travers la vitre donnant sur la salle des opérations, encore vide quelques minutes plus tôt. À présent s'y regroupait une quinzaine d'inspecteurs. Des hommes et des femmes surpris d'être convoqués à une heure aussi matinale.

Laura reconnut Richard Declerc, croisé lors de la découverte du corps de Flavie. Adami n'avait pas manqué de souligner que c'était grâce à ses photos, prises discrètement sur la scène de crime, qu'il avait pu remonter la piste Dascarino.

En retrait de ce petit groupe se dessinait la silhouette de Milan. Café dans la main, il discutait avec le commissaire.

Laura esquissa un timide sourire en pensant à la nuit passée dans ses bras. Cet homme lui avait procuré un plaisir longtemps oublié. Une jouissance qu'elle avait crue perdue. Des images d'abandon caressèrent son esprit avant qu'elle ne les réprime.

Ce n'est pas le moment...

Elle jeta un regard à sa montre : bientôt huit heures. Damien devait se trouver à la garderie en train de jouer avec ses camarades. Elle imagina ses éclats de voix et ses yeux malicieux.

Avait-il une pensée pour sa mère ?

Cette idée lui serra le ventre. Son fils lui manquait. La douceur de sa peau, son odeur. Elle aurait voulu le prendre dans ses bras, juste un instant, pour se réfugier dans son innocence et oublier. Elle expira longuement pour laisser son instinct premier la gagner, celui de flic.

Atmosphère moite. Des regards, entre reproche et incompréhension, soulignèrent son passage.

Pourquoi leur avait-on demandé de se réunir aussi vite ?

Agglutinée autour d'une table, la garde rapprochée du commissaire patientait en buvant thé, café et jus d'orange.

Laura s'avança vers ses partenaires et résuma son entretien avec Thomas Blanchard : le curare, l'absence d'indices au domicile, la perte de permis de Christina, ses allers-retours entre Lille et Bruxelles, son frère mort-né, ses rapports avec ses parents et enfin la certitude qu'elle tenait un rôle majeur dans cette histoire.

Sur ce dernier point, Laura laissa les deux hommes rassembler les informations dans leur esprit. Puis, elle reprit :

– Christina a travaillé chez Actiris pendant presque un an. Elle a quitté ses fonctions en début d'année, au mois de mars.

Dans un hochement de tête, Adami croisa ses deux bras sur son torse. La toile se tissait, les liens se resserraient.

– Et elle s'est occupée du dossier de Dascarino, devina-t-il.

– Exact. Elle a aussi travaillé dans une boutique de lingerie fine, précisa-t-elle.

– Le rapport avec Marie, comprit Milan.

– J'ai demandé à Blanchard de creuser cette piste.

Adami gratta sa barbe embroussaillée en focalisant son intérêt sur son groupe d'inspecteurs, qui attendaient une explication.

Lyon, Lille et maintenant Bruxelles.

Des bourreaux, des victimes, des complices.

Un réseau complexe aux multiples ramifications.

Les paroles de Carma glissèrent dans sa mémoire.

Ils commettent tous une erreur, tôt ou tard...

✧ ✧
✧

Les deux Français s'étaient installés à l'écart afin de ne pas heurter les habitudes du commissaire. Celui-ci se trouvait à quelques pas d'un tableau en liège monté sur un lutrin et auquel étaient punaisées cinq photos. Sébastien, Christina, Marie et Flavie. Celle de Dascarino se tenait plus éloignée des autres.

Il se racla la gorge et soupesa d'un regard son auditoire.

Il connaissait chacun d'eux. Dans certains cas, voilà plus de vingt ans qu'il les côtoyait. À la longue, il avait perçu leurs habitudes, les petits *trucs* caractérisant un individu, le rendant si singulier.

Paul, le plus vieux de la bande, avait une sainte horreur des araignées. Une phobie si profonde que même le mot le faisait frissonner.

De son côté, Richard ne fumait que de trois à quatre cigarettes par jour, jamais plus. La première, il l'allumait le matin en arrivant au bureau. La deuxième brûlait aux alentours de quatorze heures. Enfin, la dernière, il la dégustait le soir, en sortant des locaux de la police fédérale. Si la quatrième voyait le jour, c'était durant les journées à rallonge ou pendant une audition.

Des hommes de confiance avec lesquels il n'avait jamais franchi la barrière professionnelle. En matière d'amitié, Adami ne savait plus comment s'y prendre, depuis Carma.

Il chassa cette pensée et entra dans le vif du sujet :

– On a quatre meurtres. Sébastien Martel, Christina Besson, annonça-t-il en glissant son index sur les clichés. Ces deux-là étaient en couple. Le premier a été retrouvé le dos entaillé dans une église du côté de Lyon ; la deuxième, pendue à un arbre à quelques kilomètres de Lille. Dans son corps, on a découvert du curare.

Le commissaire laissa flotter un long silence pour que son groupe imprime.

– Je veux que vous me sondiez les hôpitaux, les cliniques. On a peut-être une piste de ce côté-là. Vérifiez si des plaintes ont été déposées dernièrement concernant le vol de ce produit et remontez à trois ou quatre ans. Fouillez aussi parmi les anesthésistes, histoire de voir s'il n'y en a pas un ou deux qui auraient eu des problèmes avec la justice.

Adami sonda son arrière-garde, puis continua :

– Vous le savez, Marie Charton a été retrouvée dimanche, le visage arraché, dans un asile abandonné. Hier, c'était au tour de Flavie Dubreuil, à quelques mètres de la rue d'Aerschot. Dans les deux cas, le mode opératoire est similaire. Leur ventre a été tailladé à coups de couteau.

Une main se leva dans l'assemblée. Une femme brune, plutôt jolie, aux portes de la trentaine.

– Vous pensez que c'est le même tueur ?

Le commissaire chercha le regard des deux Français, comme un soutien.

– On a affaire à une communauté de tueurs. Les rapports d'autopsie sont formels. L'assassin de Marie Charton était gaucher ; celui de Flavie, droitier.

Brouhaha dans la salle, entre excitation et dégoût. Adami frappa dans ses mains pour recentrer ses hommes.

– S'il vous plaît ! S'il vous plaît ! La capitaine Esposito, ici présente, et le lieutenant Dacourt nous épaulent dans cette enquête. Les premiers éléments mettent en évidence que Sébastien Martel et Christina Besson ont certainement joué un rôle dans la mort de ces femmes.

– Quel genre ? demanda un inspecteur.

– Nous pensons qu'ils sont la jonction entre ce groupe de tarés et les victimes.

– Comme des entremetteurs ? avança une autre voix.

– En quelque sorte. Christina a aidé Dascarino à obtenir un emploi à la société RailRest. Une couverture qui lui a permis d'enlever Flavie. De plus, nos dernières investigations prouvent que Christina et Flavie se connaissaient. La DIPJ de Lille cherche à établir le lien entre Christina et Marie.

Le commissaire posa deux pupilles désolées sur Milan, avant de préciser :

– L'assassinat de Marie a été filmé. La vidéo a été retrouvée dans une carte mémoire qui appartenait à Sébastien Martel. De toute évidence, l'homme tenait la caméra au moment des faits.

Plusieurs regards inquisiteurs se portèrent sur le lieutenant Dacourt.

En menant cette enquête, Milan s'était juré de se focaliser sur les circonstances, d'analyser chaque détail sans se laisser déborder par ses émotions. De garder un œil objectif. Dans ces conditions, il devait reconnaître que les faits ne souffraient aucun doute. Cette sinistre histoire impliquait son ami d'enfance. S'il n'avait pas participé au meurtre de Marie, il l'avait sublimé par sa caméra. Que lui avait-on promis pour qu'il accepte de faire partie de ce plan machiavélique ? Qu'il devienne complice de cette barbarie ?

– 12, plus loin, 22 et 44. Retenez cette suite de chiffres. Elle était inscrite sur la carte mémoire. Elle a sûrement une importance, souligna Adami.

Il plaça ses deux bras derrière son dos et marcha sur une ligne imaginaire.

– Les deux femmes retrouvées ces derniers jours étaient les portraits crachés des deux premières victimes du Borgne. Les plus jeunes d'entre vous, je vous renvoie à Internet. Tapez « Enrik Falcowitz » sur votre moteur de recherche et fouillez le sujet. Au moment de son incarcération, Enrik s'est rapproché de Dascarino. L'homme était gardien de prison. Cette nuit, il s'est suicidé sous nos yeux. On a retrouvé une profusion de sang dans le lieu où il travaillait. J'attends les résultats de la scientifique, mais tout porte à croire qu'il s'agit de celui de Flavie Dubreuil.

– Vous pensez que ces crimes ont un lien avec ceux du Borgne ? le questionna Richard Declerc.

– Ça y ressemble...

Le doigt du commissaire retrouva le tableau et tapota avec insistance la photo de Georgio Dascarino.

– Je veux tout savoir de lui. Ses fréquentations, son parcours scolaire, ses tendances politiques, ses joies, ses peines. Vous me le passez à la loupe !

Il laissa courir un silence, avant d'ajouter :

– Peu de temps avant d'être assassinée, Flavie s'est fait tatouer un *F* à la base du cou, par amour pour Frédéric. Même sentence, vous me le retrouvez.

– Ces femmes avaient-elles d'autres points communs hormis leur ressemblance avec les victimes du... Borgne ? demanda de nouveau la brune.

Son *truc* à elle, c'était le caramel. En ouvrant le tiroir de son bureau, vous étiez certain de tomber sur quantité de friandises.

– J'y viens ! Marie Charton prenait soin de son corps, tout comme Flavie. Toutes les deux gravitaient autour d'un monde où le sexe et l'apparence occupaient une place prédominante. Flavie était une hôtesse ; Marie, une ancienne actrice pornographique.

Une rumeur masculine et amusée s'amplifia dans la pièce. En retrait, la capitaine Esposito serra les dents et secoua ostensiblement la tête devant tant d'immaturité.

– Ça va, les gars, on se calme. Boîtes de production, bars à strip-tease, clubs privés, agences de mode, photographes. Retournez-moi ce petit monde et tout ce qui se rapporte de près ou de loin à l'image et au sexe.

Adami envisagea quelques instants ses troupes et demanda :

– Qui parmi vous aime la lecture ?

Hommes et femmes croisèrent leurs regards, surpris par cette question. Puis, deux bras timides se distinguèrent.

Adami sourit du coin des lèvres en reconnaissant Alain Borgman, un inspecteur frisant la quarantaine, au ventre bedonnant. Il se tenait à quelques mètres de Sonia Mezrahi, une excellente recrue, au charme épicé.

– Alain et Sonia, vous passerez dans mon bureau récupérer le courrier d'Enrik. Je veux que vous le lisiez et l'analysiez. Faites appel à des graphologues si nécessaire. Je suis certain que les illuminés que nous pourchassons ont correspondu avec le Borgne par l'intermédiaire de ces lettres. Dès que vous tombez sur quelque chose, je veux en être informé.

Hochements de tête.

Le commissaire figea son attention sur Richard Declerc.

– Richard, je te charge d'être notre relais dans cette affaire.

Depuis le début de cette enquête, l'inspecteur s'était distingué par son implication et son professionnalisme.

Il acquiesça d'un signe de la tête.

– Allez, les gars, au boulot ! Cette affaire prime toutes les autres ! conclut Adami.

En quelques secondes, la pièce se vida sous l'œil amer du sexagénaire. Il avait rameuté ses troupes, dicté la démarche à suivre. Toute la volonté et tout l'engagement de ses hommes ne suffiraient pas à stopper cette spirale macabre, entamée quelques jours plus tôt. Son instinct de flic lui susurrait qu'une femme allait être retrouvée morte dans les prochaines heures.

Cette communauté de tueurs était préparée, organisée, méthodique. Sur ce point, il tenait une terrifiante évidence.

Le regard dans le vide, il énonça ses pensées d'une voix éteinte :

– S'ils cherchent à rendre hommage au Borgne, comment ces tueurs procèdent-ils pour trouver ces femmes ?

– C'est la question qui m'obsède, confessa la capitaine.

Le lieutenant Dacourt se revoyait chez Marie Charton, juste avant son agression. Dans la petite boîte découverte, il avait retrouvé différents objets sexuels, mais aussi une revue consacrée au libertinage qui proposait une rubrique de petites annonces.

– Tout s'est passé trop vite... Le magazine... À aucun moment, nous n'avons creusé cette piste, constata-t-il.

50

ASSISE SUR LE LIT, chapelet dans les mains, Clothilde restait figée à observer son reflet dans la glace de l'armoire. Son existence à jamais endeuillée, elle portait comme toujours des vêtements sombres.

Si le peu de route effectué la veille l'avait épuisée, elle n'avait pas réussi à trouver le sommeil. Une inquiétude diffuse l'avait poursuivie à l'idée de se retrouver dans cet hôtel, au milieu de cette ville aux sons hurlants. Sa nuit fragmentée l'avait poussée à se relever, transpirante.

Ces grands ensembles portaient le malheur dans chacune de leurs ramifications. C'était dans l'une d'entre elles qu'elle avait vu son existence à jamais plonger dans les ténèbres.

Encore aujourd'hui, son esprit détaillait la scène. Plan par plan, image par image.

Elle, marchant dans la rue. Lui, la suivant depuis plusieurs minutes. Ses regards insistants. Cette appréhension tangible. Le parc. Elle avait l'habitude de le traverser pour rejoindre son appartement. Un raccourci bien connu des amoureux qui en usaient les bancs.

Là, personne.

Elle se souvint de l'accélération et des deux mains la poussant contre le sol. De sa robe, déchirée en lambeaux. Des étaux, emprisonnant sa taille. De ses larmes, bien sûr, mêlées à ses cris de panique. De sa lutte pour se sortir des griffes de son assaillant, de son excitation grandissante. Elle entendait encore ce chien aboyant non loin, tenu en laisse.

Un espoir ?

Futile...

Son maître tourna le dos et quitta le lieu d'un pas trop pressé, préférant fuir plutôt qu'intervenir.

Ce soir-là, elle aurait voulu mourir. Éviter d'engendrer le mal à son tour.

Le frère Anatole tenait à ce qu'elle fasse le voyage à ses côtés. Selon ses propres mots, elle seule était capable d'entraver cette spirale infernale.

L'idée de cette rencontre la faisait frissonner.

Quelle parole réconfortante pouvait-elle prononcer alors qu'elle n'éprouvait qu'une profonde aversion pour cette personne ?

Clothilde se leva et ouvrit la fenêtre, laissant une bouffée d'air froid lui caresser le visage. Elle jeta un timide regard sur la rue vide. Seule une voiture était stationnée sur le bas-côté, juste en face de la sortie de secours de l'hôtel. Une désagréable sensation courait dans ses veines, celle d'être observée.

Trois coups furent frappés à la porte.

Frère Anatole.

Dans l'encadrement, elle perçut un éclair orangé qui se détacha d'une silhouette.

Puis, le noir la dévora.

51

– JE DISTINGUE UN HOMME dans votre entourage. Il vous admire.

Les bras croisés, Carole s'enfonça dans sa chaise. Sa patience avait atteint ses limites. Trente minutes qu'elle écoutait des phrases toutes faites, des idées reçues mettant à mal ses maigres convictions concernant la voyance.

Sa présence en ces lieux se justifiait par les recommandations de son amie Daphnée. Elle l'entendait encore : *Tu vas voir, le médium Gabriel est fantastique. Il arrive à lire en toi comme dans un livre ouvert. C'est un des voyants les plus réputés de Belgique. Des gens du monde entier viennent le consulter. Le guide de la voyance lui a même accordé cinq étoiles !*

Brillant ou pas, l'homme s'essoufflait, donnant la sensation de tourner en rond.

Pourtant, dès les premières minutes, il avait réussi à capter son attention. Quand elle était entrée dans son cabinet, il lui avait suffi d'un regard pour décrire sa profession, son lieu de résidence tout comme le but de sa visite.

Si Carole avait été étonnée, très vite sa nature terre à terre avait repris le dessus. N'importe qui aurait pu trouver ces maigres informations en se promenant sur Internet.

Adepte des réseaux sociaux, la jeune femme avait créé plusieurs comptes, que ce soit pour sa vie professionnelle ou pour le plaisir. Facebook, Twitter, LinkedIn. Une mine de données, accessible en quelques clics.

Du point de vue sentimental, Gabriel avait visé juste. Mais, là aussi, Carole estimait qu'avec un sens de l'observation aiguisé, on pouvait comprendre qu'à bientôt quarante ans, elle était toujours célibataire. Elle ne portait aucune alliance autour de son doigt ni de pendentif suggérant un attachement quelconque.

Le grand amour, Carole le cherchait encore, allant même jusqu'à le rêver.

Un sourire au réveil, une étreinte affectueuse au coucher. Un homme avec ses défauts. Une personne à aimer, un être avec qui partager un peu de son existence, avec qui envisager l'avenir. Dans sa quête effrénée, elle avait essayé de multiples sites de rencontres, se laissant berner par leurs accroches commerciales. Tous promettaient l'eldorado, la rencontre qui allait bouleverser votre vie. En fin de compte, elle avait gagné quelques parties de jambes en l'air – pas toujours très glorieuses –, des dîners à n'en plus finir et un compte en banque à l'agonie.

Rien de plus.

Le médium continuait de commenter les flashs qui lui parvenaient de l'au-delà. Il n'avait besoin d'aucun accessoire pour se « connecter » à son client. Ni cartes ni pendule. Gabriel tirait son don de sa mère, qui l'avait elle-même hérité de sa grand-mère. Il se disait descendant d'une grande famille de voyants.

– Carole. Ce que je vais vous dire va vous paraître étrange. Je sens que vous êtes amoureuse de l'amour. Ça vous rend, pardonnez-moi le terme, un peu naïve...

– Ce n'est pas impossible, se contenta-t-elle de répondre.

Le médium faisait-il référence à la façon qu'elle avait de s'emballer ?

Quand un homme lui souriait, elle était ce genre de femme à s'imaginer une grande histoire. Les mêmes que dans les films qu'elle regardait le soir en s'empiffrant de glace à la fraise.

Gabriel tiqua. Ses yeux verts se posèrent dans le vide. Ses sourcils froncés, ses traits sévères durcirent son visage.

Cette soudaine expression la surprit :

– Vous avez un problème ?

Il ne répondit rien, laissant un silence interrogateur flotter dans son cabinet. Carole esquissa un fin sourire. Pour elle, tout ceci n'était qu'illusion. Cet homme avait de l'expérience et savait comment se donner de l'importance. Sûrement avait-il compris qu'elle n'était pas emballée par sa prestation et que ses dons de voyance ne pesaient pas plus lourd que les siens en matière de cuisine. L'histoire était bien rodée, le folklore, bien en place. À présent, il jouait sur la crainte pour se rattraper aux branches.

Gabriel sortit un jeu de tarot de Marseille. Il le mélangea et étala les cartes retournées sur la table.

– Carole, veuillez tirer une carte, s'il vous plaît.

– Je croyais que vous n'aviez pas besoin de ce genre d'accessoire ?

Le médium prit une profonde inspiration comme pour se donner du courage. Il approchait de la soixantaine, et ses flashs ne l'avaient jamais trompé. Cette fois, l'enjeu était trop important. Il devait obtenir une confirmation. Ce qu'il venait de voir dépassait l'entendement.

– Carole... Retournez une carte... S'il vous plaît...

Si ça peut vous faire plaisir, pensa-t-elle alors que sa main parcourait le jeu. Elle opta pour la carte située le plus à gauche.

En la découvrant, le médium sentit son cœur se comprimer.

L'arcane majeur numéro 15.

Le maître de la nuit.

52

UN ENSEMBLE FONCTIONNEL, sans cachet ni valeur. Sol blanc, murs en brique badigeonnés à la chaux et lampes halogènes. Un deux-pièces reconverti en siège social. Les locaux de Partenaires.com, un site Internet destiné aux rencontres libertines et qui diffusait tous les mois un magazine.

Le poumon de ces lieux accueillait en son centre deux bureaux sur lesquels trônaient des ordinateurs portables dernier cri. À l'écart se trouvait un coin salon. Un canapé en cuir et deux fauteuils tout droit sortis de chez IKEA encerclaient une table basse. Sur les murs, plusieurs photos étaient exposées. Des femmes et des hommes en tenue d'Adam ou d'Ève, cambrés dans des positions toujours plus explicites.

La naissance de ce magazine était l'initiative d'un couple aux portes de la cinquantaine, adepte du libertinage, Louis et Héloïse.

Cette dernière accueillit les représentants des forces de l'ordre. Jeans noir, chemise rouge et gilet en cachemire sur quelques rondeurs persistantes. Sur son visage de madone se dessinaient des lèvres pleines et de grands yeux verts, alors que ses cheveux bruns, volumineux et décoiffés avec style, effleuraient ses épaules.

Elle ouvrit les mains en direction du salon.

– Je vous en prie, asseyez-vous, les invita-t-elle.

Laura et Adami prirent place sur le canapé. Milan opta pour le fauteuil. Une position qui renforça sa proximité avec la gérante.

– Vous voulez boire quelque chose ?

Sa voix chevrotante marquait son embarras devant cette arrivée soudaine.

– Ça ira, on vous remercie, répondit Adami. Votre mari n'est pas avec vous ?

– Non, pas ce matin. Il est à l'imprimerie pour vérifier le prochain tirage de notre magazine, celui de décembre. Je peux lui demander de nous rejoindre, si vous le souhaitez.

– Pas la peine. Vos réponses nous suffiront.

Le ton était donné, la mesure, prise. Adami se montrait directif, profitant de l'effet de surprise de leur présence.

– Il vous reste des magazines du mois de novembre ?

– Je... Je devrais pouvoir vous trouver ça.

Elle se leva. Quelques pas lui suffirent pour atteindre son bureau. Celui qui souffrait le moins du désordre. Elle piocha dans un des tiroirs et les talons retrouvèrent leur place. Ses yeux glissèrent sur l'assemblée, en attente de la suite. Milan tendit la main pour récupérer le magazine.

– Une annonce est parue dans votre dernier numéro.

Il feuilleta le mensuel.

– Celle-ci...

Héloïse en prit connaissance :

ÉROSTRATE

Casting pour tournage Film X

Libertin recherche jeune femme. Taille entre 1 m 75 et 1 m 80. Cheveux bruns/châtains. Peau claire.

Si vous n'avez pas froid aux yeux et recherchez le grand frisson, merci de me contacter.

Expérience ultime garantie.

Aucune adresse courriel, pas même un numéro de téléphone. Comment les femmes s'y prenaient-elles pour répondre à l'annonce ?

La gérante hocha la tête.

– Je vois très bien. Elle nous est arrivée par courrier.

– Postal ? intervint la capitaine.

– Tout à fait. Pour faire paraître une annonce dans notre magazine, vous avez deux possibilités. Soit créer un compte sur notre site Internet et la déposer, ou nous l'envoyer directement par courrier.

– Vous recevez beaucoup d'annonces de ce genre ?

– Vous parlez d'offres de *casting* ou d'annonces libertines en général ?

– Offres de *casting*, répondit du tac au tac Adami du fond de sa place.

– Assez souvent. Notre site connaît un grand succès.

– Je présume que vous n'avez plus la missive en question ? fit Laura.

Héloïse afficha une mine désolée.

– Je suis navrée.

– Dans l'annonce, il n'y a aucun numéro de téléphone, pas même une adresse courriel. Comment s'y prennent les membres pour répondre ? continua la capitaine.

– J'imagine qu'elles passent par notre site. Chaque personne inscrite possède un espace où elle peut indiquer son âge, son sexe, sa préférence sexuelle. Il y a également une messagerie privée, un tchat, et la possibilité de publier des photos et des vidéos.

– En clair, vous procédez de la même façon que les sites de rencontres traditionnels, remarqua la capitaine.

– Oui, tout à fait...

– Et vous avez beaucoup de membres... comme... vous ?

La patronne esquissa un fin sourire. Ce discours, elle le connaissait sur le bout des doigts. Encore aujourd'hui, notre société accepte mal le libertinage. Une pratique qui heurte les limites conventionnelles et morales.

– Vous savez, être libertin, c'est adhérer à une pensée. C'est rester nous-mêmes, avec nos propres envies, nos propres plaisirs.

– Et la fidélité dans tout ça ?

– Pour nous, l'amour, la fidélité, c'est avant tout un état d'esprit. Le mariage civil ou religieux comme notre société le conçoit lie deux personnes dans leur exclusivité. Être libertin, c'est redéfinir ces cartes. C'est distinguer la fidélité du corps de celle de l'esprit... Tout ça, sans jamais blesser la personne qui partage notre quotidien.

Elle appuya sur ses dernières paroles en fixant la capitaine de police droit dans les yeux.

– De nos jours, la majorité des couples se déchirent à cause du mensonge.

Un moment à vide.

Jeu, set et match. Laura en resta sans voix.

Adami reprit les rênes :

– On parlera de votre vision du libertinage une autre fois, si vous le voulez bien. Ce qui nous intéresse est l'annonce et cet Érostrate. C'est vous qui gérez le site ?

✧ ✧
✧

Élégance et raffinement. Le haut de gamme.

Fond noir, motifs baroques, police sobre et blanche. Une somme agréable à l'œil comme à la visite. La partie haute se composait des traditionnels menus : accueil, mon compte, forum, photos et vidéos.

La gauche, quant à elle, regroupait les membres en ligne à l'instant même.

Des pseudos, tous plus loufoques les uns que les autres, se déversaient sous les yeux des agents des forces de l'ordre : Ourson22, Katagena, Minou71, Andronicus...

Des noms d'emprunt derrière lesquels se cachaient une multitude de personnalités, de caractères. Pour chaque membre, un petit cadre permettait d'afficher une photo. Femmes fatales, hommes barbus, couples en pleins ébats. Il y en avait pour tous les goûts dans ce grand marché du sexe.

La flèche pointa la barre de recherche. Héloïse tapa « Érostrate ». Dans la foulée, le site cracha un profil.

Une poignée de codes lui permirent une fouille en profondeur.

Première évidence, aucune photo ni vidéo ne venait compléter sa fiche. La personne à l'origine de ce compte s'était contentée du minimum. Précédant leurs attentes, Héloïse cliqua sur la rubrique « Contact ». Alors, la page chargea une trentaine de pseudos.

L'annonce avait rencontré un joli succès.

Des visages, des noms. Un dédale d'anonymes.

Avec sa souris, la libertine balaya la page de haut en bas, sous les yeux perçants du groupe et devant leurs cœurs battant à tout rompre.

– Là !

Milan désigna du doigt un profil. Tout le monde retint son souffle.

La photo d'une jeune femme était affichée. Blonde, souriante. Marie Charton, alias Lapinou59.

Des confidences, comme un écho à cette découverte.

Bruno Rieux, le patron du bar Le Matisse, était catégorique à ce sujet. Marie rêvait de retrouver les plateaux, de renouer avec son premier amour, le cinéma X. L'annonce demandait une femme aux cheveux châtains. Comme pour signifier sa volonté, Marie avait tout de même tenté sa chance.

Un moustique sans cesse attiré par la lumière.

– C'est possible de connaître leurs échanges ? la questionna Adami.

– Je devrais y arriver sans trop de problèmes.

Les doigts d'Héloïse dansèrent sur le clavier. Une série de manipulations plus tard, une nouvelle page s'afficha. Le tchat était semblable à une application SMS. Une bulle verte représentait Marie, une grise, Érostrate.

Discussions brèves, rapides et concises.

La première datait du 8 novembre.

« J'ai vu votre annonce. Je suis très intéressée. »

« Vous avez de l'expérience ? »

« J'ai tourné dans des films professionnels. Je n'ai pas froid aux yeux. Je vous ai envoyé quelques photos, jugez par vous-même. ;) »

« Vous êtes blonde ? On recherche une femme aux cheveux châtains ! »

« Je peux me faire une teinture sans souci. :) »

En pièce jointe, Milan reconnut les photos découvertes chez la victime.

Quelques jours d'attente, puis la réponse.

Le 10 novembre :

« Vous correspondez. Comment peut-on se rencontrer ? »

« Je travaille au bar Le Matisse, à deux pas du centre-ville de Lille. »

Fin des messages.

Pas de réelles surprises.

Érostrate restait évasif. Rien de ces conversations ne laissait filtrer le moindre indice.

Héloïse referma son MacBook Pro, le visage marqué par les stigmates de cette découverte.

– Marie Charton, je la connais.

Le silence s'imposa, comme pour réaliser.

– On vous écoute, la poussa Laura.

– Tous les mois, nous essayons d'organiser des soirées privées pour nos membres. La dernière s'est tenue le 13 novembre. Elle s'est déroulée du côté de Lille, confessa-t-elle.

L'échine du lieutenant Dacourt se raidit. Les mots de Bruno Rieux, encore.

Il m'arrive de temps à autre de privatiser les lieux.

– Et cette soirée s'est déroulée au club privé Le Matisse ? fit-il d'un ton certain.

Héloïse acquiesça d'un hochement de tête.

– Je m'en souviens parfaitement. Ça s'annonçait très mal, expliqua-t-elle. Il y avait beaucoup d'hommes, et pas assez de femmes. Nous avons dû engager des professionnelles.

– Vous parlez d'hôtesses ?

Des femmes, dont le métier était de gagner de l'argent en offrant leur corps. La flamme de l'espoir brilla dans les rétines du groupe à mesure que se dessinait la silhouette de Flavie, la seconde victime.

– Qui avez-vous engagé ? continua Laura.

– Je vais vous trouver ça.

Elle ouvrit une nouvelle fois son ordinateur et fouilla dans ses dossiers. L'imprimante cracha une feuille, qu'elle tendit à la capitaine.

Un tableau avec des prénoms. Aucune trace de Flavie.

Un, plus inattendu, sauta aux yeux de Laura.

Elle l'avait vu inscrit sur l'une des portes de la maison close TENTATION.

« Carmen. »

– J'espère qu'il n'est rien arrivé de grave...

– L'annonce parue dans votre journal a fait couler beaucoup de sang.

Ces derniers mots abasourdirent Héloïse.

– Oh... je vois...

– Pas vraiment, plaça la capitaine.

53

ASSIS SUR SON TRÔNE, le diable grimaçait tout en levant sa main droite vers les cieux. Le faible éclat de la lune suffisait à faire deviner les deux créatures enchaînées aux pieds du malin. La désolation creusait les traits du médium. Cette lame confirmait l'horreur perçue dans ses visions.

Dans le cabinet, le malaise avait trouvé sa place.

– Quelque chose ne va pas ? demanda Carole.

Le regard de l'homme évitait de croiser celui de sa cliente.

– Je dois vous mettre en garde, répondit-il.

– En garde ? Contre quoi ?

– Contre qui...

Gabriel prit une profonde inspiration pour poursuivre son explication.

– Cette carte, c'est le diable. Carole, vous devez m'écouter. Il y a un homme, il vous observe. Son obsession est malsaine.

– Vous vous fichez de moi ?

– Je suis très sérieux...

Bah voyons !

Pour la jeune femme, il était hors de question de prêter la moindre attention à ce que racontait ce vieux fou. Dernièrement, elle avait visionné un reportage diffusé sur la RTBF*. Une équipe de journalistes enquêtait sur les dérives de la voyance. « Gourous », « manipulateurs », « charlatans », les termes ne manquaient pas pour désigner ces hommes prêts à tout pour faire fructifier leur commerce.

Gabriel faisait-il partie de ces escrocs ?

Elle se leva, décidée à s'extirper de ce cabinet.

– J'en ai assez entendu !

– Carole, écoutez-moi, c'est grave, ce que j'ai vu !

– Ça va ! Arrêtez votre baratin ! lâcha-t-elle en enfilant son manteau.

Le médium tenta de la retenir une dernière fois :

– Quelqu'un vous veut du mal ! Vous devez faire attention à vous, professa-t-il d'une voix désemparée.

Carole le regarda avec intensité dans le fond des yeux. Elle douta quelques instants. Et s'il disait la vérité ?

Le reportage, ma grande... Des charlatans...

Elle marcha jusqu'à la porte et entendit de nouveau les mises en garde de Gabriel. Le médium lui assurait qu'elle devait prendre au sérieux ce que les cartes lui avaient révélé. Une nouvelle fois, Carole l'envoya paître d'un mouvement du bras, indifférente à ses recommandations.

Dans le couloir, elle employa la courte distance qui la séparait de l'ascenseur pour téléphoner à sa grande amie, Daphnée.

---

* Radio-télévision belge de la Communauté française.

À l'autre bout du fil, une voix empreinte de curiosité :

– Comment ça s'est passé ?

– Ma pauvre... Je n'avais qu'une hâte, que tout ceci se termine. C'est la dernière fois que je t'écoute, Daphnée ! Ton médium ne raconte que des foutaises !

– Attends, Caro, explique-moi.

– Apparemment, il y a un homme qui me surveille. Tu vois le genre ? Un grand malade obsédé par moi. Remarque, malgré mes quarante printemps, je continue de plaire aux hommes ! ironisa-t-elle.

– S'il t'a dit de te méfier, tu devrais l'écouter. Gabriel n'est pas n'importe quel médium. Toutes ses visions se révèlent exactes, tôt ou tard !

Carole roula les yeux vers le ciel tout en appelant l'ascenseur.

– Décroche, Daphnée. Je ne vais pas m'arrêter de vivre parce qu'un vieux fou me l'a demandé. C'est des conneries, tout ça !

– On ne plaisante pas avec la voyance ! Tu devrais...

Un bip sonna et les portes s'ouvrirent.

– Daphnée, je te laisse, la coupa-t-elle. On se retrouve à la salle de sport.

– Attends ! Ne racc...

Elle raccrocha, tuant les derniers mots de son amie. Prenant possession de l'espace, elle profita du miroir pour arranger sa chevelure brune. Ses yeux de biche lui renvoyaient l'image d'une femme bien dans sa peau. La quarantaine sexy et triomphante, Carole restait résolue à croquer dans la vie à pleines dents, en attendant que le grand amour frappe à sa porte. Femme de caractère, elle avait besoin de plus pour être dupée que les paroles d'un vieillard prétendu médium.

In extremis, une main empêcha la fermeture des portes.

Dans le reflet du miroir, elle croisa son sourire. Elle se retourna et prit note de tous les charmes offerts par cet illustre inconnu. Grand, plutôt bien fait, costume sur mesure. Il enflamma les sens de la jeune femme.

S'il avait croisé cet homme, Gabriel aurait compris que derrière les traits charmeurs se glissait un appétit dévorant. Un désir d'accomplissement glorieux qui prenait racine dans la mort.

Pour Carole, les mises en garde du médium n'étaient plus qu'un lointain souvenir. Seul comptait ce bellâtre à l'irrésistible attraction.

Pourtant, les cartes disaient la vérité.

Toujours...

54

– ADAMI ? Quel mauvais vent t'amène ? plaisanta Nicolas Moers au téléphone.

La vingtaine tout juste entamée, visage boutonneux, le génie de l'informatique exerçait au Federal Computer Crime Unit. Un service de police spécialisé dans la lutte contre la criminalité virtuelle. La démocratisation de l'accès à l'informatique et la globalisation des réseaux avaient donné naissance à une nouvelle forme de prédateurs. Internet devenait leur terrain de chasse. Pour les contrer, on engageait des « flics 2.0 », comme Nicolas.

– J'ai besoin de tes lumières...

– Je suis prêt !

– Le site s'appelle Partenaires.com. J'ai un pseudo, tu notes ?

– Balance !

– Érostrate. Il a échangé plusieurs messages avec une de mes victimes.

– Le pseudo de ta victime ?

– Lapinou59.

Légers éclats de voix à l'autre bout du fil :

– *Oh my God !* On repassera pour l'originalité !

– Au lieu de rigoler, mets-toi au boulot ! Je veux savoir d'où ces messages ont été envoyés ! balança Adami, peu enclin à sourire de la situation.

– OK ! Je te tiens informé !

Fin de la communication.

Portable encore chaud, il composa un nouveau numéro.

– Commissaire ? répondit l'inspecteur Declerc.

– Tu aimes les jolies filles ?

– Je ne les regarde plus depuis que j'ai rencontré ma femme.

Adami s'arrêta net, pris au dépourvu par cette nouvelle.

– Tu es marié, toi ?

– C'est tout comme.

– Je ne savais pas.

– J'en parle assez souvent au bureau. À croire que vous ne m'écoutez pas.

La pique recadra le commissaire devant ces évidences. Voilà quatre années que leur quotidien se rejoignait dans des enquêtes toujours plus macabres. Cette promiscuité aurait dû les rapprocher, les souder, peut-être même faire naître un semblant d'amitié.

Pourtant, il n'en était rien.

Qu'est-ce qui pouvait clocher chez lui ?

Les fantômes...

– On parlera de ta vie privée une autre fois. J'ai un prénom, Carmen. Elle exerce dans la maison close TENTATION.

– C'est le lieu où était employée Flavie ?

– Tu as tout compris. Elle a participé à une soirée libertine, le 13 novembre. Marie Charton s'y trouvait également. Je veux que tu te rendes sur place et que tu me la cuisines.

– Je vous balance les infos sur votre messagerie ?

– Le plus vite possible ! Les gars ont du nouveau depuis ce matin ?

– Pour le moment, rien ne bouge.

– On fouille, on gratte, on ne lâche rien ! À plus tard, Richard !

Ses derniers pas le portèrent à la hauteur de la Volvo, où attendaient les deux Français.

– Richard s'occupe de Carmen, annonça-t-il.

Laura soupesa son téléphone portable.

– Je viens de contacter Blanchard. Il se rend au Matisse afin d'en savoir plus sur cette soirée.

– Des nouvelles concernant Marie Charton ?

– Il travaille dessus.

Adami hocha la tête d'un air satisfait. Le caractère complexe de cette enquête mêlé à la distance les séparant de Lille les obligeait à répartir les rôles et à fixer les priorités.

Cette soirée du 13 novembre était une piste sérieuse qu'il fallait explorer dans ses moindres détails. Sans doute, durant cet événement, Marie avait-elle été enlevée.

✧ ✧
✧

Les portes déverrouillées, ils s'engouffrèrent à l'intérieur de l'habitacle. Adami mit le contact et poussa le radiateur.

La chaleur leur apporta un peu de réconfort. La dernière nuit passée à traquer Dascarino pesait dans chacun de leurs muscles. Les trois se sentaient vidés, sales, à plat.

Assis sur le siège passager, Milan repensa à la suite de chiffres, inscrite sur la carte mémoire de Sébastien.

12/2244.

Une énigme, persistante.

Il l'avait mémorisée, rangée dans un coin de sa tête en espérant tôt ou tard trouver sa signification. Son ami d'enfance ne l'avait pas laissée au hasard. Elle jouait un rôle majeur dans cette enquête.

La priorité était de mettre à profit les informations fournies par Héloïse, la fondatrice de Partenaires.com. L'annonce parue dans le magazine, la correspondance sur le site Internet. Par le biais de cette plateforme, le premier tueur était entré en contact direct avec Marie. Sans se méfier un instant, celle-ci lui avait ouvert une voie royale pour qu'il puisse la trouver.

Érostrate. Un pseudonyme parmi tant d'autres ?

Le lieutenant n'y croyait pas. L'assassin de Marie s'était caractérisé par sa maîtrise, son sang-froid. Dacourt imaginait une personne ordonnée, connaissant son sujet. Un assassin chez qui le hasard n'avait pas sa place. Ses actes étaient pensés, réfléchis, calculés. Érostrate, c'était aussi la signature inscrite sur le courriel envoyé aux deux « urbexeurs », Benjamin et Jérôme. Message qui avait permis de retrouver le corps dans l'asile abandonné.

Adolescent, le lieutenant passait énormément de temps à la bibliothèque municipale de Dijon. Le gamin qu'il était profitait de ces moments pour arpenter les rayons et s'adonner à la lecture. Une lecture libre, non calculée, capable d'assouvir sa soif de connaissances. Il rassembla ses souvenirs au sujet de cet homme, Érostrate, et les partagea avec ses partenaires.

Juillet 356 avant Jésus-Christ. Dans la nuit noire recouvrant la cité d'Éphèse, une silhouette se détache devant le temple d'Artémis. Dans ses mains, une torche. Son nom, Érostrate. Un homme, un anonyme parmi les anonymes. En quelques secondes, l'une des sept merveilles du monde disparaît sous les flammes. Arrêté et torturé, Érostrate avouera avoir allumé cet incendie, poussé par le noir désir d'exister.

La Volvo quitta le parking pour rejoindre la quatre-voies.

– Le noir désir d'exister ? En somme, il voulait devenir célèbre ? avança le commissaire.

– C'est ce qui ressort de cette histoire. L'ironie est que pendant très longtemps les Éphésiens ont interdit de prononcer son nom.

À l'arrière, Laura lança son navigateur Internet à l'aide de son portable.

Elle tapa « Érostrate signification ».

8 270 résultats. En tête de liste, Wikipédia, l'encyclopédie libre.

La page chargea un article de fond. Elle survola les quelques lignes parfaitement résumées par le lieutenant.

– En 1939, Jean-Paul Sartre lui consacre un texte dans son recueil de nouvelles, *Le mur*.

Elle s'imprégna des quelques lignes, puis les lut à voix haute :

– *Je le connais votre type, me dit-il. Il s'appelle Érostrate. Il voulait devenir illustre et il n'a rien trouvé de mieux que de brûler le temple d'Éphèse, une des sept merveilles du monde.*

– *Et comment s'appelait l'architecte de ce temple ?*

– *Je ne me rappelle plus, confessa-t-il, je crois même qu'on ne sait pas son nom.*

– *Vraiment ? Et vous vous rappelez le nom d'Érostrate ? Vous voyez qu'il n'avait pas fait un si mauvais calcul.*

Ces derniers mots restèrent accrochés aux esprits.

Il voulait devenir illustre, pensa Adami.

Une idée trop familière.

Dix heures et des poussières. La circulation n'avançait pas. Pleine à craquer, la N9 asphyxiait. Le ciel se chargeait d'une couleur anthracite, plombant les traits massifs dans lesquels se dessinait au loin la ville de Bruxelles.

Bretelle Bergen/Charleroi.

À présent, la Volvo empruntait la E19.

Le trafic plus fluide donnait enfin la sensation de rouler.

Dix kilomètres les séparaient de leur destination.

– On ne retourne pas au bureau ? demanda Laura.

– On va faire un petit détour.

55

FAÇADES SOMBRES et ternes. Architecture postmoderne. Des immeubles s'entassaient, jouaient des coudes pour se faire une place. Ici, le temps maîtrisait son rôle à la perfection : dévastateur et sans pitié.

Numéro 69. Avenue Winston-Churchill.

Un digicode permettait de pénétrer dans les lieux. Adami ouvrit le chemin d'un hall d'entrée désert. Un espace confiné où des odeurs de lavande flattaient les narines. Laura jeta un rapide coup d'œil à sa gauche, sur la multitude de boîtes aux lettres encastrées dans le mur.

Hugo Adami, septième étage, porte numéro 42.

L'ascenseur prit en charge la montée des trois partenaires. Puis ils traversèrent un long boyau qui les mena à une porte marron.

Une grande pièce à vivre les accueillit. Un séjour-cuisine suffisamment éclairé par trois fenêtres. L'ensemble arborait une décoration sobre, minimale, comme des lieux de passage.

Le sexagénaire invita les deux Français à se mettre à l'aise.

– Je reviens tout de suite, annonça-t-il avant de disparaître derrière une porte.

Alors que Milan prenait place autour d'une table ronde, Laura ne put s'empêcher de laisser traîner son regard.

Sur sa gauche, la cuisine faisait dans le fonctionnel. L'évier débordait de tasses à laver. Elle constata que sur la cuisinière d'une autre époque dormait une épaisse pellicule de poussière. De toute évidence, le commissaire ne pouvait se vanter d'être un fin cordon-bleu. Sur le bar reposaient des menus de restaurant. Cuisine italienne, japonaise ou libanaise. Une nourriture rapide, efficace, livrée en quelques minutes.

Elle glissa ses yeux sur la partie de droite. En chemin, elle ne put éviter son regard.

Ses traits sonnaient l'attente d'une explication.

Leur nuit passée l'un dans l'autre, la réaction de Laura à son réveil, à présent son attitude. Milan l'avait bien compris, elle ressentait une gêne en sa compagnie, donnant la sensation que quelque chose s'était brisé.

– Tu regrettes ? attaqua-t-il.

– C'est fait, n'en parlons plus.

– J'attendais une vraie réponse. Tu t'en veux par rapport à ton mari ?

– Ex-mari, précisa-t-elle. Il n'a rien à voir avec tout ça, comme avec ma vie en général.

– Tu fais comme si c'était le cas.

Des mots qui replacèrent la capitaine face à ses contradictions. Cet homme redéfinissait les cartes, l'obligeant à regarder la vérité sous un autre angle. Ce qui s'était passé entre elle et lui dépassait l'instant d'un soir. Leurs corps avaient parlé, leurs esprits s'étaient rejoints dans une communion sans limites.

Alors, pourquoi une telle réaction ?

Les questions et les réponses coulèrent dans son silence.

En quelques pas, Laura rattrapa un canapé en cuir qui était à bonne distance d'un buffet en chêne. Télévision cathodique, magnétoscope, radiocassette. Ici, les sirènes du monde moderne n'avaient aucune emprise. Une fine dentelle épousait la surface d'une table basse où un paquet de cigarillos cohabitait avec un cendrier rempli de mégots.

Sur un des murs crème, une étagère portait quelques livres et des bibelots de mauvais goût. Au-dessus, une croix du Christ. La capitaine ne remarqua aucun tableau ni même de photos capables d'égayer cet ensemble. Petite touche féminine au décor, des rideaux d'un rose délavé habillaient les fenêtres du séjour.

Adami partageait-il sa vie avec une compagne ? Marié ? Veuf ? Célibataire endurci ?

Une regrettable évidence la frappa. Laura se trouvait dans l'incapacité de répondre. Depuis le début de leur enquête, elle n'avait jamais eu l'occasion d'échanger sur la vie privée du commissaire. L'affaire occupait les esprits, les sujets de conversation. Une spirale nébuleuse qui happait tout sur son passage.

La porte s'ouvrit et Adami réapparut, chargé d'un magnétophone et d'un gros classeur gris. Sur la couverture était inscrit en majuscules : « ENRIK FALCOWITZ/ LE BORGNE ». Il les posa sur la table et s'installa à son tour.

Il inséra la cassette dans l'appareil.

– Je crois que vous devriez entendre ce document sonore.

– Qu'est-ce que c'est ? demanda Milan.

– Après la condamnation du Borgne, la presse a continué à s'intéresser à lui. Au terme de sa première année d'incarcération, Enrik a reçu de nombreuses propositions d'interviews. Tous les reporters se sont vu opposer une fin de non-recevoir, sauf une personne. Un journaliste dont j'ai oublié le nom et qui travaillait à la rédaction d'un livre-entretien avec des tueurs en série.

– Vous étiez présent à l'interview, comprit Laura.

Adami hocha la tête.

– J'ai gardé une trace de cet échange. Ce que vous m'avez raconté autour de la symbolique d'Érostrate m'a fait me souvenir de cet entretien.

Le doigt du lieutenant se posa sur le gros classeur.

– Et ça ?

– Là-dedans, vous trouverez différentes coupures de presse concernant l'affaire, ainsi que des copies des procès-verbaux de l'époque et les photos des victimes.

Ça tenait à l'obsession, les deux Français l'avaient compris depuis longtemps. Adami ne s'était toujours pas remis de cette enquête. Au-delà de la souffrance, il transpirait de lui une peur primale, un cauchemar vivace, perceptible dans sa façon d'évoquer le Borgne.

– On peut ? demanda le lieutenant.

Le commissaire leur accorda la permission dans un mouvement de mains.

Laura tira une chaise et s'installa autour de la table.

De nombreuses coupures de presse défilèrent sous leurs yeux. Le royaume et ses pays voisins s'étaient intéressés à l'affaire. Ils lurent dans leur tête des accroches donnant dans le sensationnel.

Puis, ils découvrirent son visage.

Le Borgne se tenait debout dans le box des accusés, le regard défiant les jurés. Cheveux rasés, barbe de trois jours, allure distinguée. En le voyant, le lieutenant ne put s'empêcher de lui apposer l'image de John Malkovich, l'acteur américain, tant leurs traits se confondaient. Néanmoins, une différence majeure caractérisait l'assassin. Son œil gauche, fermé, était barré d'une fine cicatrice courant sur la verticale.

Ils continuèrent de tourner les pages et tombèrent sur plusieurs photos prises sur les scènes de crime. Pour la première fois, ils découvrirent l'horreur et la barbarie qui s'étaient jouées vingt-quatre ans plus tôt. Des morts violentes, chacune se singularisant par une abondante tache rouge au niveau du ventre.

Les visages de Constance Diallo et de Catherine Bauwens.

Troisième et quatrième victimes.

Constance possédait de longs cheveux noirs, une peau au teint mat et des yeux d'un bleu océanique.

Catherine arborait un visage angélique. Des boucles blondes tombaient sur ses épaules et sublimaient ses billes d'émeraude.

La découverte de ces clichés fit frissonner les deux partenaires. Devant eux se dressaient les visages des prochaines victimes.

– Dès notre retour au bureau, je vais demander à mes gars de lancer un avis de recherche, annonça Adami sans vraiment y croire.

Il tira les photos et les rangea dans la poche de sa veste. Depuis le début de cette enquête, chaque femme retrouvée assassinée était inconnue des services de police. Il n'imaginait pas un seul instant qu'il en serait autrement pour les deux prochaines.

Il jeta un regard aux deux Français et comprit que toute leur attention lui était dédiée.

Le doigt sur la touche Avance rapide, il cala la cassette.

Lecture.

Les premières secondes s'ouvrirent sur un léger bruit semblable à un souffle, avant qu'une voix sérieuse, presque solennelle, prenne les commandes de l'entretien.

– C'est bon, les gars, on y retourne. Entretien avec Enrik Falcowitz, prise quinze.

Le journaliste frappa dans ses mains, produisant un clac, et lança son flot de questions.

– Enrik. Voilà trente minutes que nous nous entretenons. Depuis le début, j'ai une question qui me brûle les lèvres.

– Je vous écoute.

Le silence flotta, laissant deviner une crainte.

– Regrettez-vous d'avoir tué ces quatre femmes ?

Une allumette craqua et quelqu'un cracha de la fumée.

– Des regrets ? Je laisse ça aux faibles d'esprit. Regretter, ce n'est pas assumer. J'ai conscience de ce que je suis. Ces visages devaient disparaître. Je l'ai voulu, je l'ai désiré. Je l'ai fait.

Une voix froide, glaçante. Derrière chaque mot lancé par le Borgne respirait le sentiment du devoir accompli. Des coups de fouet cinglants dépourvus de remords.

– Pourriez-vous être plus précis ? Qui êtes-vous ?

– Vous ne lisez pas la presse, cher ami ? Elle me surnomme le Borgne.

– Ce n'est qu'un surnom, juste là pour nourrir les imaginations. Non, je parle de vous. Qui est véritablement Enrik Falcowitz ?

– Des millions de personnes, répondit-il.

Il laissa glisser un nouveau silence, plus effrayant.

– Des gens plongés dans l'indifférence la plus totale. Des gens qui ne sont pas jugés à leur juste valeur. Des gens qui recherchent la lumière. Des gens qui, demain, prendront exemple sur moi.

Les regards assombris de Milan et Laura se croisèrent sur ces paroles. Impassible, Adami gardait les yeux rivés sur le magnétophone.

– Des gens qui prendront exemple sur vous ? Vous pensez qu'on peut vous voir comme une sorte... d'idole ?

– Quelle est la différence entre vous et moi ?

Un moment à blanc. Le journaliste, pris au dépourvu, resta sans réaction.

– Si vous souhaitez que cet entretien se poursuive, je vous conseille de me donner votre réponse, poussa le Borgne.

– À vrai dire, je ne sais pas. Peut-être une certaine barrière morale ? Quatre femmes sont mortes sous votre lame.

Le tueur lâcha un rire chaotique avant de reprendre son discours.

– Voyez plus loin... La transgression, c'est la seule source de puissance qui existe en ce bas monde. En faisant disparaître ces visages, j'ai atteint ce que tout homme recherche. Je me suis offert l'interdit. L'immortalité. Elle est là, notre différence.

Une voix neutre. Des mots lourds de sens.

– Bien plus qu'un exemple, je suis un père pour toutes ces âmes en manque de reconnaissance. Ceux qui perçoivent le monde comme étant sans intérêt. Ces gens qui se sentent dépourvus d'attention.

Le journaliste tenta de garder une voix neutre à l'écoute des horreurs projetées par ce cerveau malade.

– Maintenant que vous êtes en prison, comment pensez-vous vous y prendre ?

– Vous vous imaginez vous débarrasser de moi en m'enfermant derrière ces murs ?

Une question qui sonna comme un coup de tonnerre. L'ascendant pris par le tueur pesait toujours plus.

– Le système judiciaire est ainsi fait...

– Ce système a été conçu par la même société qui engendre au fil des jours le harcèlement, l'insignifiance, le sentiment de rejet.

– Vous tenez notre société pour responsable de vos actes ? rebondit le journaliste.

– Toute ma jeunesse, on s'est moqué de moi, on m'a relégué au rang des personnes sans intérêt. Je faisais partie de ces invisibles, de ceux qu'on ignore... Par mes actes, j'ai attaché à mon nom une résonance particulière. Même après ma mort, je continuerai à exister, que ce soit par la douleur des familles ou par l'effroi que j'ai engendré. Pour cela, le sang est la seule vérité.

Jubilation et excitation portèrent la voix du Borgne.

– Mes meurtres ne cesseront jamais. Ce que je suis, ce que je respire, ce qui me nourrit ne peut disparaître derrière des barreaux. Pauvres fous... Bientôt, une armée se soulèvera, guidée par mon art. Des hommes et des femmes assoiffés de reconnaissance... Retenez ce que je vous dis. Je suis le premier de la lignée. Je suis le premier des sanguinaires. Je suis un éternel retour.

La cassette tourna dans le vide quelques secondes et stoppa. Le commissaire se leva dans un soupir d'amertume et se posta à la fenêtre.

Les deux Français restèrent ainsi, à digérer le cauchemar exhumé par cet entretien.

– Il y a vingt-quatre ans, je ne pensais pas que ces paroles deviendraient prophétiques, reconnut Adami.

Son regard se perdait sur un horizon pris en étau entre deux tours. Par-delà cette image, son esprit restait soudé aux paroles ayant jailli du magnétophone.

L'horreur à l'état brut.

– Un père, murmura Milan. Le Borgne se voit comme un père. Il parle d'une lignée comme d'un éternel retour. Les crimes d'aujourd'hui font écho à ceux d'hier, par le choix des victimes comme par le mode opératoire.

– Pas seulement, souligna la capitaine Esposito. Son discours porte aussi sur l'héritage. Le Borgne ne voit pas ses actes comme des crimes, mais comme un moyen d'exister, une façon de sortir de l'ombre.

L'angoisse nichée au fond de la gorge, les lèvres serrées, elle replongeait dans les délires du tueur. Tout ça dépassait l'entendement. La folie à elle seule ne suffisait plus à expliquer cette vague de massacres survenue ces derniers jours.

– Ces tueurs se servent des crimes du Borgne pour exister. Au-delà de l'hommage qu'ils lui rendent, ils donnent un sens à leur vie. Une résonance particulière à leur identité. Nos tueurs, ces hommes et ces femmes réunis, ont le même profil. Ils se sentent incompris, mal à l'aise dans notre société. L'homme qui se cache derrière le pseudo Érostrate le savait. Il s'est servi de cette pulsion de mort pour fonder cette communauté de tueurs.

– Ils veulent « exister » par la destruction. Ils croient à la vie après la mort, fit Milan.

Ses paroles prononcées, le lieutenant glissa quelques heures plus tôt. Le métro, l'arme à la main, le quai d'en face.

Dascarino. Ses mots... L'absence d'hésitation au moment de se donner la mort.

– Avant de se suicider, Dascarino m'a fait comprendre qu'il n'avait plus peur de la mort. Il disait avoir trouvé un sens à sa vie.

– Parce que la voie du sang l'a mené à l'immortalité, avança le commissaire.

– C'est le mot, en effet. L'immortalité. Ils savent qu'après leurs actes, on retiendra leurs noms.

– Dascarino vivait un enfer au quotidien. Dans son travail, il ne se sentait pas à sa place. Christina courait les petits boulots. Elle était perpétuellement en train de se chercher, continua Adami, le regard rivé sur l'extérieur.

– Sans compter ce que Blanchard a découvert, poursuivit la capitaine. Christina avait rompu tous liens avec ses parents. Il met clairement en rapport cette circonstance avec la perte de son petit frère mort-né. J'imagine que la douleur de ses parents a eu d'énormes conséquences affectives ou psychologiques.

Le rapport, Esposito l'avait imprimé avant de partir interroger Héloïse dans les locaux de Partenaires.com. Elle l'avait lu à maintes reprises, détaillé avec précision. Il n'avait plus de secret pour elle.

Adami se retourna et focalisa son intérêt sur le lieutenant Dacourt :

– Sans oublier votre ami Sébastien. Il rêvait de devenir un grand réalisateur et de vivre de sa passion. À défaut, il s'est retrouvé à filmer des mariages. Il y a de quoi perdre ses repères. Certains ont basculé pour moins que ça...

Milan ne répondit rien. Les faits avancés par le commissaire s'alignaient sur les ressentis des derniers clients de Sébastien. Tous témoignaient d'un homme triste, pas vraiment en harmonie avec lui-même. Il chercha le regard de Laura pour sonder ses pensées et comprit qu'elle partageait les mêmes constats.

Une sonnerie stridente retentit.

Adami porta le combiné à son oreille.

– Je t'écoute, Richard, tu as du nouveau ?

– Pas encore, commissaire, je suis au bureau...

– Qu'est-ce que tu attends pour te rendre à la maison close ? grogna-t-il.

– Une femme veut vous parler de toute urgence. Elle est accompagnée d'un médium.

Un filet d'incompréhension figea les traits du sexagénaire.

– À quel sujet ?

– Les meurtres. Ils pensent connaître l'identité de la future victime.

56

ILS ÉCOUTAIENT EN SILENCE. Dans le bureau du commissaire, Gabriel justifiait aux trois partenaires ainsi qu'à l'inspecteur Declerc sa présence en ces lieux. Sa voix empruntait un ton contrôlé, précis, s'efforçant de ne pas céder à la panique. Vêtu de son costume trois-pièces aux reflets argentés, il se tenait à une canne surmontée d'un pommeau en céramique noire. À ses côtés, Daphnée portait un regard emmuré dans sa peine.

– Mes visions sont comparables à un film qu'on projette devant moi. D'ordinaire, j'arrive à avoir une idée assez précise des lieux et des personnes...

– Qu'avez-vous vu exactement ? fit Adami.

– Les images étaient trop floues. J'ai seulement distingué une silhouette tenant un couteau. À ce moment-là, j'ai ressenti une douleur au niveau de l'abdomen. J'ai entendu une femme agoniser dans d'atroces souffrances.

Le médium s'arrêta, marquant l'importance de ses derniers mots.

– En quoi vos visions sont-elles à mettre en relation avec les deux précédents meurtres ?

Ton agressif, empreint d'impatience.

Gabriel prit une profonde respiration. Il ne lui avait suffi que d'un coup d'œil pour comprendre que le commissaire, assis face à lui, était réfractaire aux arts divinatoires.

– Peut-être que je ne peux pas vous décrire la silhouette tenant le couteau. Mais la victime, je l'ai clairement vue. Il s'agit de Carole Duchemin.

Adami déporta son regard du médium pour rencontrer ceux des deux Français et de son inspecteur, postés en retrait près de la porte.

Gabriel poursuivit :

– Quand elle a quitté mon cabinet, j'étais toujours aussi mal à l'aise. Je n'arrivais pas à passer au-delà de ce que j'avais ressenti. Je me suis souvenu qu'elle avait pris contact avec moi sur les conseils de Daphnée. J'ai senti le besoin de lui téléphoner. Tout comme moi, elle était désemparée...

Adami planta ses coudes dans le bois et posa son menton sur ses deux mains jointes. Il attendait une réaction. La femme le comprit et prit la parole :

– J'ai parlé à Carole à la sortie de sa consultation. Elle ne croyait pas un mot des prédictions de Gabriel.

Ses yeux gênés roulèrent en direction du médium, puis elle continua :

– Pour elle, tout cela n'était que du vent. Elle le considérait comme un charlatan.

Gabriel ne s'offusqua point de cette remarque. Il avait eu le temps de juger tout le bien que Carole pensait de lui.

– J'ai essayé de la mettre en garde. Chaque fois que j'ai eu affaire à Gabriel, ses révélations se sont avérées exactes.

– Comment a-t-elle réagi ?

– Elle m'a raccroché au nez en me disant que c'était des conneries... Un peu plus tard, nous avions rendez-vous à la salle de sport. J'ai attendu une demi-heure et tenté de l'appeler à plusieurs reprises. Elle ne répondait pas.

– Son portable était peut-être éteint ? intervint l'inspecteur Declerc.

Daphnée se retourna avec une moue dubitative :

– Impossible... Ce n'est pas du tout son genre. Avec son travail, Carole ne peut pas se permettre de rater le moindre appel.

Milan tiqua :

– Dans quel domaine travaille votre amie ?

– La mode. Elle est mannequin. Elle pose pour des magazines de vente par correspondance.

Coup de tonnerre. Le schéma se répétait.

Comme les deux précédentes victimes, Carole était une femme exposée et dont le physique ne laissait pas indifférent.

– En quittant la salle de sport, j'étais très nerveuse. Je suis rentrée chez moi et mon premier réflexe a été d'allumer la télévision. C'est là que j'ai pris connaissance du reportage...

Adami se redressa, plus attentif que jamais.

– Quel reportage ?

– Les photos des victimes passent en boucle aux informations.

Sourcils froncés, le commissaire sortit de son tiroir une télécommande.

Il alluma le téléviseur sur la chaîne LCI.

Les deux Français et l'inspecteur Declerc se placèrent derrière le bureau, les yeux braqués sur le téléviseur cathodique.

Le reportage en cours revenait sur un fait divers. Un employé, aujourd'hui âgé de soixante ans, avait été torturé sur son lieu de travail durant de longues années. Entre railleries et souffrances psychologiques ou physiques, l'homme était devenu le souffre-douleur de son supérieur comme du reste de l'équipe. Se satisfaisant du pire, la vingtaine de tortionnaires s'amusaient à se filmer en infligeant des sévices à leur victime.

La voix off du journaliste, neutre et formelle, précisait que l'ancien employé avait engagé des démarches dix ans auparavant auprès du directeur de l'usine, mais que ce dernier ne l'avait pas entendu.

À l'écran, plusieurs plans de coupe de l'entreprise illustraient le document visuel. Le tout servait à donner toujours plus de sens à cette affaire et à en renforcer le climat délétère.

Face à la caméra, le reporter bouclait son reportage en affirmant que l'enquête était en cours et que le cas devrait prochainement être examiné par la chambre du conseil du tribunal de Bruxelles.

Adami comprenait pourquoi il boycottait la télévision. Sans cesse, les informations lui rappelaient à quel point ce monde ne tournait pas rond. Il redoutait qu'un jour toute cette tension, ce non-vivre entre les civilisations, cette folie rongeant les consciences se terminent en guerre planétaire.

Aujourd'hui, la cruauté est devenue dans notre société un paysage quotidien et non exceptionnel. Une idée davantage relayée par la profusion des émissions de faits divers, des documents-chocs et des fictions.

En ce XXIe siècle, quoi de plus banal que l'horreur ?

Pas étonnant que certains pensent obtenir la raison à travers le sang...

Sur le plateau, deux journalistes, un homme et une femme, étaient installés à une table en plexiglas. Ils apportèrent quelques compléments d'information puis, sans transition, passèrent au reportage suivant. Celui qui concernait leur enquête.

Ouverture en plan large sur la rue de Birmingham. Le jour à peine éclos, les façades d'usine, l'attroupement des forces de l'ordre. Puis un cadrage sur le commissaire Adami, adossé à la portière de sa Volvo. À bonne distance se tenaient les deux Français. L'attitude de la capitaine Esposito trahissait la nervosité.

Un enchaînement de plans plus tard, une voix off se manifesta :

> *Rue de Birmingham. C'est ici, dans cette usine désaffectée, que la police fédérale amenée par le commissaire Hugo Adami a tenté d'intercepter le présumé coupable du meurtre de Flavie Dubreuil. Une hôtesse retrouvée hier matin, le ventre tailladé, dans la rue d'Aerschot, haut lieu de la prostitution bruxelloise. Le suspect, Georgio Dascarino, un ancien gardien de prison, a tenté de prendre la fuite en empruntant le métro de la gare de l'Ouest.*

Plan large extérieur de la gare, du ballet des gyrophares, des rails du métro, puis de la foule patientant. Un témoin cadré à la taille, le visage flouté. Un lourd accent bruxellois roulait dans sa gorge.

– J'ai voulu prendre le métro comme tous les matins. Je patientais sur le quai quand j'ai vu surgir un homme, arme à la main. Tout s'est passé très vite. Il y a eu un mouvement de foule. Les gens paniquaient, hurlaient même ! On a eu très peur !

Cette fois, les images diffusées à l'écran provenaient directement des caméras de surveillance placées dans le métro. Images pixélisées, mais suffisantes pour témoigner des événements. On y voyait Milan braquant son arme sur le quai d'en face, où Dascarino, les mains levées au ciel, se rapprochait toujours plus du bord du quai.

Retour de la voix off pour plus de précisions :

> *Malgré la course-poursuite et la volonté des forces de l'ordre d'appréhender le suspect, Dascarino s'est donné la mort en se jetant sur les rails du métro.*

Une photo de Flavie illustra le reportage.

> *Selon nos premières informations, la victime, Flavie Dubreuil, était une Française de vingt-huit ans habitant depuis presque quatre ans à Bruxelles. Si la culpabilité de Georgio Dascarino reste à démontrer, ce meurtre est sans nul doute à mettre en relation avec celui de Marie Charton. La jeune femme fut retrouvée dimanche, le visage arraché, le ventre tailladé. Deux meurtres en quelques jours, au mode opératoire similaire.*

La reconstitution faciale de Marie Charton s'imposa aux côtés de la photographie de Flavie.

> *Les visages de ces femmes font étrangement penser à ceux des deux premières victimes du Borgne. Un assassin qui, en l'espace d'une semaine, en juillet 1986, a tué quatre femmes selon le même mode opératoire. Le ventre tailladé à coups de couteau.*

Là, le reportage bascula dans l'ignoble.

Sur fond noir, deux rangées occupaient l'appareil cathodique.

La première ligne était constituée des quatre visages des victimes assassinées vingt-quatre ans plus tôt : Adèle, Mélanie, Constance et Catherine.

Celle du dessous renvoyait à Marie et à Flavie. Par ce procédé, le journaliste tenait à marquer davantage la ressemblance entre ces femmes. Enfin, on avait apposé deux points d'interrogation sous les portraits de Constance et Catherine.

Écœuré, le commissaire coupa le téléviseur, laissant un lourd silence couler dans le bureau.

Le groupe en avait conscience. À présent, les partenaires devaient, en parallèle à l'enquête, gérer la pression médiatique. Ce n'était plus qu'une question d'heures avant que les noms de Milan Dacourt et de Laura Esposito circulent dans la presse.

Larmes aux yeux, Daphnée tira une photographie de sa poche.

– La ressemblance est... trop frappante...

Elle la glissa sur la table et l'évidence noua les estomacs. Les deux copines posaient face à l'objectif. Derrière elles se dévoilait la tour Eiffel. Dame de fer, immense et majestueuse.

– Mon Dieu..., lâcha la capitaine. C'est... elle...

Un visage en forme de cœur, une chevelure sombre, de grands yeux bleus hypnotisants. Une allure maîtrisée, un sourire calculé ne laissant rien au hasard. Laura perçut une femme aux abords de la quarantaine, consciente de ses charmes et constamment en contrôle de son image.

Elle n'eut pas besoin de se tourner vers le commissaire pour ressentir l'angoisse qui le tiraillait. Carole Duchemin était le portrait craché de Constance Diallo.

Milan jeta un œil au-dessus de la porte et découvrit les chiffres luminescents d'une pendule.

Onze heures trente.

– À quelle heure remonte votre contact avec Carole ? demanda-t-il, déjà sur le départ.

– Il... Il devait être aux alentours de neuf heures trente. Elle sortait tout juste de son rendez-vous avec Gabriel, répondit Daphnée.

D'un battement de cils, le médium confirma les dires de cette dernière.

Le tueur les devançait de deux heures. Une situation difficile à renverser. Mais peut-être pas impossible ?

Il fallait tenter le coup.

57

LE COMPTE À REBOURS était lancé, le combat contre le temps, amorcé. Les secondes et les minutes égrenées emportaient dans leur sillage l'espoir de sauver Carole.

Fenêtres en bandeau, toiture plate. Le bâtiment de six étages au style moderniste était niché au milieu de plusieurs habitations. Un quartier paisible et familial, où résidait le médium Gabriel.

Au pied de l'immeuble dormait la Peugeot 206 de Carole. Une découverte qui établit les bases d'une première évidence. L'agresseur avait utilisé son propre véhicule pour l'enlever.

Par la configuration des lieux s'imposa une seconde certitude. Ici, le risque d'être observé demeurait constant. Les immeubles se faisaient face, séparés par une fine ruelle à sens unique débouchant sur un boulevard. Dans ces conditions, difficile d'imaginer le tueur sortir en forçant la mannequin à le suivre. Non, l'enlèvement s'était déroulé à l'intérieur même du bâtiment. Pour accentuer leurs constats, une porte de garage se dressait à quelques mètres de l'entrée principale de la construction. Elle menait tout droit à un parking souterrain par lequel l'accès aux étages pouvait se faire sans passer par l'extérieur.

Pour les partenaires, le procédé utilisé par l'agresseur prenait forme. Une fois sa voiture stationnée à l'intérieur du parking, il avait profité de la discrétion offerte par les lieux pour commettre son méfait.

Adami s'engouffra dans le bâtiment, suivi par la capitaine.

Milan les laissa à leur initiative. En quelques pas, il remonta la venelle, l'esprit en ébullition. Arrivé au coin de la rue, il découvrit un long boulevard qui sortait tout juste de l'asphyxie. Le lieutenant savait que, dans un tel exercice, le premier réflexe à adopter était la discrétion. Il n'imaginait pas un seul instant le tueur courir le risque d'emprunter la ruelle à contresens. Non, il avait opté pour une conduite calme et respecté le Code de la route. Dans ces conditions, il n'avait eu d'autre choix que de passer par le boulevard.

Et après ? Quelle direction ?

À droite, les voitures fonçaient au cœur de la ville. À gauche, au-delà de quelques kilomètres, on pouvait espérer quitter le tumulte des grands ensembles.

Le fil du temps.

La mannequin avait rendez-vous à huit heures et demie. Le médium leur avait confié que la consultation avait duré une heure. Une fois sortie, Carole avait téléphoné à son amie Daphnée. L'échange avait été bref et concis. En comptant large, Milan l'imagina descendre les étages par l'ascenseur : neuf heures quarante, maximum. Alors qu'elle se trouvait encore dans l'immeuble surgit l'agresseur. De là, elle fut contrainte de monter dans une voiture.

Ou une camionnette...

Bruxelles est une capitale.

À l'heure de l'enlèvement, la circulation était constituée essentiellement d'hommes et de femmes se rendant à leur travail. Le risque de rester coincé dans un embouteillage était une donnée réelle que l'agresseur avait dû appréhender.

Il a tourné à gauche. Il s'est éloigné du centre-ville, des bureaux, des commerces. Il a fui toutes les zones qui commençaient leurs activités.

Si les faits semblaient donner raison au lieutenant, un autre schéma ne devait pas être écarté. Rien n'aurait empêché l'homme de rouler quelques instants sur le boulevard, puis de le quitter pour emprunter des rues plus intimes.

Une multitude de possibilités. Une mauvaise décision et c'en était terminé des chances de retrouver Carole.

Un coup de klaxon le sortit de ses réflexions.

Il porta son regard sur sa gauche où une voiture venait de caler à une intersection. Derrière elle, une ligne d'acier multicolore chargea dans l'air une symphonie d'impatience.

Milan resta indifférent à ce spectacle, laissant son œil se visser à une enseigne. Nichée à l'angle, une boutique à la façade marquée par le rejet continuel des gaz d'échappement dépérissait dans l'attente de potentiels clients.

Sur un fond blanc, les cinq lettres rouges brillaient. « CANON ».

Et si la chance était de leur côté ?

Le lieutenant traversa le boulevard.

Derrière la vitrine, des présentoirs fatigués croulaient sous une multitude de gadgets électroniques : appareils photographiques, caméras, téléphones cellulaires, lecteurs DVD, webcams.

Les jours découlant du meurtre de son ami d'enfance l'avaient usé jusqu'à la corde. Milan portait des traits creusés par la pression de l'enquête. Il put le constater en temps réel grâce au téléviseur posé au pied du présentoir et renvoyant sans cesse son image.

Un rictus stria ses lèvres. Un des appareils était branché et filmait les passants, la rue, le boulevard. À en juger par le petit point vert scintillant, il s'agissait d'une caméra.

Il devait connaître la réponse.

Enregistrait-elle ?

58

LA CLOCHETTE grelotta à l'ouverture de la porte.

Milan découvrit la boutique dans son ensemble. Un terme inapproprié tant l'intérieur s'apparentait à un véritable fourre-tout. Plusieurs présentoirs accumulaient une variété de produits d'occasion. Vieux livres, machines à café, écrans plats, montres, stylos, instruments de musique. L'odeur persistante de poussière couplée à une sueur rance en marquait la surface.

Derrière son comptoir, un homme au physique de rugbyman à la retraite décrocha de sa lecture pour observer le lieutenant qui venait à lui. Barbe et cheveux blancs, la peau tannée sous ses fines lunettes, il esquissait une moue dubitative.

– Je peux vous aider ? demanda-t-il.

Sa voix burinée accusait des années de nicotine. Aucune trace d'amabilité. Seulement de la lassitude et de l'ennui. La faute des heures passées entre ces quatre murs à attendre un pigeon à qui refourguer sa marchandise.

Le lieutenant tira son badge tricolore et le leva à la hauteur des deux billes grises.

– Vous êtes français ? supposa l'homme.

– Ça vous pose un problème ?

– Euh... Non, pas du tout, mentit-il.

Une sourde colère infusa les veines de Milan. Avec elle, une forte envie de décocher une droite au bonhomme pour recadrer son racisme primaire.

L'enquête avant tout...

– Je m'intéresse à votre vitrine, en particulier à la caméra qui filme.

Le gérant ôta ses lunettes et mordilla machinalement l'une des branches.

– Ce n'est pas interdit de filmer !

– Je ne suis pas là pour ça, je veux savoir si elle enregistre.

– Vous avez vu un écriteau sur ma devanture précisant que la boutique est sous surveillance vidéo ?

Ton dédaigneux à la limite du supportable.

– J'ai pas le temps de jouer ! Je vous pose une question, vous me répondez ! lâcha Dacourt dans un élan de colère.

Remis à leur place, les cheveux blancs adoptèrent une nouvelle trajectoire. Le gérant comprit que le seuil du tolérable venait d'être franchi.

– Ça filme, mais n'enregistre pas. Ça fait trois fois en l'espace d'un an que des petits branleurs cassent ma vitrine. J'ai monté ce système à titre préventif. Et je dois reconnaître que ça marche plutôt bien.

Point mort. La chance n'était pas au rendez-vous. La défaite creusa le visage du lieutenant.

– Merde ! lâcha-t-il.

Son poing s'écrasa contre le comptoir. Un geste qui fit reculer le gérant de quelques pas.

– Attention, mon gars ! Faut pas se mettre dans des états pareils !

Milan ne prit pas en considération la remarque. Il se retourna pour considérer l'ensemble de la boutique. De sa place, par-delà la vitrine, il voyait les voitures ralentir à l'intersection.

– Aucun appareil dans votre foutoir n'enregistre en ce moment ce qui se passe dans la rue ?

Les sourcils de l'homme formèrent deux accents circonflexes.

– Pourquoi ferais-je une chose pareille ? Vous en avez, de drôles d'idées !

À l'aide de son pouce et de son majeur, Milan se massa le front et prit conscience du caractère déroutant de ses questions.

– Vous ouvrez à quelle heure, le matin ?

– Neuf heures ! Et cela, depuis bientôt quinze ans.

Le timing était parfait. Trop. Le lieutenant enragea davantage.

– Vous n'avez rien remarqué de particulier, ce matin ?

– À quel sujet ?

– La circulation.

Le gérant écarquilla de grands yeux. Il avait toujours autant de mal à comprendre le sens de cette discussion.

– C'est une obsession chez vous ! J'ai autre chose à faire que de m'intéresser à la circulation !

Comme pour marquer la fin de leur échange, il retourna à la lecture de son roman.

La mine désolée, le lieutenant prit la direction de la sortie et pria que ses deux partenaires obtiennent du nouveau de leur côté.

59

S'IL EXISTAIT UNE CHANCE, même infime, de sauver la vie de Carole, elle se trouvait entre les mains de Laura et du commissaire Adami.

Alors, ils se devaient de tout tenter. En premier lieu, l'impossible...

Porte-à-porte, passants... Les réponses désolantes enroulaient toujours plus la mannequin dans l'étoffe des ténèbres.

Personne n'avait rien vu...

Leur dernier espoir se tournait vers un petit bout de femme d'origine africaine au sourire avenant. Linda Gnizao, la concierge de l'immeuble. Ils l'avaient retrouvée sur le palier du premier étage, où elle entamait son nettoyage quotidien.

– Jamais vu ce véhicule auparavant. Il est resté stationné une bonne heure dans le parking. Je crois qu'il faut être sacrément riche pour se payer ce type de bagnole.

– Quel genre de voiture ? enchaîna Adami.

– Gros 4 × 4, tout noir !

Chaque parole de la concierge s'accompagnait de grands gestes de la main.

– La marque de la voiture ?

– Aucune idée, monsieur.

– Le conducteur, vous avez vu son visage ? Vous pouvez nous le décrire ?

Linda haussa les épaules en signe d'impuissance.

– Les vitres étaient toutes noires.

L'enveloppe du commissaire grogna.

Des vitres teintées. Un procédé vieux comme le monde. Simple. Efficace. L'agresseur se protégeait des regards extérieurs en toute impunité.

Il tenta à tout hasard :

– Le numéro de la plaque, vous l'avez relevé ?

Les yeux de l'Africaine suffirent comme réponse.

Une impasse, une fois encore.

La mine désolée, à court de questions, Adami laissa sa partenaire prendre le relais.

– Vous n'avez pas remarqué un détail ? continua-t-elle.

– Quoi comme détail ?

– Ce qui vous passe par la tête. Tout peut nous être utile...

Absorbée dans ses réflexions, la concierge finit par desserrer ses lèvres au bout d'une longue attente.

– C'était peut-être une voiture de docteur.

Laura haussa les sourcils et Adami reprit les commandes.

– Docteur ? Qu'est-ce qui vous fait penser une telle chose ?

– Il y avait un autocollant en bas de la vitre arrière. Une croix rouge sur un fond blanc.

Une croix rouge...

Un éclair de conscience fit bourdonner les tempes de la capitaine.

– Vous en êtes certaine ? lâcha-t-elle.

– C'est ce que j'ai vu. C'est nouveau, les lettres sur leur logo ?

Un détail. Cette fois, le soubresaut d'une révélation emballa le cœur de Laura. Sans même qu'elle les ait invités, les mots de Thomas Blanchard passèrent dans sa mémoire, capitonnant les sons alentour.

Ils concernaient Christina.

Je suppose que, même sans son permis de conduire, elle voulait s'offrir le plus de chances possible de réussir.

Puis, ceux-ci :

Fin 2007, elle a été arrêtée en état d'ivresse. Tu connais la musique. Même avec un bon avocat, le verdict est sans appel...

Pourquoi ces mots, à ce moment précis ?

Réfléchir, et vite. Ce nom, elle l'avait lu sur le rapport de Blanchard. Une petite ligne glissée au milieu des autres. A priori, sans aucun rapport avec cette enquête. Laura le savait, une affaire criminelle ne se nourrissait que de certitudes.

Elle empoigna son portable, enclencha sa messagerie instantanée. Ses doigts virevoltèrent sur le clavier.

« Christina. Plus de permis. Défendue par Camille Ginioux... Avocate réputée ? »

Quelques secondes de suspens, puis la réponse de Blanchard :

« Oui... à Lille ! (?) »

La solution n'était plus très loin, à la portée de ses doigts. Écouter son intuition, toujours.

« Aujourd'hui ? »

« Morte depuis deux ans avec ses enfants... »

Laura déporta son regard du cadre numérique et le posa sur celui du commissaire. Un point d'ancrage, rien d'autre. Son cerveau en ébullition reconstituait la chaîne des événements, cherchait la faille. Le logo décrit par la concierge était apparu sur l'ordinateur au moment de sa mise en veille.

Les doigts de la capitaine composèrent un dernier texto.

Court. Rapide. Déterminant.

« Avocate... En couple à l'époque ? »

Touche Envoi. Les mots fusèrent dans les entrailles de l'invisible.

– Vous avez une idée ? demanda Adami.

– Peut-être... C'est le logo qui m'a fait penser à cette piste. Je l'ai vu au moment d'interroger...

Un bip. La réponse.

« Oui. Paul Boateng. »

60

IL EXISTE DES MOTS qui, associés dans la même phrase, ont l'effet d'un tsunami capable de balayer les lenteurs administratives, de faire sauter les coffres-forts du secret professionnel. Si on y ajoutait un ton sec et autoritaire, quiconque se les voyait adresser se retrouvait à coup sûr pris au dépourvu, comme acculé.

À l'autre bout du fil, Pascale Quigley, secrétaire personnelle de Paul Boateng et employée chez Blan'c Division Group, en faisait l'amère expérience. Les termes « police », « enquête », « urgence » l'avaient cueillie en plein vol, crispant son sourire de circonstance.

– Ce que vous me demandez relève du privé...

– Imprimez, madame ! Je ne demande pas, j'ordonne !

– Je vais avoir des problèmes si je communique ces informations. Le règlement m'oblige à...

– Vous en voulez, de « vrais » problèmes ? Je vais vous en donner ! Non-assistance à personne en danger, ça vous dit quelque chose ? Je rajoute : refus d'obtempérer dans une enquête en cours. Au bas mot, ça va chercher dans les deux ans.

Adami laissa son interlocutrice à sa réflexion. Puis, il enfonça le clou.

– Quatre ou cinq ans ! Ferme, bien entendu...

– Laissez-moi consulter mon ordinateur ! le coupa-t-elle.

– Faites vite !

Les doigts dansèrent sur le clavier. Dans un ronronnement, le PC sortit de son sommeil pour chercher l'information. C'était beaucoup trop long au regard du sexagénaire.

– Alors, ça vient ?

– Je fais au plus vite !

– Passez la seconde !

Adami ne lui laissait aucun temps mort. La secrétaire se retrouvait la tête sous l'eau. Les rares fois où elle pouvait reprendre sa respiration, l'homme faisait en sorte qu'elle y retourne au plus vite.

L'écran chargea un calendrier et les premières réponses tombèrent.

– Paul Boateng a annulé tous ses rendez-vous pour les prochains jours. Il est absent du bureau.

– Pour combien de temps ?

– Je n'ai pas de précision à ce sujet.

– Vérifiez à la date du 22 novembre, il rentrait de Paris. J'imagine qu'il a eu des rendez-vous durant le week-end.

Date précise où Flavie avait voyagé à bord du Thalys avant d'être enlevée par Georgio Dascarino. Par cette information, Adami voulait s'assurer que Paul Boateng n'était pas complice de cet acte, lui, le dernier témoin à l'avoir vue vivante.

– Le 22, vous dites... Monsieur Boateng était en repos. Je ne vois aucun rendez-vous de noté, pas même le week-end précédent.

Le sol s'ouvrit sous les pieds du sexagénaire.

– Donnez-moi son adresse personnelle !

Nouveau contact avec les touches. Quelques secondes filèrent, avant la réponse :

– J'en ai deux. L'une est le 29, rue Ravenstein, c'est dans Bruxelles, à deux pas du parc Royal...

– Je connais. L'autre !

– Oui... Oui... C'est au 32, drève des Pins à Braine-l'Alleud.

Un flottement.

Les yeux du commissaire glissèrent sur Laura et Milan. Il connaissait ce coin de paradis niché à une trentaine de kilomètres de l'agitation bruxelloise. Un lieu tranquille où s'empilaient les demeures de prestige, à l'abri des regards.

– Depuis combien de temps Paul Boateng est-il propriétaire de cette maison ?

– Aucune idée. Il l'avait avant mon arrivée en 2008. Il y passait de nombreux week-ends avec sa femme et ses deux enfants.

– Plus maintenant ?

– Il faut croire que non, Paul nous a intimé l'ordre d'envoyer son courrier professionnel à son appartement à Bruxelles. C'est là qu'il réside depuis le drame...

– Quel drame ?

– Comment, vous n'êtes pas au courant ? s'étonna la secrétaire.

– Pas le temps pour les devinettes, crachez le morceau !

– Paul est veuf depuis presque deux ans, maintenant. Camille, sa compagne, a eu un accident avec ses deux enfants. Un soir, elle les ramenait de l'école. Ils marchaient le long de la route. Une voiture les a percutés de plein fouet. Le temps que les secours arrivent, il était trop tard. À la suite de ce drame, monsieur Boateng a sombré dans une profonde dépression, d'autant qu'on n'a jamais retrouvé le responsable de cette tragédie.

– Vous voulez dire qu'on ne sait toujours pas qui conduisait ?

Un silence gêné, cette fois.

– Le plus horrible, c'est qu'on l'a accusé d'être l'auteur des faits.

Adami ferma les yeux pour encaisser.

– C'est qui, « on » ?

– Les bruits de couloir, vous savez... On raconte que Paul et sa femme s'entendaient très mal. C'était une excellente avocate, très réputée dans le milieu. Monsieur Boateng avait du mal à s'affirmer à ses côtés. La jalousie l'aurait poussé à commettre l'irréparable... Mais bon, tout ça reste des ragots. Paul est la personne la plus gentille que je connaisse.

– Il vivait à Bruxelles à l'époque ?

– Non, à Lille. Lui et sa femme avaient monté un cabinet d'avocats et travaillaient ensemble. Ils résidaient dans leur maison à Braine-l'Alleud seulement les week-ends. Après la tragédie, monsieur Boateng a quitté Lille, vendu son cabinet et s'est installé à Bruxelles. De là, il a intégré la société Blan'c Division Group...

Adami raccrocha, laissant la fin des explications heurter le vide.

Camille Ginioux, la compagne de Boateng, s'occupait de la défense de Christina. Une femme reconnue pour son talent. Succès et gloire rythmaient sa route.

Et pour Boateng ? Jalousie et sentiment d'infériorité ?

Fin 2007, Paul Boateng et Christina avaient sans doute dû se croiser alors que cette dernière connaissait des déboires avec la justice.

Peut-être s'étaient-ils liés d'amitié ? Serait-ce à cette époque que l'embryon de ce plan machiavélique avait pris forme ?

Le regard du commissaire accrocha une assemblée déroutée.

Laura pouvait encore entendre Paul Boateng parler de sa femme et de ses enfants au moment où ils l'avaient rencontré dans son bureau. Sa posture, l'assurance de sa voix. Rien ne laissait imaginer que chacune de ses paroles respirait un parfum de mensonge.

L'homme les avait habilement dupés. Aveuglés par l'enquête, les deux Français n'avaient pas pris le temps de vérifier son emploi du temps ni même la véracité de ses propos. Une erreur impardonnable qui risquait de coûter la vie à Carole.

Un gardien de prison n'arrivant pas à s'affirmer, un avocat perdant pied face à la réussite de son épouse, un réalisateur aux rêves essoufflés, une femme courant les petits boulots.

Des destins bousculés. Des personnalités perdues...

Des gens qui ne sont pas jugés à leur juste valeur. Des gens qui recherchent la lumière. Des gens qui, demain, prendront exemple sur moi.

Les mots du Borgne.

Je suis le premier de la lignée. Je suis le premier des sanguinaires. Je suis un éternel retour.

Le préambule à cette vague de meurtres.

61

PLANTÉ SUR LE TOIT, le gyrophare lançait des éclairs d'urgence ; la sirène, une complainte mortuaire. Une poignée de minutes suffit à la Volvo pour s'extraire de la capitale belge. Adami adoptait une conduite agressive, n'hésitant pas à pousser les quelques voitures récalcitrantes à lui céder le passage. Dispositif mains libres enclenché, haut-parleur activé, il s'entretenait avec le colonel Adrien Bergkamp, responsable de la cellule d'intervention du CGSU – Commissariat Général Special Units. Un groupe d'hommes surentraînés capables de gérer des situations de crise telles que des prises d'otages.

Adami lui fit un topo :

– Le suspect se prénomme Paul Boateng. La quarantaine, avocat. Il a un appartement à Bruxelles et une maison au 32, drève des Pins, à Braine-l'Alleud. Il était présent quand la seconde victime s'est fait enlever à bord du Thalys...

– Celle retrouvée morte hier matin ? le coupa Adrien.

– T'es au courant ?

– Je regarde la télévision comme tout le monde. Les images tournent en boucle. Sacré fiasco, cette nuit...

Adami ne releva pas.

– C'est par le témoignage de Boateng que nous avons pu connaître l'identité de Flavie Dubreuil. Maintenant, on le soupçonne d'avoir enlevé une femme et de vouloir la tuer.

– Attends, Adami ! Je ne comprends pas ! Quand vous avez pris son témoignage, à aucun moment vous n'avez eu la présence d'esprit de vérifier son alibi, de recouper les infos qu'il vous balançait ?

Léger flottement.

Les deux icebergs roulèrent sur la droite en direction de Milan, puis captèrent dans le reflet du rétroviseur central la mine défaite de la capitaine Esposito. Assise à l'arrière, Laura fixait le vide. Depuis qu'ils étaient partis, elle n'avait pas prononcé un mot, comme déconnectée.

– J'ai merdé, concéda Adami.

– Par deux fois ! Tu te fais trop vieux, Hugo, t'es bon pour la retraite, enchaîna Bergkamp.

Touché par la remarque, le sexagénaire serra les lèvres.

– On a identifié sa voiture, un 4 × 4 Porsche Cayenne. On pense que Boateng est reclus dans sa maison en ce moment même et probablement armé.

– T'es certain qu'il ne se terre pas dans son appartement à Bruxelles ?

Adami avait déjà réfléchi à cette hypothèse. Un asile abandonné, une usine désaffectée et maintenant une maison isolée. Des lieux éloignés de l'agitation, où chaque diable pouvait s'adonner à ses vices en toute tranquillité.

– Ça ne colle pas avec les profils de nos tueurs. Par précaution, j'ai envoyé mes hommes fouiller son appartement.

– OK ! On décolle dans la minute. On se retrouve sur place, conclut Bergkamp.

Le portable encore chaud, Adami composa un nouveau numéro. Deux sonneries dans le vide, puis une voix familière.

– Oui, commissaire ?

– Richard ! Préviens les hommes ! Je veux qu'on fouille la vie de Paul Boateng. Il est avocat chez Blan'c Division Group. Je veux tout savoir de lui !

– Paul Boateng ? Mais je croyais que c'était Laura et...

– Fais ce que je te dis, c'est notre homme ! hurla le commissaire.

Il raccrocha. Un silence gêné s'installa dans l'habitacle.

Au bout de quelques minutes, Laura réussit à sortir de sa torpeur.

– Je n'ai rien vu venir... Je n'ai pas réalisé qu'il pouvait nous mentir.

– ON n'a pas réalisé, rectifia Milan.

Par son intervention, il se rangeait du côté de la capitaine et portait lui aussi le poids de cette erreur. Flics ou pas, ils restaient des humains. Des êtres de chair, nourris de qualités, de forces, de convictions comme de faiblesses.

Adami connaissait l'erreur. Il avait croisé sa route une nuit de pluie. Une décision qui s'était jouée en une fraction de seconde. Depuis, il gravitait autour d'une vie abîmée par les remords. Des fantômes, comme une seconde peau.

Un scénario macabre qu'il se refusait à revivre.

Deux vies étaient en jeu. Celles de Carole et de Paul Boateng.

Il était hors de question que l'opération se conclue dans un bain de sang.

Il porta un œil à sa montre : midi trente-huit. Tout restait possible, le meilleur comme le pire.

Il passa une vitesse et la Volvo bondit.

62

AU CENTRE DU GROUPE, le colonel Adrien Bergkamp menait la danse. Une armoire à glace flirtant avec les deux mètres, aux cheveux rasés et à la musculature saillante.

La Volvo se posta derrière une enfilade de véhicules garés sur le bas-côté de la route. Comme un seul homme, les trois partenaires sortirent de l'habitacle. Les mots du colosse les coupèrent dans leur élan :

– Pour le moment, on ne bouge pas !

– Pourquoi ? le questionna Adami, croyant à peine à une telle décision

– Les ordres viennent d'en haut !

– On ne va pas rester les bras croisés !

Adrien ouvrit les mains pour calmer l'incompréhension générale.

– J'écoute les ordres, point final. Nous sommes dans un quartier résidentiel et huppé. Toutes les maisons environnantes sont habitées par des personnalités. Acteurs, chanteurs, grands patrons, et j'en passe... Si votre homme est bien là et qu'il réussit à nous filer entre les doigts, l'opération peut se transformer en carnage. Je vous laisse deviner les retombées d'un tel fiasco.

Un lourd sous-entendu porta ces derniers mots. Il faisait référence aux images tournant en boucle sur les chaînes de télévision, rappelant que la tentative d'arrestation de Dascarino s'était soldée par un échec.

– En clair, tu joues le jeu des politiques ! comprit le commissaire.

Il savait que cette volonté de ne pas intervenir émanait des hommes de pouvoir. L'enquête relayée en masse fragilisait le climat du pays jusqu'à toucher les hautes instances. L'idée de sacrifier une vie ne les dérangeait pas, du moment qu'ils évitaient une nouvelle débâcle et en terminaient avec cette affaire.

– Je ne t'apprends rien, Adami. On ne gouverne pas un pays avec des bons sentiments, trancha le colonel.

La capitaine mit plusieurs secondes à digérer cette idée.

– Cette femme va mourir ! cracha-t-elle.

– J'ai reçu des ordres, je les écoute. Je tiens à ma place, pas vous ?

– C'est notre homme qui se trouve là-dedans ! continua Adami.

– C'est quoi, vos convictions ? Les mêmes que pour Dascarino ? plaça Bergkamp.

La pique ôta toute répartie à Laura et Adami.

Tout ce petit monde n'avait pas les mains libres. Le lieutenant l'avait bien compris et s'intéressa aux éléments connus.

– La voiture, vous l'avez vue ?

– Négatif ! Soit elle se trouve dans son garage, soit on se plante complètement et notre homme n'est pas là. Un de mes gars m'a rapporté la configuration des lieux. Si on intervient en plein jour, on risque de se faire tirer comme des lapins.

Plus tôt, un membre du CGSU s'était aventuré sur le chemin menant à la demeure. Au bout d'une cinquantaine de mètres, celui-ci butait contre un énorme portail duquel partait un mur haut de trois mètres. Pour accéder à l'entrée principale, il fallait traverser une vaste étendue plate, dénuée de point de couverture. De là, sur deux étages, la bâtisse des années trente au style Art déco s'étirait sur sa longueur. Les fenêtres assuraient à ses occupants une visibilité maximale. Dans ces conditions, il était impossible à la cellule d'intervenir dans la plus grande discrétion.

– Et derrière ?

– C'est la même chose. Au-delà de ce bois, on tombe directement sur le mur de l'enceinte. Une fois celui-ci franchi, un étang privé nous empêche d'accéder librement aux lieux. Dans les deux cas, notre homme nous verra arriver et n'aura plus qu'à tirer dans le tas.

– Finalement, ça vous arrange, de rester les bras croisés ! intervint Laura, toujours à vif.

Une réflexion qui laissa le colonel Bergkamp de marbre. Son expérience l'avait habitué à ce genre de débordements. Vingt ans qu'il était dans la partie, rien de tel pour forger un caractère et un calme à toute épreuve.

– J'ai deux gars placés sur les toits des maisons environnantes, continua-t-il. Au moindre mouvement, nous serons alertés.

– Vous avez tenté de le joindre ? reprit Milan.

– La ligne est coupée. On cherche à la rétablir. Il ne répond pas à son portable.

– Alors, c'est décidé ? Vous allez rester là à fumer et à attendre que le jour tombe pour intervenir ? cracha Laura.

Imperturbable, le colosse hocha la tête :

– Je m'en tiens aux ordres.

Une marche à suivre qui écœura Laura toujours plus.

– Vous avez pensé à cette femme ?

– Et vous ? répliqua-t-il.

Sa voix grave porta par-delà la cime des arbres.

– Vous nous donnez des leçons, mais, si vous faisiez correctement votre travail, on n'en serait pas là ! Depuis quand on ne recoupe pas les informations ?

– Je te l'ai déjà dit, c'est ma faute, intervint Adami.

Adrien Bergkamp haussa les sourcils dans un rire sarcastique :

– À d'autres, Adami, on ne me la fait pas !

Le colonel appuya ses propos d'un regard accusateur à l'endroit de la capitaine Esposito. Puis il se tourna vers un de ses hommes et, dans un mouvement de tête, lui lança un ordre. Le policier se dirigea vers une camionnette banalisée et en sortit trois gilets pare-balles.

De retour, il les confia à son supérieur.

– Si ça vient à dégénérer ! annonça ce dernier.

Il tendit les surplus aux partenaires.

Laura récupéra le sien. Le colosse ne manqua pas de lui décocher un fin sourire, amusé par l'ascendant qu'il avait pris sur elle.

– Rassurez-vous, nous connaissons notre métier.

– Peut-être, mais vous avez laissé vos couilles au vestiaire ! souligna-t-elle en enfilant le gilet.

Cette remarque cinglante lui valut les regards insistants des hommes masqués de leur cagoule.

Elle tourna les talons et ses pas la portèrent vers la Volvo. L'habitacle encore chaud atténua la fureur comprimée dans son être.

63

UNE ENCRE DILUÉE inondait le ciel, absorbant la lumière du jour, qui n'avait pas d'autre option que de déposer les armes, de tirer sa révérence pour quelques heures. Comme une promesse, dès le lendemain, les hostilités reprendraient avec ferveur. Le cycle du temps s'apparentait à un champ de bataille où le jour et la nuit menaient une guerre sans fin, éternelle, où victoires et défaites s'accouplaient dans des postures éphémères.

La portière claqua.

La capitaine émergea des rêveries de son esprit, aidée du gilet pare-balle enflammant sa poitrine.

– Merde ! Quelle heure est-il ?

– Pas loin de dix-sept heures ! annonça Milan dans son dos.

Le lieutenant s'était installé au centre de la banquette, les avant-bras posés sur le haut des sièges avant.

– Les hommes se préparent, ça va bouger.

– Fait chier ! Je me suis endormie !

Une fois montée dans la Volvo, la capitaine avait relu une énième fois le rapport envoyé le matin même par Thomas

Blanchard. Dix pages focalisées sur Christina. Sa vie privée, son parcours.

Âgée de vingt-huit ans au moment de sa mort, elle avait grandi du côté de Ragnies, où vivaient encore ses parents. La perte de son frère mort-né constituait le seul traumatisme de sa jeunesse. Laura partageait l'avis de Blanchard, lequel voyait entre cet élément et la cassure familiale un rapport de cause à effet. Sans doute le chagrin des parents les avait-il enfermés dans une douleur incommensurable, jusqu'à ce qu'ils en oublient leur fille.

L'abandon.

Serait-ce le point de rupture de Christina ? Celui qui l'aurait conduite à basculer dans l'irréparable ?

– On a des nouvelles ? demanda-t-elle.

– Les résultats du labo sont tombés.

– Déjà ?

– Adami les a pressés. La scientifique est formelle, le sang retrouvé dans l'usine correspond à celui de Flavie. Dascarino l'a bien assassinée. On a également retrouvé plusieurs cheveux de la victime dans la camionnette.

– Et chez lui ?

– Rien. Son pavillon est *clean*. Pas le moindre indice permettant de le mettre en relation avec le Borgne, ni même avec Christina. Les derniers retours font tous état d'un homme sans histoire. Adami a rappelé une nouvelle fois la directrice de la prison de Saint-Gilles. Elle se souvient très bien de Dascarino. À ses yeux, c'était quelqu'un de fade, sans aucune autorité. Elle le trouvait incompétent et...

– Banal, le coupa-t-elle.

Le lieutenant hocha la tête :

– C'est le mot qu'elle a employé...

La banalité. Un terme commun pour décrire des personnes quelconques, sans intérêt.

L'insignifiance dont Dascarino se sentait affligé pouvait-elle constituer son point de rupture ? Derrière ce crime, aurait-il perçu un moyen d'exister, de se sortir de sa trop simple condition ?

– Et Boateng ?

– Son appartement de Bruxelles a été fouillé. Les hommes du commissaire ont découvert plusieurs articles datant de 1986 et de nombreux livres évoquant le Borgne. Il lui portait une véritable fascination.

– Côté vie privée ?

– On sait que Paul Boateng a perdu sa femme et ses deux enfants, il y a maintenant deux ans. Ils ont été fauchés par une voiture. À l'époque, l'enquête menée n'a pas permis de confondre le conducteur responsable de ce drame. Les anciens clients de Camille Ginioux ont été interrogés. Tous évoquent une avocate talentueuse à la très grande renommée.

– Au contraire de Boateng.

– Lui et sa femme avaient monté un cabinet à Lille. On le sait, c'est Camille qui ramenait les clients. Notre homme n'a jamais été motivé par son métier. À force, Camille a commencé à s'en lasser, si bien que de violentes disputes ont éclaté dans le couple.

Le lieutenant laissa couler un silence, puis reprit :

– Après la mort de Camille et des deux enfants en janvier 2008, des rumeurs ont couru. André Ginioux, le père de Camille, est longtemps resté persuadé que son gendre était coupable de cette tragédie.

– Ce sont de graves accusations. Il a expliqué ses motivations ?

– Ce que nous savons, nous le tenons des responsables de l'enquête de l'époque, car André Ginioux est décédé en début d'année d'une crise cardiaque. Il leur aurait confié qu'il percevait chez Boateng une animosité de plus en plus grandissante envers son épouse et sa vie en général. Boateng n'a jamais eu d'affection pour ses enfants, comme pour sa femme.

– Parce qu'il ne se sentait pas à sa place, devina la capitaine.

– Pas seulement. Cette idée est à mettre en relation avec leur rencontre. On a appris que le mariage de Boateng et de Camille était un mariage d'intérêt.

– Il a été forcé de l'épouser ?

– Comme de devenir avocat. Depuis qu'il est né, Boateng a suivi les choix imposés par son père.

La capitaine ne put s'empêcher de relier cet épisode de la vie de Boateng à son histoire personnelle. Durant toute sa jeunesse, elle s'était battue contre les diktats de son père, allant parfois bien au-delà des limites. Elle ne se sentait pas à sa place dans cette famille aux valeurs si éloignées des siennes. Il lui arrivait d'imaginer qu'elle avait été adoptée. Des pensées ignobles qu'elle refrénait aussitôt. C'était son caractère combatif qui l'avait poussée à s'affirmer, et cela, contre vents et marées.

Boateng n'avait sans doute pas eu la même force. À mesure qu'il subissait les choix de sa famille, il nourrissait dans sa chair le sentiment de ne pas exister pour ce qu'il était, de ne pas être reconnu comme il le souhaitait. Une rancœur qui le poussait jour après jour vers une intolérable version de sa personne.

– Une fois son épouse morte, Boateng n'a pas traîné pour céder son cabinet et déménager du côté de Bruxelles.

– Il connaissait déjà Christina, comprit-elle.

– Sa femme ayant été chargée de la défendre quelques mois avant sa disparition, j'imagine que leur rapprochement s'est effectué durant cette période.

Milan s'arrêta pour laisser sa partenaire digérer la mitraille d'informations.

Il reprit, d'un ton plus grave :

– On a remonté la piste bancaire.

Laura se retourna, surprise par l'intonation employée par le lieutenant. Ils se fixèrent quelques instants.

– Février 2008, Boateng a vendu son cabinet. Il en a tiré une forte somme d'argent, qu'il a retirée de son compte, semaine après semaine.

Pas besoin d'en rajouter.

Laura perçut le lien entre ces mouvements d'argent et le changement soudain de train de vie de Christina et Sébastien. En mars 2008, sans que leur situation financière le leur permette, ils avaient déménagé de leur studio pour s'installer dans un loft dont ils payaient les loyers en liquide. Derrière ces possibles se cachait *la générosité* de l'avocat.

La frustration portait-elle le point de rupture de Boateng ?

À force de mener une vie non choisie, l'homme avait décidé de reprendre le contrôle de son existence en commençant par gommer son histoire personnelle. Celle reflétée dans les yeux de sa femme et de ses deux enfants. Le goût du sang dans la bouche lui avait sans doute procuré un plaisir immense, jouissif, un sentiment d'exister si profond qu'il n'avait pas hésité à faire partie de cette communauté pour retrouver cette sensation. Pour cela, sa rencontre avec Christina fut décisive. Au même titre que les découvertes des hommes de la police fédérale, qui mettaient en exergue la passion de l'avocat pour le Borgne et *une générosité* pour le moins suspecte.

Des éléments qui replacèrent le duo face à une évidence.

– Ça confirme que Christina a joué un rôle majeur dans cette affaire.

Laura sortit son portable. Aucun appel de Blanchard.

Les liens entre Christina et Marie Charton restaient une zone d'ombre. Cette enquête aux multiples ramifications en comportait de nombreuses.

– On a réussi à retrouver Frédéric ? demanda-t-elle.

L'homme dont Flavie se disait amoureuse et dont elle avait fait tatouer sur sa nuque la première lettre du prénom.

Le lieutenant secoua la tête, la mine fataliste.

– Pas pour le moment. Les hommes du commissaire continuent de creuser de ce côté-là. Pour la suite de chiffres, ils stagnent, comme nous.

12/2244.

Toujours la même interrogation. Que voulait leur faire comprendre Sébastien en notant ces chiffres sur sa carte mémoire ?

– On a analysé la maison avec Adami, poursuivit Milan. Une sacrée forteresse. La partie s'annonce serrée.

À l'abri sur le toit d'un voisin, à l'aide de jumelles, les deux hommes avaient eu le temps de détailler chaque parcelle de l'enceinte. La configuration des lieux n'avait plus de secret pour eux.

Piscine vidée, pelouse en friche, statues griffées par l'usure du temps. L'ensemble respirait l'abandon. Milan savait qu'il n'en avait pas toujours été ainsi. Autrefois, cet espace se gorgeait de cris d'enfants portés par de douces soirées à profiter de la vie.

Paul Boateng n'occupait plus cette maison depuis la perte tragique de sa femme et de ses deux enfants.

Depuis l'accident...

– J'espère seulement qu'il n'est pas trop tard..., s'inquiéta la capitaine.

– Si Boateng est bien Érostrate, il reste une chance de sauver Carole.

Elle se retourna, surprise par les paroles de son partenaire.

– Comment peux-tu en être certain ?

– Marie Charton. Souviens-toi de la précision avec laquelle son meurtrier l'a assassinée. C'est l'œuvre d'une personne qui n'agit pas dans l'urgence, mais qui a besoin d'un minimum de réflexion avant de passer à l'acte. Si Paul Boateng est cet homme, je crois que Carole est toujours vivante.

À travers le pare-brise de la Volvo, ils virent se rassembler le groupe lourdement équipé, préparé à livrer un combat sans merci. Gilets pare-balles, lampes torches, fusils d'assaut. Certains vérifiaient leur chargeur, plaisantaient avec leurs frères d'armes. D'autres, à l'écart, se muraient dans le silence. L'instant devenait électrique. Ces hommes connaissaient leur métier. Ils avaient conscience que la moindre seconde d'inattention pouvait leur être fatale.

Laura baissa le pare-soleil et réajusta sa queue de cheval. Un geste qui tenait plus de la praticité que d'une quelconque forme de coquetterie. Il lui était impensable de ne pas participer à la descente du CGSU.

Dans la petite glace, leurs regards se croisèrent.

Elle comprit que l'instant ne concernait plus l'enquête.

Depuis leur nuit d'amour, elle ne savait plus comment se comporter avec le lieutenant. Une partie de son être frémissait en sa présence, alors qu'une autre battait en retraite. Elle menait un combat contre elle-même, sans doute perdu d'avance.

– Ce ne sera jamais le bon moment pour en parler, lança-t-il.

– Milan, écoute, je...

Il ne lui laissa pas l'occasion de terminer sa phrase.

– Je sais que tu n'es pas dans l'optique de t'attacher. Ta vie privée est trop compliquée, il n'y a pas de place pour un autre homme. Libre à toi d'avoir des remords. Pour ma part, je ne regrette rien.

Elle ne put dissimuler un sourire sincère.

Le lieutenant n'avait plus rien à ajouter et sortit de l'habitacle.

Seule, la capitaine hocha la tête et sentit son cœur prendre le dessus pour lui dicter ces quelques mots.

– Moi non plus...

L'évidence même.

64

LE COLOSSE demeurait inflexible. Si les trois partenaires voulaient être de la partie, ils devaient écouter ses ordres, à commencer par se tenir à bonne distance de ses troupes.

C'est ainsi qu'ils se retrouvèrent à fermer la marche. Devant eux, les hommes du CGSU avançaient en file indienne, dans le plus grand silence.

Le plan d'action se résumait en trois mots : vitesse, souplesse et discipline.

L'équipe amenée par Bergkamp avait pour objectif de forcer le portail et de se concentrer sur la face nord de l'habitation. De là, ses membres investiraient l'entrée principale et sécuriseraient les lieux. En parallèle, l'autre groupe devait pénétrer dans la demeure par l'arrière et boucler l'extérieur afin de ne laisser aucune possibilité de fuite à Paul Boateng.

Arrivé en bout de chemin, Bergkamp leva la main et déploya ses hommes dans un mouvement. L'un d'entre eux s'accroupit au pied du portail tandis que les autres restèrent éloignés. Il sortit de son paquetage une sorte de bloc difficilement identifiable vu l'obscurité ambiante. Il l'enclencha, puis courut rejoindre ses partenaires, protégés par des boucliers.

Fermant le peloton, Laura distingua une flamme qui s'élevait. Deux secondes se suspendirent avant qu'un impact sourd éventrât la ferraille.

Les ombres filèrent jusqu'à la demeure, talonnées par les trois partenaires, qui profitèrent des hauts fourrés pour s'y réfugier.

Par sa radio, le colosse envoya un ordre au second peloton, placé à l'arrière de l'habitation.

Un lourd fracas tomba dans les lieux. Dans la foulée, le bélier libéra la porte d'entrée et les hommes se mouvèrent dans le périmètre.

Répondant à ce tonnerre, les fenêtres arrière furent soufflées par le second groupe, qui se sépara aussitôt. Une partie investit l'espace alors que l'autre se concentra dans la cour.

De leurs positions, le commissaire et les deux Français virent quatre silhouettes couvrir les façades de la maison, s'assurant que Boateng ne pourrait prendre la fuite. Des points rouges glissèrent sur l'enceinte. Du haut des toits avoisinants, les snipers entraient dans l'opération, prêts à intervenir si besoin était.

À l'intérieur, les hommes avançaient en rythme.

Ils découvrirent des lieux vidés de leurs meubles. Dans l'immense séjour, un piano sommeillait sous un drap blanc, attendant qu'un mélomane le délivre de sa torpeur.

Les doigts de Bergkamp dictèrent un nouvel ordre.

Place au premier étage.

Les deux blocs gravirent la rangée de marches et atteignirent un couloir lugubre percé de plusieurs portes. Les pas des membres du CGSU soulevèrent la poussière. D'étranges particules dansaient dans leur champ de vision.

En tête de file, les hommes aux boucliers maintenaient leurs frères d'armes sous une protection constante. Pistolets-mitrailleurs pointés vers l'invisible, ils se préparaient à cracher leur furie.

Dans ce dédale étroit, ils adoptaient une progression lente, les sens en alerte, parés à contrer la moindre menace. Légèrement distancé, le second groupe couvrait leurs arrières.

De l'extérieur, l'opération semblait irréelle, insondable tant un calme oppressant occupait les alentours. Laura sentait que quelque chose d'anormal prenait forme sous leurs yeux. Si Boateng se trouvait dans la demeure, pourquoi n'y avait-il toujours pas eu d'échange de coups de feu ? Avait-il opté pour la reddition ? La meilleure des éventualités.

L'autre, elle se forçait à ne pas l'envisager.

Les pièces se succédèrent, à mesure que la tension augmentait. Chaque ouverture de porte ne laissait entrevoir que la menace du vide. Bardés de leurs lourds équipements, les hommes transpiraient à grosses gouttes en arpentant les lieux.

Second étage. Configuration similaire.

Les lampes inondaient la demeure, pistaient le danger. Enchaînement de pièces, répétition des gestes. Le CGSU s'apparentait à une machine de guerre organisée, maîtrisant à la perfection son récital de délivrance.

C'est dans ce dernier espace qu'ils identifièrent les contours de l'horreur.

Au centre de la zone, deux masses jonchaient le sol.

La première baignait dans son propre sang. Une femme, tailladée au niveau du ventre.

La seconde, un peu à l'écart, portait un costume noir. Le dos contre le mur, ce qui ressemblait autrefois à un homme avait le visage réduit en une infâme bouillie. À ses pieds, les causes de ce désastre. Une arme à feu terminée par un silencieux reposait à côté d'un couteau de boucher.

Adrien Bergkamp souffla avec férocité par le nez et ôta son casque d'assaut. D'un revers du bras, il essuya la sueur plaquée contre son front.

– On remballe, les gars, lança-t-il d'une voix tremblante.

Le glas de l'opération. Dans son dos, ses hommes relâchèrent l'alerte. La tension accumulée s'évanouissait tandis qu'ils évacuaient les lieux.

Sa lampe braquée sur l'immonde, Bergkamp resta seul dans la pièce avant de se décider à retrouver l'extérieur.

Mais, sur le point de s'éloigner, il le vit. Un cellulaire, à demi caché par la jambe droite de Boateng.

L'homme s'approcha du cadavre et prit l'appareil.

La main gantée ouvrit le clapet et découvrit un SMS affiché à l'écran. Bergkamp le consulta et se raidit. Une goutte de sueur glissa le long de sa colonne vertébrale.

« Ils arrivent... Il est temps de devenir quelqu'un... »

L'heure de réception indiquait midi quarante-deux.

Alors, le colosse comprit. Avec ou sans autorisation, la partie était perdue d'avance.

65

ADRIEN BERGKAMP ôta son gilet pare-balles et le déposa dans le coffre de sa berline. À l'écart, ses hommes portaient des visages graves, marqués. Chacun s'était replié dans ses propres pensées, tentant d'exorciser le fiasco de l'opération.

Autour de l'habitation, pare-chocs contre pare-chocs s'amassaient voitures de police et ambulances. Derrière les rubans de sécurité, des silhouettes circulaient sur le terrain. Certaines en civil, d'autres en uniforme. La demeure, devenue une scène de crime, était sous le contrôle des forces de l'ordre. Toute la nuit, on allait se relayer pour la fouiller, la décortiquer, dans l'espoir d'y trouver un indice.

Le colonel ressentit le besoin de fumer. Cigarette à la bouche, il craqua une allumette. À travers la flamme, il reconnut la silhouette qui fondait sur lui d'un pas pressé. Doigt accusateur, sourcils froncés, visage fermé, le volcan Esposito entamait son éruption :

– Enfoiré !

Ses deux mains poussèrent le colosse, qui vacilla sur quelques pas.

– Vos putains d'ordres ont tué cette femme !

– Elle était déjà morte, répondit-il tout bas.

La rage de la capitaine absorbait tout sens de l'écoute.

– Achetez-vous des couilles, Bergkamp ! On aurait pu la sauver si vous vous étiez bougé plus tôt !

– Elle était déjà morte...

Seconde tentative, qui rencontra le même succès.

– Vous me dégoûtez !

Elle tenta une nouvelle fois de pousser le colonel et sentit une poigne saisir son bras gauche.

– ELLE ÉTAIT DÉJÀ MORTE !

Adrien Bergkamp ponctua ses paroles d'une pression qui désamorça aussitôt la furie de la capitaine. Déstabilisée, elle mit quelques secondes à enregistrer l'information.

– Qu... Quoi ?

Il relâcha son étreinte. Ses deux yeux glissèrent au loin, sur une assemblée médusée. D'un mouvement de tête, le colonel invita ses hommes à retourner à leurs occupations.

– Où sont le commissaire Adami et le lieutenant Dacourt ? la questionna-t-il.

– Sur la scène de crime, avec la médecin légiste.

Bergkamp expectora un nuage de fumée et sa voix emprunta des accents fatalistes.

– Ni vous ni moi ne pouvions sauver cette femme. Paul Boateng l'a tuée bien avant que nous arrivions sur les lieux.

– Comment pouvez-vous en être si sûr ?

Deux bouffées marquèrent le temps nécessaire à la réflexion. Le colosse mesurait la portée de son geste. L'intensité de son regard suffisait à faire comprendre l'importance de ses prochaines paroles.

– Suivez-moi ! dit-il.

Quelques pas les amenèrent à la hauteur de la portière avant de la berline. Il sortit de la boîte à gants un sachet en plastique où dormait le téléphone cellulaire découvert plus tôt à côté de Boateng.

Il le soupesa quelques instants avant de le tendre à la capitaine :

– Le dernier message reçu date de midi quarante-deux. Boateng savait qu'on était sur ses traces.

L'information passa au second plan.

Laura afficha une moue d'incompréhension en récupérant l'appareil. Elle qui pensait le colonel imbu de sa personne, borné aux ordres, voilà qu'il se révélait sous un nouveau jour. Elle prit une inspiration et posa la question qui la troublait :

– Pourquoi faites-vous cela ?

Bergkamp écrasa son mégot sur le bitume tout en haussant les épaules.

– Trouvez l'enfant de putain qui se cache derrière ces crimes, ça suffira à justifier mon geste.

✧ ✧
✧

On avait rétabli l'électricité.

Pour la première fois, la demeure se livrait. Trop occupés par leurs fonctions, les hommes et les femmes déambulaient dans l'enceinte, insensibles à ses charmes.

Dans le hall d'entrée, la capitaine prit conscience du fracas de l'intervention du CGSU. Un chaos de débris de verre et de morceaux de bois parsemait le sol. Elle risqua un regard sur sa gauche et découvrit un grand espace sur deux niveaux qui, autrefois, avait servi de séjour. Carrelage en marbre, colonnes en staff, plafond à voûtes, lustre antique. Seuls des propriétaires opulents méritaient de séjourner dans ces lieux. Laura se rapprocha du piano à queue, nostalgique du temps où on s'intéressait à lui et à sa musique. D'un geste, elle retira l'étoffe habillant l'instrument. Le nuage de poussière bascula ses sens, la renvoyant quelques heures plus tôt.

Dès ses premiers mots, Paul Boateng l'avait dupée, la renvoyant à ses contradictions. Elle l'entendait relater ses exploits extraconjugaux en jouant sur son bureau une mélodie silencieuse. Des gestes marqués de délicatesse, dérobant son odeur de soufre. Des paroles qui la ramenaient sans cesse au fiasco de son mariage.

Laura se considérait comme une femme forte dotée d'un caractère de combattante que rien ne pouvait atteindre. Pour autant, elle n'avait pas su faire la part des choses entre la femme et la flic. Durant de longs mois, elle s'était laissée dériver sur ce radeau aveugle, refusant d'admettre l'inexorable, d'appréhender sa prochaine vie.

Si ses sentiments pour Stéphane n'existaient plus, bien avant qu'elle ne le découvre dans le lit conjugal avec sa secrétaire, la colère persistait. Une colère avant tout portée contre elle-même. Elle n'avait pas réagi à temps, pas su maîtriser les choses. Elle s'était retrouvée de l'autre côté de la barrière. Celui réservé aux victimes, à ces femmes salies, humiliées, meurtries. Une claque assénée à son trop-plein d'orgueil.

Boateng et Stéphane faisaient partie de ces hommes dont la seule présence suffisait à la rendre nerveuse, mal à l'aise. Une raison qui l'avait poussée à fuir, lui ôtant le premier réflexe qu'un représentant de l'ordre se devait d'adopter.

Vérifier les témoignages.

Une erreur qui avait entraîné la mort de Carole. Une culpabilité avec laquelle dorénavant elle devrait apprendre à vivre.

Dans le couloir menant à la scène de crime, elle jeta des regards sur les pièces qu'elle rencontrait au fur et à mesure de sa progression. Peinture écaillée, parquet en bois, moulures au plafond. Des détails qui l'effleurèrent à peine, tant la découverte du colonel habitait son esprit.

Quelqu'un avait prévenu Paul Boateng. Un SMS ayant valeur d'ordre. Celui de se donner la mort. Un comportement similaire à celui de Dascarino.

Lui non plus n'avait ni douté ni même frémi au moment de commettre l'irréparable.

Qu'est-ce qui pouvait justifier un tel comportement ? La peur d'être arrêté ? Celle du jugement ?

Non, ils sont au-dessus de tout ça... Le sentiment de toute-puissance qu'ils éprouvent en tuant leur enlève tout discernement. Ils ne perçoivent plus la mort comme une fin en soi, se corrigea la capitaine.

Elle revit le magnétophone, entendit l'horreur :

Même après ma mort, je continuerai à exister, que ce soit par la douleur des familles ou par l'effroi que j'ai engendré. Pour cela, le sang est la seule vérité...

– Laura ? Vous êtes avec nous ?

Adami fit claquer ses doigts, la ramenant dans l'instant présent.

Elle leva les yeux, surprise de se trouver dans cette pièce. Ses pas l'avaient guidée sur les lieux du crime, sans qu'elle s'en rende compte.

– Vous comprenez ce que ça veut dire ? continua-t-il.

Isabelle Forgeret, Milan et Adami l'observaient, attendant une réaction de sa part.

– Je... Je crois, mentit-elle.

Un peu plus tôt, la médecin légiste à la coiffure fauve avait entamé ses premières constatations et retenu deux évidences. On avait tué Carole selon le même mode opératoire. Son abdomen avait été lacéré de part en part à coups de couteau. Cependant, elle avait noté une habileté et un sens de la précision bien en dessous de ceux qui avaient présidé au meurtre de Marie Charton.

L'égarement nappant les yeux de Laura força le commissaire à énoncer la seconde évidence :

– Paul Boateng n'est pas le responsable de l'assassinat de Marie Charton.

TROISIÈME PARTIE

Chaque homme avant de mourir verra le diable.

Proverbe anglais, 1560

66

Jeudi 25 novembre 2010

AU FIL DU TEMPS, elle avait vu les hommes déployer une énergie folle, trop souvent suicidaire, pour se sortir de leur condition. Prouesses technologiques, agriculture intensive, industrie exacerbée. Les maîtres mots d'un Nouveau Monde où le dieu consommation semblait ne jamais être rassasié.

Quel était le prix à payer ?

Pollution de l'air, de l'eau, déforestation, rupture des équilibres biologiques. Les retombées de l'activité humaine la défiguraient.

Même si quelques groupes s'élevaient pour mettre en garde cette espèce censée détenir l'intelligence, rien ne changeait. Toujours plus sourd, l'homme fonçait tête baissée vers sa propre déchéance.

Alors, elle devait réveiller son instinct. Montrer, à qui se permettait d'en douter, que jamais elle n'abdiquerait.

Tremblements de terre, tsunamis, ouragans...

Ses réponses. Sa façon de « contre-attaquer » pour recadrer l'homme, lui faire comprendre que, devant ses excès et sa folie, elle serait d'autant plus forte.

Une nouvelle fois, la nature avait décidé de marquer de son empreinte la capitale belge. Elle crachait du ciel des gerbes de coton qui recouvraient les rues, les toits, pansait ces dernières heures.

Verre à la main, Laura fixait son reflet dans la baie vitrée donnant sur la ville. Tel un totem d'acier, l'hôtel où elle avait élu domicile s'étirait sur plus de trente étages. Vêtue d'un simple shorty, elle ne cessait de repenser à la journée passée. Ils avaient tout donné, tout tenté pour sauver la vie de Carole. Le colonel Bergkamp restait catégorique à ce sujet. Le sort de cette pauvre femme était écrit à l'avance. Le SMS reçu sur le cellulaire de Boateng en apportait la preuve. Une raison suffisante pour ne pas se sentir coupable.

Pourtant, une partie d'elle n'arrivait pas à l'entendre. Comme un venin, le doute s'insinuait dans son être, l'écorchait par cette obsédante question :

Était-elle réellement faite pour ce métier ?

Aujourd'hui, les démons venaient de remporter une très grande victoire. Ils avaient frappé fort et juste. Laura croyait pouvoir aider les gens, les soigner à sa façon. C'était ce moteur qui la portait depuis de longues années, qui l'encourageait à descendre toujours plus bas dans l'horreur. Mais les bonnes volontés sont parfois de l'ordre de l'utopie. Elle l'avait compris, le mal ne cesserait jamais. Dans le jardin de l'humanité, il se comparait à ces mauvaises herbes qu'on arrache avec la plus grande fougue et qui repoussent, une fois qu'on a le dos tourné.

Du fond de son lit, il sentit son absence. Celle dont le cœur quelques heures plus tôt avait cédé à la raison. Le lieutenant alluma la lampe de chevet et s'adossa contre la tête de lit. Une télévision rediffusait en sourdine ses programmes.

En rentrant de l'opération, les deux Français avaient eu la désagréable surprise de constater que les images tournaient toujours en boucle sur les chaînes d'informations. Le suicide de Dascarino, celui de Boateng, la mort de ces femmes. Les médias se délectaient de cette sordide histoire, les plongeant dans l'œil du cyclone. L'identité de Dacourt et d'Esposito était connue, tout comme les raisons de leur présence à Bruxelles. Une pression constante avec laquelle il leur fallait composer.

Criminologues, psychiatres, historiens et journalistes inondaient les plateaux dans des débats enflammés. Stéphane Bourgoin, l'écrivain spécialisé dans l'étude des tueurs en série, avait fait le déplacement de France, au même titre que Dominique Rizet, un journaliste expert en affaires criminelles.

On interprétait, analysait les termes employés par le Borgne, dressait des parallèles avec la folie d'Érostrate, l'incendiaire du temple d'Artémis. On parlait de communauté de tueurs, de descendance macabre nouée par le sentiment d'exister. À demi-mot, on remettait en cause notre société et ses dysfonctionnements. Cette course effrénée au *buzz*, la suprématie de l'image sur l'esprit, la perte de nos identifications. Aujourd'hui, on n'hésite plus à avoir recours aux pires moyens pour devenir célèbre, autrement dit pour « exister ». Les meurtres de masse commis ces dernières années dans les collèges ou lycées – Winnenden et Columbine – en apportent un parfait exemple. Les responsables de ces tueries étaient tous habités par la conviction de laisser *une impression marquante sur le monde*, n'hésitant pas à se suicider, une fois l'horreur atteinte.

Milan éteignit l'écran à l'aide de la télécommande et porta son regard vers la fenêtre :

– On ne pouvait rien pour Carole.

– J'ai commis une erreur ! J'ai pris les informations de Boateng pour argent comptant, sans même me méfier. J'aurais dû faire la part des choses.

La culpabilité est un long chemin de croix où toute parole d'empathie se révèle inutile. Ce sentiment amer court dans les entrailles, entortille l'esprit, jusqu'à obscurcir la réflexion du bon sens.

Le lieutenant se focalisa sur le corps sculpté de sa partenaire. Le galbe de son fessier, la chute de ses reins, le grain de sa peau, son dos musclé. Il avait arpenté cette enveloppe durant de longues heures, lié à elle par la chair, poussé par l'envie. Il l'avait touchée, devinée, imaginée, mais jamais en pleine lumière. Laura s'y refusait. Pour la première fois, il eut la sensation réelle de la découvrir. Sous ses yeux, la chrysalide sortait de son cocon. La capitaine était marquée à vie. Le tatouage dessiné sur son omoplate gauche en témoignait. Une date embrassée par deux anneaux : son mariage avec Stéphane.

– Pourquoi ces hommes ?...

Elle laissa filer quelques secondes, obligeant les billes du lieutenant à se déporter de son épaule pour s'enfoncer dans les siennes par le reflet de la baie vitrée.

– Pardon ?

– Pourquoi ces hommes se suicident-ils après avoir commis leurs actes ? reprit-elle.

– Peut-être qu'ils prennent conscience de leur geste et le regrettent ? répondit Milan sans même y croire.

Elle secoua doucement la tête.

– Chaque meurtre demande une grande préparation. Ils doivent repérer la victime, l'approcher, l'enlever... Ça laisse largement le temps de prendre conscience de ce qu'ils sont en train de faire. Non. Nous avons affaire à des personnes préparées à tuer et à se donner la mort.

– Tu veux dire comme conditionnées ?

Elle but une gorgée de whisky.

– Conditionnées, c'est le mot...

– Si je suis ta logique, ça voudrait dire que Dascarino ne s'est pas suicidé parce qu'on le poursuivait, mais parce que c'était son... devoir ?

La voix du lieutenant oscillait entre étonnement et incompréhension.

– Toutes les personnes interrogées à son sujet font état d'un homme terne, sans relief. La directrice de la prison elle-même le jugeait banal. Avec ce crime, il a trouvé une raison d'exister, la reconnaissance à laquelle il n'a jamais eu droit.

Les mots de la capitaine faisaient écho à ceux du Borgne.

Des gens qui recherchent la lumière. Des gens qui, demain, prendront exemple sur moi.

– Et Boateng était un homme qui n'a jamais vécu sa vie comme il l'entendait, poursuivit Milan.

– Nous avons deux assassins. Le premier jugé banal, le second nourri de frustration. Deux causes qui conduisent à une seule impression, celle de ne pas exister. En tuant, ces hommes sont illuminés par un sentiment de toute-puissance et ne situent plus la mort comme une fin, mais comme un prolongement de leur geste.

– De l'autre côté, ils continueront à avoir une résonance particulière. Les paroles de Dascarino allaient dans ce sens. Avant de se suicider, il affirmait n'avoir plus peur de la mort, car l'effroi était rattaché à son nom...

– La personne qui se cache derrière le pseudo Érostrate a profité de leur mal-être comme de celui de Sébastien pour fonder cette communauté de tueurs. Cette personne et Christina.

Elle capta le regard traversé de questions de son partenaire.

Laura inspira un bon coup avant de lâcher ses réflexions :

– C'est la seule qui n'a pas péri par le sang. Sébastien a eu le dos tailladé, les poumons transpercés et la langue coupée. Comment expliquer un tel écart de comportement sans penser qu'il devait exister entre elle et Érostrate un lien très fort ?

– Tu veux dire un lien si fort qu'elle serait aux origines de ce plan machiavélique ?

– J'en suis convaincue. En mars 2008, si elle a refusé un poste au McDonald's, ce n'est pas parce que le travail ne l'intéressait pas. C'est à cette même période qu'elle a commencé à recevoir de l'argent de Boateng, après la cession de son cabinet d'avocats. Cet argent lui a apporté une confortable situation financière. Pourtant, en 2009, elle travaille durant quatre mois dans une boutique de lingerie fine. Toutes les victimes prenaient soin d'elles et gravitaient autour d'un monde où l'image et le sexe prédominaient. Cet emploi n'a pas été choisi par hasard. C'est à cette époque qu'elle a croisé la route de Marie Charton.

Le lien était prouvé. En rentrant de l'opération, Laura avait reçu un appel du capitaine Blanchard, travaillant pour la DIPJ de Lille. Ses recherches attestaient que Marie Charton était cliente de la boutique où avait travaillé Christina durant quelques mois en 2009.

– Ce que je ne m'explique pas, c'est comment elle savait que Marie raffolait de dessous chics, confessa-t-elle.

– Ce genre d'informations n'est pas difficile à trouver pour peu qu'on s'intéresse à la victime. Entre 2006 et 2008, Marie a tourné dans une trentaine de films pornographiques. Elle était au sommet de sa gloire. La presse spécialisée lui a consacré de nombreux articles et interviews. Aujourd'hui, les artistes n'hésitent plus à s'étaler dans la presse ou sur les réseaux sociaux et à révéler leurs habitudes au quotidien. Le public est amateur de ces petits détails qui le rapprochent de ses idoles. Christina a travaillé quatre mois dans cette boutique. Ça lui a laissé du temps pour se lier d'un semblant d'amitié avec Marie, intervint Milan.

La capitaine imagina le chemin emprunté par Christina. Connaissant les habitudes de Marie, elle avait travaillé dans cette boutique afin de l'approcher. Une amitié en avait découlé entre la victime et elle. Une amitié malsaine, dont la seule finalité était que cette dernière découvre plus en détail la vie de Marie, son goût pour le libertinage et ses envies de retrouver les plateaux. Autant d'éléments qui avaient servi par la suite pour qu'elle tombe dans les filets de cette annonce publiée sur le site Partenaires.com.

– Quant à son travail à Actiris, c'était une voie royale pour l'embauche de Dascarino à la société RailRest, conclut Milan.

– Toutes ces raisons mettent en évidence le fait que Christina se trouvait aux origines de cette vague de massacres.

Le lieutenant, gorge nouée, sentit son visage s'obscurcir.

Son ami d'enfance connaissait les dérives meurtrières de sa fiancée. L'argent de Boateng et ses belles promesses : rien de tel pour retourner un homme. Deux années plus tard, alors plongé dans l'immonde, il avait rouvert les yeux, prenant conscience de son erreur.

Dans les esprits, une bousculade de questions.

– Tu te souviens des numéros sur la carte mémoire ? demanda la capitaine.

Comment les oublier ? Milan les avait mémorisés, enregistrés, en espérant trouver leur signification.

– 12, 22 et 44.

– Qu'est-ce que ça signifie selon toi ?

– J'ai retourné ces numéros dans tous les sens. Peut-être un code ou une combinaison ? Ou alors une date de naissance au format américain ? En réalité, je n'en ai pas la moindre idée, souffla-t-il.

– Sébastien n'a pas laissé cette suite de chiffres par hasard, il voulait nous aider... Dans cette enquête, une chose m'étonne, continua-t-elle. L'organisation. Un tueur se doit d'être organisé mais, quand nous avons affaire à une série de tueurs, la tâche me paraît toujours plus compliquée. Impossible...

– Surtout qu'avant qu'ils frappent, plusieurs années se sont écoulées.

– Tu imagines l'énergie que ça demande pour trouver les filles, entrer en contact avec elles et préparer les tueurs ? Celui que nous poursuivons a forcément dû informer cette communauté.

– Par Internet ?

– Trop risqué. Si c'était le cas, nous aurions retrouvé des traces de leurs échanges. L'ordinateur de Sébastien n'a rien donné, pas plus que celui de Boateng.

– Alors un lieu public ? C'est encore le meilleur moyen de se réunir et de passer inaperçu, avança le lieutenant.

La capitaine tiqua sur ces derniers mots. Se noyer dans la masse, se greffer aux anonymes. L'idée faisait son chemin dans son esprit.

– Nous savons que l'enlèvement de Flavie a été commis à bord du Thalys, réfléchit-elle à voix haute. Dascarino et Boateng se connaissaient et étaient complices dans cet enlèvement. Christina n'avait plus de permis de conduire. Ce sont ses déboires avec la justice qui l'ont conduite à faire la rencontre de Boateng. Une situation qui l'obligeait à emprunter fréquemment le train pour se rendre à Bruxelles, notamment quand elle travaillait à Actiris.

Milan l'écoutait en silence, analysant chaque mot.

– Pour la tenir informée, il n'est pas nécessaire de voir la personne. Il suffit de délivrer le message à l'endroit voulu, murmura-t-elle. Un endroit réunissant tout ce petit monde...

Au loin, elle vit un train glisser dans la nuit, portant sa plainte stridente jusqu'à elle.

12/2244. Ses lèvres se décollèrent dans un sursaut.

Elle se retourna en toute hâte, posa son verre sur la table avant de rassembler ses affaires.

– Rhabille-toi ! lâcha-t-elle.

– Tu ne vas pas me refaire le même coup que la dernière fois ?

Elle enfila son jeans et le regarda droit dans les yeux.

– 12, 22 et 44. C'est un code !

– Quoi ?

– Une combinaison ! Un lieu où Christina, Dascarino et Boateng pouvaient recevoir des informations en toute tranquillité ? Un lieu public où on peut déposer un message ?

L'homme ne voyait pas. Il ouvrit ses deux bras en signe d'impuissance.

– La gare ! Une consigne de gare !

67

À CETTE HEURE MATINALE, Adami trouva une salle déserte. Sur les tables s'amoncelaient dossiers, gobelets de café et boîtes à pizza. Les ordinateurs ronronnaient en attente du retour des inspecteurs. Ses hommes avaient travaillé sans relâche pour apporter de nouveaux éclairages sur cette enquête tentaculaire. Les profils de Dascarino et Boateng étaient dressés, tout comme le cheminement de leurs vies. Leurs maisons avaient été fouillées, leurs relations, décortiquées. Mais rien ne permettait de les relier directement à Érostrate. Tout renvoyait à Christina. La piste du curare, quant à elle, n'offrait rien de probant. Aucune plainte n'avait été répertoriée ces trois dernières années, au sujet du vol de ce produit. Une impasse, au même titre que la correspondance du Borgne.

En rentrant de l'opération, le commissaire s'était entretenu avec Alain et Sonia, les deux inspecteurs affectés à la lecture du courrier. Entre les lignes s'étiraient des profils malades, aliénés, mais sans rapport avec leur affaire.

La pression médiatique faisait corps avec celle des politiques. En haut lieu, les morts successives des assassins comme des victimes faisaient grand bruit. On remettait en cause les compétences du commissaire, sa capacité à mener à terme cette enquête, on l'accusait à demi-mot de ne plus avoir le recul d'autrefois, celui qui avait fait de lui un flic hors norme.

Adami s'avança vers le tableau en liège. La photo de Carole rejoignit celles de Marie et de Flavie. Il retourna une chaise et s'y installa, les deux bras posés sur le dossier.

Les traits fatigués, la mine voilée par ces chimères, il ne décrochait plus ses iris bleutés des portraits.

Marie, Flavie et Carole. Trois femmes au sourire radieux, au remarquable physique. Trois trajectoires brisées.

Il sortit son portable de sa poche et composa le numéro. Il savait que l'homme allait lui répondre. De jour comme de nuit, ses yeux restaient rivés à son écran.

– Comment tu fais pour ne jamais dormir ?

– Je carbure au Red Bull, ça aide ! Et toi, c'est quoi, ton truc ? À ton âge, tu devrais être dans ton lit ! plaisanta Nicolas Moers.

Le commissaire frotta son front, le regard rivé sur les mortes.

– Les remords... Toujours les remords...

Un malaise à l'autre bout de la ligne.

– Hugo, ça va ? Tu déconnes ou quoi ?

Il devait se reprendre. Et vite !

– Laisse tomber. Oublie ce que j'ai dit. Tu as l'adresse ?

– Euh... Ouais... T'as de quoi noter ?

– Minute, gamin...

Adami bascula son portable sur son oreille gauche, puis se saisit d'un stylo et d'une feuille traînant sur l'une des tables.

– Vas-y !

– J'ai relevé deux IP. Elles proviennent du même cybercafé. Le Craft Empire, c'est au 1, rue Coenraets, à deux pas de la gare du Midi.

– Finalement, tu es plutôt bon dans ton genre.

– En fait, c'était du gâteau. C'est digne d'un amateur ! En communiquant avec Marie Charton, ton homme n'a jamais cherché à prendre la moindre précaution.

C'était à n'y rien comprendre. Le courriel envoyé quelques jours plus tôt aux deux « urbexeurs » demeurait une énigme tant il était impossible de remonter jusqu'à l'expéditeur. En parallèle, Érostrate était entré en contact avec Marie Charton en passant par un cybercafé, sans jamais veiller à se protéger. Pourquoi un tel écart entre ces deux messages ?

Du pur délire.

– T'as une explication ?

– Soit ton meurtrier est complètement désorganisé, soit il n'avait plus aucune raison de faire attention.

Deux perspectives impossibles à admettre.

Par ses actes comme le choix des victimes, Érostrate se caractérisait par sa maîtrise des événements. Aucune femme n'était connue des services de police français ou belge, rien ne permettait de relier les assassins à lui. Pour finir, les échanges effectués avec Marie Charton sur le site Partenaires.com étaient antérieurs au courriel envoyé aux deux « urbexeurs ».

– Ça ne colle pas vraiment avec le profil de notre homme, constata Adami.

– Justement, elle est peut-être là, l'erreur... J'ai une autre idée en tête, certes un peu folle, mais pas impossible...

– Au point où j'en suis...

– Imagine que derrière ton Érostrate se cachent deux personnes.

Cette fois, l'hypothèse avancée par Nicolas Moers fit corps avec l'esprit du commissaire. Les derniers éléments mettaient en exergue que le seul liant dans cette affaire demeurait Christina. Serait-elle celle qui a communiqué avec Marie Charton ?

Le problème avec les morts, c'est qu'on peut leur faire dire n'importe quoi...

Adami approuva d'un hochement de menton :

– Ça s'envisage...

– Je m'occupe du SMS reçu sur le portable de Boateng et te tiens au courant dans la foulée.

Une présence derrière son dos.

Adami se retourna et reconnut dans l'encadrement de la porte la silhouette de Richard Declerc. Épaule droite contre le chambranle, il étirait un sourire sincère.

– Tu écoutes aux portes, toi, maintenant ?

– Je viens d'arriver. J'ai juste eu le temps de comprendre pour le SMS...

Il fit quelques pas et rejoignit son supérieur. Il s'installa à une table, fesses contre le bord. Son regard se posa sur le tableau.

– Sacrée merde, cette histoire...

– Le mot est faible... Tu as pu avancer de ton côté ?

– Oui et non... Avec les gars, on a passé une bonne partie de la nuit à écumer les lieux chauds de la ville. Flavie n'avait pas d'ennemis connus, aucune dette. Elle ne se droguait pas et était saine à tout point de vue.

– Des traces de son petit copain Frédéric ?

– On n'arrive pas à mettre la main dessus.

– Ce n'est pas possible ! Il n'a pas pu se volatiliser dans la nature !

– Je sais, commissaire. On a interrogé tous ceux que Flavie côtoyait. Personne n'a jamais entendu parler de cet homme.

Le commissaire secoua la tête sous le coup de l'incompréhension. Sa garde brassait de la poussière à tenter de le retrouver. Alors que l'affaire était relayée par tous les médias confondus, Frédéric n'avait jamais jugé bon de se manifester. Leur relation était-elle d'ordre extraconjugal ? Une perspective qui pouvait expliquer pourquoi Flavie tenait à garder cette union secrète, tout comme les motivations de l'homme à demeurer un fantôme.

L'autre raison, il pouvait tout juste l'envisager. Il ne possédait pas de preuve ni de matière première. Une supposition, rien de plus.

– On tourne en rond... Et Carmen, ça donne quoi ?

En se rendant dans les locaux de Partenaires.com, les enquêteurs avaient pu mettre en évidence que, lors de la dernière soirée réservée aux membres du site, Héloïse avait fait appel à des hôtesses. Dans la liste, le nom de Carmen figurait. Comme Flavie, elle travaillait à la maison close TENTATION.

– C'est encore une jeune de dix-neuf ans. Pas de doute, elle était bien prévue à la soirée du 13 novembre.

– Mais ?

– Elle a fini par lâcher l'affaire et a cédé sa place à Flavie sans en parler à la gérante du site...

– Qui lui a demandé de renoncer à cette soirée ? Notre tueur ?

– Pas exactement... Carmen m'a avoué avoir rencontré Christina quelques jours avant. Celle-ci lui aurait remis une forte somme d'argent pour qu'elle se désiste.

– Elle a invoqué des raisons ?

– Christina lui a fait comprendre qu'en cas de refus, elle aurait droit à des représailles. Vous voyez le genre...

Encore une fois, tout les ramenait à Christina.

Richard envisagea quelques instants son supérieur, ne sachant pas vraiment comment aborder le sujet.

– Je suis allé faire un tour sur Internet comme vous nous l'aviez demandé...

Adami leva les yeux, devinant la suite.

– Je ne savais pas pour...

– Je ne veux pas entendre la fin de ta phrase, le coupa-t-il, la voix marquée.

Un temps s'installa, chargé d'émotions.

Ce que savait Richard était la raison de ses remords, de cette vie abîmée. Vingt-quatre ans...

Le pardon, Adami ne l'avait jamais trouvé. Comment l'aurait-il pu ?

Muré dans le silence, l'inspecteur sortit une tige de nicotine de son paquet. Il la tassa quelques secondes, le regard tourné vers le tableau. Puis, il la porta à ses lèvres.

La première cigarette de la journée, il la fumait dès son arrivée au bureau. Son petit *truc* à lui.

Le commissaire l'observa avant de replonger dans l'horreur. Les portraits punaisés lui signifiaient que l'heure était venue d'affronter le diable. Jusqu'à présent, il avait réussi à retarder l'échéance. À l'approche du quatrième meurtre, il ne pouvait échapper à son destin. La veille, au téléphone, il s'était entretenu avec l'homme qui s'était occupé du Borgne à sa sortie de prison. En quelques mots, Claude Antoine lui avait expliqué la route menant à ce dernier.

– Je voudrais que tu m'accompagnes.

– Où ? le questionna l'inspecteur.

Adami se leva et rangea sa chaise. Il laissa passer quelques secondes, comme pour se persuader de ce qu'il s'apprêtait à faire.

– Rencontrer une vieille connaissance.

68

UNE RUMEUR MASSIVE s'amplifiait dans le hall comme sous la voûte d'une église. Premier nœud ferroviaire de Belgique, la gare de Bruxelles-Midi accueillait ses voyageurs. Des hommes et des femmes aux destins soudés pour un instant ou quelques heures.

Milan posa la main sur l'épaule de sa partenaire et, d'un mouvement du menton, lui désigna les panneaux au-dessus de leur tête. Une flèche accompagnée d'une icône représentant une valise indiquait qu'aux abords des quais 7 et 8 se trouvait la consigne.

Leurs pas remontèrent la jungle humaine. De temps à autre, ils durent esquiver des personnes trop pressées ou encore endormies.

Ils les découvrirent. Vingt cases réparties sur deux rangées. Toutes automatiques. Sur chacune, un autocollant permettait d'en comprendre le fonctionnement. Une fois la somme payée, il suffisait de composer un code à quatre chiffres afin d'ouvrir la case. Le procédé était d'une banalité sans nom, similaire à celui des coffres qu'on trouve dans les chambres d'hôtel. Pour chaque consigne, la validité ne pouvait excéder quarante-huit heures, sans quoi il fallait remettre de l'argent pour prolonger le temps imparti.

Le lieutenant leva son regard au ciel à la recherche de caméras. Si cette suite de chiffres correspondait à un code permettant d'ouvrir une de ces portes, cela voulait dire que le tueur était repassé à plusieurs reprises afin de conserver cette consigne.

12/2244. Case numéro 12. Code 2244.

Laura se présenta devant la case et enfila une paire de gants en latex trouvée dans la poche intérieure de sa veste en cuir.

Un bip délivra la serrure.

Ils découvrirent à l'intérieur du compartiment une enveloppe marquée d'un point d'interrogation. Laura en écarta le rebord et laissa une photo glisser dans sa main.

– On nage en plein délire.

Des cheveux rugueux tirant sur le gris, un visage anguleux, un front large, une peau ridée et creusée. Une *sœur*, aux abords de la cinquantaine. Un physique qui n'avait rien en commun avec celui de Catherine Bauwens, la dernière victime du Borgne.

Pourtant, les deux Français le savaient, la vie de cette inconnue était en danger.

69

BIENTÔT UNE HEURE, et toujours ce mutisme dans l'habitacle. La Volvo filait sur une route sinueuse, éludant les dernières traces de l'urbanisation à outrance.

Adami roulait, la tête ailleurs, l'âme triturée en profondeur.

Voilà quatre années que Richard Declerc s'était joint au groupe dirigé par le commissaire, se donnant entièrement à son travail. Jamais il n'avait ressenti l'ombre d'une potentielle amitié naissante. Il s'était fait à cette idée que leur relation resterait professionnelle.

Alors, pourquoi lui, maintenant ?

Il se risqua à percer la bulle dans laquelle était cloîtré son supérieur.

– Commissaire... Je ne suis pas sûr d'être la bonne personne pour vous accompagner.

Le sexagénaire hocha la tête, persuadé du contraire.

– Je ne savais pas que tu avais une fiancée. Vous comptez vous marier ?

D'abord la surprise, puis un sourire.

– On y pense de temps à autre, même si ce n'est encore qu'un lointain projet.

– Je ne me souviens plus de son prénom...

– Parce que vous ne me l'avez pas demandé.

L'homme avait prononcé ces mots d'une voix teintée d'amertume, portée par de lourds sous-entendus.

Échanges de regards.

– On n'a jamais vraiment pris le temps de parler, toi et moi... Pas vrai ?

– Moi, comme les autres.

Une nouvelle phrase, pointée sur les problèmes du commissaire. Les remords érodant sa vie avaient fini par le modeler en une masse compacte, distante avec son entourage. Tous voyaient en Adami une personne avare d'échanges débordant du cadre de ses fonctions. Un être voué jour et nuit à son travail, désintéressé des personnes peuplant son quotidien.

Les apparences sont souvent trompeuses.

En réalité, Adami n'y arrivait plus. Les racines de ce mal remontaient à cette nuit qui avait fait basculer son être.

– Juliette, reprit l'inspecteur. Elle s'appelle Juliette.

– C'est un joli prénom. Plein de promesses... Qu'est-ce qu'elle fait dans la vie ?

– Elle a pas mal voyagé ces dernières années. Le retour est un peu rude. Disons qu'elle se cherche...

– J'espère qu'elle finira par se trouver.

– Il faut le souhaiter.

– Ton quotidien ne lui pèse pas trop ?

– Vous parlez de mon travail ?

Adami hocha doucement la tête.

– Je sais combien il est prenant et qu'il est parfois difficile de faire la part des choses.

– On s'en arrange. C'est surtout à ma mère que ça pose problème. Sa vie de famille comme son mariage ont souffert de la profession de mon père.

– Elle a peur que tu commettes les mêmes erreurs ?

Le ton de l'homme se fit plus tranchant.

– Je ne suis pas mon père.

Le commissaire sentit qu'il s'était aventuré sur une pente glissante en abordant ce sujet de conversation. Il décela dans le regard de Richard une once de rancœur.

– Je vois que je ne suis pas le premier à te comparer à lui ?

– Pas le dernier non plus...

– Tu sais, c'était un très bon inspecteur, tout comme toi. Il est normal que les gens empruntent ce genre de raccourci.

– Ça ne l'a pas empêché de mourir bêtement.

Un lourd silence enserra ses mots.

Étienne Declerc. Un inspecteur mort d'une balle durant un simple contrôle d'identité. Adami se souvenait précisément du jour où il avait appris la mort de cet homme. Un choc.

Bien que ne pratiquant pas dans le même service, il le côtoyait de temps à autre autour d'un café ou les soirs de match de l'équipe nationale de football. À deux pas des bureaux de la police fédérale, les hommes se réunissaient dans un bar pour boire des chopines en soutenant les Diables rouges.

– Vous savez, à la mort de mon père, j'ai compris une chose importante, reprit Richard. Dans cette vie, nous ne sommes que de passage.

– Tu crois vraiment ? Pourtant, si tu es là, c'est grâce à lui.

L'inspecteur prit le temps de la réflexion et sa réponse tomba dans un sourire.

– Vous avez peut-être raison.

Richard porta son regard sur sa droite, où apparut une église surplombant des habitations en pierre blanche combinées à des murs en brique. Un ensemble architectural formé de grosses fermes, de fermettes et de maisons. Le village de Mélin offrait tous ses atouts aux deux hommes.

Pour autant, ils ne firent que passer.

✧ ✧
✧

« Résidence de la vallée », indiquait le panneau.

La voiture remonta une allée bordée par de hauts arbres, asphyxiée par la neige tombée la nuit dernière.

Sur trois niveaux, un lugubre manoir au style néoclassique, flanqué de deux ailes, marqua la fin de leur parcours. Il dégageait une aura peu accueillante, où désolation et ennui allaient de pair. En sortant de l'habitacle, Richard ne put s'empêcher de froncer les sourcils.

– C'est glauque, ici !

Son regard se perdit dans un parc constellé de bancs en fer.

– Comme lieu de fin de vie, j'imagine qu'il existe beaucoup mieux, continua-t-il.

– Crois-moi, j'ai ma petite idée là-dessus.

Une balle dans la tête, pensa le commissaire. Quand viendrait le moment, il n'hésiterait pas. Une décision mûrie depuis toujours.

Les portes battantes s'ouvrirent sur un hall aux murs crème et au carrelage d'une blancheur pâlissante. Ici planait une odeur de cire mélangée à celle des médicaments.

Derrière son comptoir en forme de *U,* une femme en blouse verte observa les deux hommes qui venaient à elle. Sa moue grimaçante leur renvoya l'image d'un cerbère. Elle tapota son stylo contre une affichette trônant sur son comptoir et brailla :

– Les visites se font entre dix heures et dix-huit heures !

Pour réponse, Adami lui présenta sa carte officielle.

– J'ai un laissez-passer.

Le cerbère en prit connaissance, puis analysa les deux hommes sous un autre angle.

– Ah oui... Effectivement, ça change tout...

– N'est-ce pas...

– J'imagine que vous venez pour Enrik Falcowitz ? souffla-t-elle d'un ton morne.

– On ne peut rien vous cacher.

– Minute, s'il vous plaît...

Son nez plongea dans une sorte d'annuaire répertoriant les noms des locataires des lieux et le numéro de leur chambre.

– Falcowitz, chambre 28, deuxième étage. Vous allez pouvoir vous débrouiller ?

Elle eut à peine le temps de finir sa question que les semelles des hommes cognèrent contre les marches de l'escalier.

Celui-ci débouchait sur une immense pièce où quelques pensionnaires, déjà, chassaient leur solitude devant la télévision.

Les deux hommes attrapèrent un long couloir. Moquette et murs élimés. Ils avalèrent un ensemble de portes. De temps à autre, ils captèrent des yeux perdus dans un autre monde, coincés entre la vie et la mort, cisaillés par la lassitude.

Numéro 26, numéro 27...

Adami resta quelques instants à regarder le bois, le dernier rempart le séparant de ses démons. En entrant dans la pièce, il allait faire un bond de vingt-quatre ans en arrière. Alors qu'il avait cru pouvoir éviter cette confrontation, son destin en avait décidé autrement.

– Je suis à vos côtés, annonça Richard d'un ton bienveillant.

Adami hocha la tête et porta son regard sur son inspecteur. Au fond de ces pupilles figées, ce dernier perçut quelque chose qui s'apparentait à de la terreur.

Et la porte s'ouvrit.

70

ASSEMBLÉS sur un gigantesque mur, une multitude d'écrans diffusaient en continu les images de vidéosurveillance de la gare de Bruxelles-Midi. Sans même en être conscients, des centaines d'inconnus y tenaient un rôle. Big Brother n'est plus un mythe, mais une réalité concrète, implantée dans notre quotidien. Banques, centres commerciaux, lieux publics, etc. Aujourd'hui, plus rien ne peut échapper aux yeux du *grand frère*.

Vissé à son ordinateur, mains sur le clavier, Philippe Barbet consultait les archives vidéo. Dans son dos, Laura et Milan observaient chacune de ses manipulations. Quelques minutes plus tôt, le duo s'était heurté à la résistance de l'homme à l'idée de divulguer ce genre d'information. Mais le caractère urgent de la situation avait fini par faire céder le technicien.

– Vous pouvez remonter à combien de jours ? le questionna la capitaine.

– Six !

– Seulement ?

Le technicien haussa les épaules tout en gardant son nez rivé sur l'écran.

– Ce n'est pas moi qui fixe les règles. Une fois le délai écoulé, les images sont écrasées. Vous savez, nos serveurs n'ont pas une capacité illimitée.

Six jours. Toute possibilité devait être explorée à fond. Les deux partenaires l'avaient compris. La consigne automatisée obligeait ses utilisateurs à revenir afin de prolonger le temps imparti. En analysant les vidéos, ils espéraient identifier la personne qui tirait les ficelles de ce scénario machiavélique.

– C'est la caméra 112 qui vous intéresse. Elle donne sur le quai numéro 7 et la consigne, annonça Philippe en appuyant sur la touche Entrée.

À l'écran, le *timecode* les renseignait sur l'heure et la date : sept heures trente, vendredi 19 novembre. Quelques heures avant le meurtre de Marie Charton, point de départ de cette sordide histoire.

Dans le rectangle de lumière transpirait une ambiance monotone. Des voyageurs montaient dans un train, d'autres écoutaient de la musique, casque sur les oreilles. Le quotidien morose et insipide d'une gare au réveil.

– Avancez, s'il vous plaît, demanda Milan.

– À votre service.

Tout s'accéléra. Le *timecode* égrena ses chiffres, les pixels virevoltèrent, les voyageurs semblèrent pris d'une folie passagère. L'effervescence, puis le calme. Une journée qui ne leur apporta rien d'intéressant.

Samedi 20 novembre, nouvelle opération.

Les *timecodes* s'emballèrent de nouveau jusqu'à ce qu'une forme indéfinissable fasse son apparition.

– Pause ! hurla Laura.

Arrêt sur image.

– Là ! désigna-t-elle du doigt.

À l'écran, l'horloge accrochée à l'armature de la gare indiquait dix-huit heures.

Boots aux pieds, pantalon cargo, chandail ample et capuche sur la tête. Des habits si larges qu'ils ravalaient la silhouette au rang de masse sombre, indescriptible. Les épaules rentrées, la tête rivée sur le sol, les mains dans les poches de son pull, elle se tenait devant les casiers.

– Lancez la vidéo en vitesse normale, s'il vous plaît.

Quelques pas portèrent la masse devant la case numéro 12.

Les deux Français savaient que sous leurs yeux se jouait un épisode décisif de leur enquête. En identifiant cette silhouette, ils feraient un bond en avant, peut-être arriveraient-ils même à sauver la quatrième personne.

– Vous pouvez zoomer ?

– Bien entendu.

Le plan large passa en serré.

Les doigts gantés composèrent le code. 2244. L'ombre sortit deux enveloppes de la poche avant de son vêtement. De sa main gauche, elle en déposa une dans la case.

– Arrêtez, ordonna la capitaine. Reculez de quelques secondes.

Philippe s'exécuta.

Sur la face avant de l'enveloppe était dactylographié le prénom de Flavie.

– Maintenant, avancez, image par image.

Les mouvements saccadés permirent au duo de comprendre que la seconde enveloppe concernait Carole.

La masse s'était assurée que la caméra captait l'inscription. La case refermée, elle repartit, les mains dans les poches, en direction des quais 1 et 2, les plus proches de la sortie.

– La troisième enveloppe, murmura Laura.

Son attention se porta sur le lieutenant, qui affichait une mine crispée. De toute évidence, Érostrate avait déposé la troisième enveloppe récemment, alors même qu'il savait que la police était sur ses traces. Un comportement qui attestait une fois encore un contrôle des événements et un grand sentiment de confiance.

Des points qui furent relayés au second plan. Milan le comprit alors que son regard accrochait le *timecode.*

Samedi 20 novembre 2010, dix-huit heures et des poussières.

Une date. Un horaire. Un aveu.

Érostrate ne pouvait être l'auteur de l'assassinat de Sébastien.

La capitaine retourna sur l'écran, évitant de se laisser déborder par la peine de son partenaire.

– Vous pouvez suivre notre homme ?

– Tant qu'il se trouve dans la gare, je ne peux pas le rater.

Il fit craquer ses doigts et retrouva les commandes de son clavier. Trois angles de caméra s'affichèrent à l'écran.

– OK ! On a deux possibilités. Les quais 1 et 2 sont proches de deux sorties. La première mène directement aux bornes des taxis. La seconde rejoint l'extérieur en passant par une petite zone commerciale. Les images que vous voyez en haut de l'écran correspondent aux sorties. Celles du dessous, aux quais.

La silhouette marchait d'un pas pressé. Autour d'elle, la ruche s'agitait, bouillonnait, virevoltait. Un train se préparait à quitter la gare, un autre arrivait. Une foule dense marchait, courait. La masse sombre semblait remonter une marée humaine à contresens.

Elle s'arrêta. Regard plongé vers le sol, elle hésitait entre tourner à droite pour rejoindre les bornes de taxis, ou à gauche pour sortir par la zone commerciale.

– Allez, mon petit, décide-toi ! Tonton Philippe te regarde, s'amusa le technicien, porté par l'excitation.

Gauche. Un choix déconcertant.

– Pourquoi ne pas aller au plus simple ? demanda Laura.

– Ce n'est pas si bête. Il est un peu plus de dix-huit heures et nous sommes samedi. Les bornes de taxis sont prises d'assaut.

Ses doigts volèrent sur son clavier.

– Bonne idée ou pas, on va l'avoir. La zone commerciale est une partie sensible de la gare. Nous avons énormément de caméras disposées dans ce périmètre.

Sur ces quelques mots, cinq yeux de verre crachèrent leurs images. La partie était quadrillée.

À l'approche de Noël, les vitrines explosaient en mille éclats sous les feux des guirlandes. Des voyageurs flânaient en attendant leur train, d'autres avaient franchi le cap et ressortaient des magasins, emplettes dans les mains.

La silhouette se tenait au milieu de l'allée, où aucune vitrine ne pouvait capter son reflet. Les yeux de la capitaine passèrent en revue les caméras avant de s'arrêter sur celle filmant le suspect de dos, légèrement en plongée.

Au loin, Laura distingua un groupe de jeunes. Quatre gamins proches de la majorité. Ils étaient dissipés et se chamaillaient. En voyant les bouteilles qu'ils tenaient dans leurs mains, elle devina que l'alcool y était pour beaucoup dans leur comportement. Ils avançaient en direction de la masse sombre.

Celle-ci l'avait bien compris et s'était déportée de deux pas avant de reprendre sa route.

À quelques mètres sur sa droite, un couple main dans la main discutait, les yeux plongés dans une vitrine. La femme hésitait à acheter l'objet convoité, alors que son compagnon montrait des signes d'impatience.

La masse sombre avança encore. Mauvais tempo. Elle se retrouva prise en étau entre le groupe et le couple.

Les gamins passèrent sur sa gauche au moment où l'homme leva son bras pour regarder sa montre.

Tout se passa en une fraction de seconde, dans un réflexe humain.

La silhouette dut se contorsionner pour éviter le choc.

– Stop !

Milan et Philippe sursautèrent en raison du ton employé.

Avec énergie, la capitaine tapota l'écran.

– Ses habits ! Je viens de comprendre ! Retournez en arrière, juste après que l'homme a levé son coude, demanda-t-elle d'une voix excitée.

Le technicien recula la bande vidéo de vingt images.

À l'écran, le coude de l'homme se trouvait au bout de sa phase ascendante. La silhouette, quant à elle, avait redressé ses épaules.

– Vous pouvez grossir cette partie ? demanda Laura.

Elle plaça une main à la hauteur de son menton et l'autre à sa taille afin que Philippe saisisse le cadrage désiré.

– Ça risque de se pixéliser un peu.

– Allez-y quand même !

Il procéda à l'opération.

Une démarche calculée, des vêtements trop amples. Tous ces artifices éclatèrent sous leurs yeux, les laissant bouche bée. Au niveau du torse se dessinait une forme arrondie.

Le contour d'un sein.

La réalité tomba en ces mots :

– Une femme, lâcha Laura. Érostrate est une femme.

71

LES YEUX DU COMMISSAIRE détaillèrent la pièce. Une poignée de mètres carrés. Un espace dans lequel il se sentit tout de suite mal à l'aise.

Murs blancs, carrelage au sol. Un parfum puissant, prenant. Celui du vieux papier. Des livres, par centaines. Ils s'étiraient sur la longueur du mur de droite dans une imposante bibliothèque. En face logeait un lit, à quelques mètres d'une armoire vestimentaire. Dans le fond, une table avait trouvé refuge sous le bord d'une fenêtre.

Bras posés sur les accoudoirs, journal ouvert sur le bois, Enrik laissa aux deux hommes le temps nécessaire pour qu'ils découvrent son antre. Visage anguleux, barbe rasée de près, fines oreilles. Son œil droit... perçant, hypnotisant. Il portait un pantalon en velours noir et un gilet en cachemire blanc. Le foulard à son cou lui donnait un petit air noble.

Il esquissa un mince sourire.

– Commissaire Adami, quelle agréable surprise ! Je vous en prie, installez-vous, dit-il en désignant une chaise.

Apparence trompeuse. Derrière le ton poli se cachait une bête. Adami pouvait encore sentir son odeur de mort.

Tandis qu'il prenait place, la promiscuité lui glaça le sang. Sur la table, il découvrit plusieurs journaux de la veille et imagina le Borgne se délecter des retombées de cette sordide histoire.

– Vous lisez toujours autant...

– Je me suis découvert cette passion en prison... Vous n'imaginez pas tout ce que la lecture m'a apporté...

– J'ai ma petite idée.

Le Borgne ne releva pas cette remarque et se concentra sur l'inspecteur Declerc, encore debout.

– Jeune homme, comme vous le constatez, l'espace est plutôt restreint et les places sont chères par ici. Je vous en prie, prenez vos aises sur le lit.

Richard s'exécuta, sans broncher.

Le Borgne reporta son attention sur Adami. Paupière close, il renifla l'air à plusieurs reprises.

– Commissaire, à votre âge, vous devriez songer à arrêter de fumer.

L'œil s'ouvrit, sournois, dérangeant.

Adami s'efforça de ne rien montrer de son appréhension de se retrouver face à ce sanguinaire.

– Blondes ou brunes ? demanda l'assassin en se tournant vers l'inspecteur.

– Co... comment ?

– Inspecteur, vous fumez des cigarettes blondes ou des brunes ?

Richard hésita, puis répondit :

– Des... des blondes...

– J'ai toujours préféré les brunes... Elles sont plus... piquantes, fit Falcowitz en humectant ses lèvres.

Un discours à double sens, versé par une âme malfaisante, infâme. Adami l'avait compris et tenta de recadrer l'entretien :

– Ces femmes, pourquoi ?

Le Borgne marqua un temps, projetant son regard par-delà la fenêtre. L'ouverture exhibait l'arrière du manoir, où s'étirait un terrain immense, d'une blancheur parfaite et miroitante.

– Ce sont ces paysages qui m'ont manqué, le caractère saisissant de la nature. Elle s'obstine toujours à vouloir masquer ce que nous sommes.

– Trois femmes viennent de mourir en l'espace de quelques jours. Les portraits crachés de vos victimes...

Enrik regarda sa main droite, à regret. Il la tendit à la hauteur des yeux du commissaire.

– Donnez-moi un livre.

Adami eut un léger mouvement de recul.

– Allons, commissaire, un peu de courage. Donnez-moi un livre, répéta-t-il, l'œil amusé.

Le policier lui confia le premier ouvrage traînant sur la table. Aussitôt, la main fatiguée fut prise de secousses. Des spasmes réguliers, incontrôlables, caractéristiques de la maladie du tremblement essentiel.

Les deux hommes s'affrontèrent du regard dans une sourde hostilité. Les secondes s'enroulèrent avant qu'Enrik ne parvienne à reposer le livre.

– Maladie neurologique. Tous les gestes précis me sont impossibles. Manger, boire, m'habiller... Autant de calvaires.

Il ferma son poing et le fit tourner comme pour le soulager.

– Vous me croyez capable de tuer à nouveau ?

Il avait articulé ces mots d'une voix détachée, parfaitement neutre.

– Le responsable de ces massacres est un gaucher.

– Alors, vous pensez que j'ai croisé sa route d'une façon ou d'une autre ?

– Vous avez communiqué avec lui durant votre incarcération, j'en suis persuadé. Sans compter Dascarino...

– Ah ! Dascarino ! Un faible. Un petit agneau que la nature a déposé entre mes mains. Je lui ai montré le chemin à emprunter pour sortir de la banalité.

– Quel chemin ?

Le Borgne laissa sa main droite courir dans les airs, dessinant des volutes imaginaires.

– J'ai oublié, mon cher ami.

Adami ne put s'empêcher de serrer les mâchoires. L'ironie dont faisait preuve l'homme l'agaçait au plus haut point.

– Je pourrais vous faire arrêter.

– Et vous perdriez un temps précieux. Vous n'avez rien contre moi, si ce n'est cette vague de crimes similaires aux miens. Vous le savez, je n'ai pas bougé ces derniers jours. D'ailleurs, je ne sors jamais de cet établissement. On m'a transféré d'une prison à une autre.

– Vous et Dascarino aviez une relation très forte en prison, comme celle d'un père et son fils.

Le Borgne émit un petit rire sarcastique.

– Des racontars sortis tout droit de la bouche d'un ex-taulard. Une parole qui ne pèse pas bien lourd.

Enrik marqua un silence, avant d'ajouter :

– Ma correspondance vous a été utile ?

– Pas suffisamment, reconnut le commissaire.

– Alors, une autre femme mourra.

Débit lent. Ton glacial. Absence de sentiments.

Adami se mordilla les lèvres. Il avait une furieuse envie de se jeter sur l'homme pour l'obliger à parler à coups de poing.

Enrik appuya toujours plus sur l'ascendant pris sur son vis-à-vis :

– À une autre époque, vous étiez beaucoup plus perspicace... plus combatif... Aujourd'hui, quand ce n'est pas le tabac, vous empestez les remords. Qu'est-ce qui s'est passé, commissaire ? Vous n'avez toujours pas accepté votre choix ?

Adami se tut, figé par l'évocation de ces souvenirs.

Le Borgne plaça ses deux mains à plat devant lui.

– Commissaire, pourquoi êtes-vous ici ?

– Parce que vous pouvez nous aider.

– Votre lucidité vous honore. Je parle des véritables raisons, de la motivation première qui vous a donné le courage de pousser cette porte et de vous asseoir à ma table.

Le temps de la réflexion renvoya Adami à lui-même. Son passé. Une empreinte forte.

Il soupira et lâcha dans un filet de voix :

– Vous êtes toujours vivant.

L'œil satisfait acquiesça :

– Elle est là, la seule vérité. Que ce soit dans votre tête, ou par l'influence de mon *œuvre*, j'existe toujours. Et que recherchent vos tueurs ?

– La reconnaissance.

– Quand vous êtes entré dans la police, vous poursuiviez un but précis. Quel était cet objectif ? Aider les gens ? Sentir l'adrénaline dans votre corps ?

Le Borgne s'arrêta net, puis plaça d'un ton cinglant :

– Vous vouliez exister, de la même manière que ceux qui tuent.

– Pourquoi reproduire vos crimes ?

– Parce que je l'avais prédit. Le jour où j'ai perdu mon œil, j'ai retrouvé la vue...

– Je connais le refrain. Durant votre jeunesse, ces femmes vous ont manqué de respect, méprisé, et vous avez décidé de les supprimer...

– C'est un résumé des événements. J'ai surtout compris que, dans ce monde, le respect ne se mérite pas, il se prend. En tuant ces femmes, je me suis arraché à ma condition de simple homme et j'ai montré à tous ma toute-puissance. Voyez ces crimes comme un hommage à ce que je suis...

– Et qu'est-ce que vous êtes ?

Devant ce sourire de délectation, Adami regretta d'avoir posé sa question. Le Borgne sonda son auditoire, se régalant de leur attention.

– Je suis le premier de la lignée. Je suis le premier des sanguinaires.

– Je suis un éternel retour, termina le commissaire.

Le Borgne hocha la tête et porta son regard sur l'inspecteur Declerc, muet depuis le début de l'entretien.

– Dans cette histoire, je ne suis que le couteau. Qui est le plus condamnable ? Le couteau ou la main qui le tient ?

Nous naissons, nous vivons, nous construisons, les plus chanceux d'entre nous créent, et après nous mourons. Que reste-t-il de nous ? Une pensée furtive ? Une tombe au milieu des autres ? Mes crimes m'ont rendu immortel. En supprimant ces visages, j'ai eu accès à la reconnaissance éternelle. Ceux qui tuent recherchent cette jouissance. Ils veulent devenir quelqu'un...

Ces dernières paroles cognèrent dans l'esprit du commissaire. Les mots de Dascarino avant qu'il se jette sous le métro, le SMS retrouvé dans le portable de Boateng. Autant d'actes à apposer à cette même idée, celle de devenir quelqu'un.

Celle de s'offrir l'interdit. L'immortalité.

Le Borgne leva son index pour attirer l'attention sur ses prochains mots.

– Vos tueurs sont assoiffés de célébrité, avides d'existence. Allumez votre télévision, abrutissez-vous d'émissions de variétés et vous découvrirez des gamins qui acceptent de se prostituer sous les caméras, de participer à des shows de téléréalité pour qu'on s'intéresse à eux, pour donner un peu plus de sens à leur vie. Des âmes perdues qui n'ont pas compris que seule la voie du sang permet de saisir les consciences.

– Pourquoi ces suicides ? demanda l'inspecteur Declerc.

L'œil d'Enrik retourna dans sa direction.

– C'est une question sensée. Commissaire, connaissez-vous la réponse ?

Adami mit quelque temps à réagir, l'esprit plongé dans les abysses des dernières heures.

Le Borgne répéta l'interrogation :

– Commissaire, connaissez-vous la réponse ?

Le sexagénaire souffla d'une voix éteinte :

– Parce qu'une fois la reconnaissance obtenue, ils ne peuvent espérer autre chose. C'est comme s'ils avaient atteint leurs limites.

– Vivre nourrirait l'amertume de retrouver leur condition d'autrefois, l'indifférence, l'oubli dont ils étaient victimes avant de commettre leurs actes. Dascarino et Boateng l'avaient compris. En se suicidant, ils n'envisageaient plus la mort comme une fin en soi, mais comme la suite de leur accomplissement glorieux. Par leurs actes impensables, ils ont transgressé toutes les règles, marqué de leurs empreintes la société. Même morts, ils continueront à exister. On ne se souvient pas de l'architecte, mais de l'incendiaire. On oublie les victimes, mais jamais les monstres.

– La personne à l'origine de cette communauté de tueurs suivra le même chemin, murmura Adami.

– Votre Érostrate incarne le mal à l'état pur. Un mal où renaissance et reconnaissance marchent main dans la main. Votre tueur ne peut avoir peur de la mort. Il sait que demain d'autres âmes prendront le relais.

Le Borgne étira les lèvres.

– Nous sommes les enfants d'Érostrate.

Il se tut sur ces paroles, marquant la fin de l'entretien.

72

LA SALLE DES OPÉRATIONS se trouvait au bord de l'implosion. La concentration épousait la fatigue engendrée ces derniers jours. Derrière leur table, Alain et Sonia disparaissaient peu à peu derrière des tours désenchantées. Pour l'heure, la correspondance du Borgne ne livrait aucune information capitale.

À l'écart du groupe, les deux Français et Adami s'entretenaient de leurs découvertes respectives.

– Une femme ? Je n'ai rien vu venir, grimaça le commissaire.

– Vous n'êtes pas le seul, reconnut Laura.

Elle lui tendit le cliché obtenu à partir des archives vidéo. Le sexagénaire en prit connaissance et perçut l'évidence, sous le chandail.

– Ce n'est pas tout, continua-t-elle. Avant de partir, nous avons visionné toutes les vidéos des six derniers jours. Dans celle du 21 novembre, nous voyons clairement Dascarino et Boateng récupérer l'enveloppe qui leur était destinée.

Un cliché, sans équivoque possible. Le *timecode* indiquait seize heures. Dascarino et Boateng, enveloppes dans les mains.

– Les casiers sont automatisés. Une fois l'enveloppe récupérée, Boateng a remis de l'argent afin de prolonger le temps qui leur était imparti, poursuivit Milan avant de boire une gorgée de café.

– Ce qui nous laisse penser que tout ce petit monde communiquait depuis de longs mois par ce procédé, avança la capitaine Esposito.

Visage grave, Adami hocha la tête, abondant dans le sens de ses partenaires. Il reposa les deux documents sur une table.

Derrière le pseudo Érostrate se cachait un esprit calculateur, précis, froid. Un être gonflé d'une grande confiance.

Une femme. Une tueuse. Une prédatrice.

– Pour les autres jours, vous avez quelque chose ?

– Lundi, notre femme est repassée uniquement pour mettre de l'argent dans la consigne. Les images de mardi ne donnent rien. Par contre, celles d'hier...

Une poignée de secondes s'enroulèrent, puis le couperet.

– Elle voulait qu'on la trouve, alors même qu'on traquait Boateng, annonça Laura.

Elle sortit de sa veste en cuir rouge l'enveloppe récupérée un peu plus tôt et la tendit au commissaire, se dispensant d'en préciser le contenu.

Adami envisagea le document comme s'il risquait de lui exploser à la figure. Prendre connaissance de cette photographie s'apparentait à une nouvelle plongée vertigineuse dans son propre enfer.

Avait-il d'autre choix ?

Le cliché le figea sur place.

– C'est qui ? demanda-t-il.

– On n'y comprend plus rien, reconnut la capitaine.

Le commissaire s'attendait à découvrir une femme aux boucles blondes et dansantes, des yeux verts, un sourire franc. Une anonyme, trop jeune pour se retrouver aux portes de la mort. Une anonyme, au visage semblable à celui de Catherine Bauwens. La cause de ces ravages, de ces fantômes à jamais accrochés à lui.

À la place, le portrait renvoyait à une femme dans la cinquantaine, à la peau ridée et aux cheveux grisonnants.

– Une chose est certaine, intervint Milan. Érostrate...

Le lieutenant n'eut pas le temps de prolonger sa réflexion.

– Érostrate n'est pas responsable de la mort de votre ami, le coupa le commissaire. Alors que Sébastien a fui vers Lyon, notre tueuse ne l'a pas poursuivi et s'est contentée de suivre son plan. Nous avons encore deux monstres dans la nature.

Le commissaire songea quelques instants à la tournure des événements. Pendant qu'ils traquaient Boateng, cette femme avait déposé cette enveloppe dans la case. Pourquoi ne pas l'avoir fait plus tôt ? Que cherchait-elle à prouver ? Mais, surtout, comment était-elle au courant ?

– Et vous, de votre côté ? demanda la capitaine.

Adami sortit de sa torpeur passagère.

Il raconta les premières heures de sa journée commencée tambour battant. Carmen, sa visite chez le Borgne, la teneur de leur conversation. Il n'oublia pas de préciser le caractère sadique qui émanait toujours autant de cet homme. Dans cette histoire macabre, Enrik Falcowitz n'était qu'une source d'inspiration. Sa rencontre avec Érostrate avait eu lieu, d'une façon ou d'une autre. Adami le sentait, même si l'essentiel restait à faire. Le prouver.

Il conclut en rapportant les informations obtenues par son groupe au sujet de la correspondance du Borgne.

– Pour le moment, l'équipe n'a rien relevé de probant. La plupart sont des lettres d'amour sans intérêt. Des gamines, des adolescentes branchées *trips* sataniques. De temps à autre, des menaces de mort, mais rien qui puisse nous servir pour l'enquête.

Milan leva son regard au loin, en direction des deux inspecteurs plongés dans leur lecture.

– Et si nous faisions fausse route ?

Adami ne voulait pas entendre de telles paroles. Il restait persuadé du contraire.

– Nous devons persister. Je suis certain que le Borgne a communiqué avec l'extérieur en passant par ces lettres. Ce matin, j'ai eu Nicolas Moers au téléphone. Il a localisé l'adresse IP relevée sur le site Partenaires.com. Elle désigne un cybercafé, le Craft Empire. Richard est déjà sur place. Le plus étonnant, c'est que notre tueuse n'a pas cherché à se protéger, contrairement au moment où elle a envoyé le courriel, quelques jours après.

Une attitude qui prit tout son sens dans l'esprit de la capitaine.

Christina avait joué un rôle primordial dans cette histoire. Alors qu'on l'avait longtemps considérée comme un simple pion sur l'échiquier du mal, les derniers éléments le prouvaient. Sa proximité avec les tueurs, ses soucis d'argent résolus par Boateng, ses prises de fonctions à différentes dates. Des couvertures pour trouver les filles et placer les tueurs dans les meilleures conditions possible. Enfin, sa mort elle-même avait la résonance des aveux. Au contraire des autres victimes, elle n'avait pas péri par le sang.

Comment expliquer un tel écart d'attitude sans penser qu'entre Érostrate et Christina existait un lien fort ?

– Vous êtes d'avis que derrière Érostrate se cacheraient en réalité Christina et cette femme ? demanda Laura.

– C'est en tout cas ce que me laissent croire les dernières découvertes.

Adami entendit dans sa tête les expositions de Nicolas Moers. Lui aussi voyait derrière un tel écart de protection deux personnes.

Et si c'était Christina qui avait contacté Marie Charton en passant par le cybercafé ?

– On peut remonter jusqu'au numéro de téléphone à l'origine du SMS ? poursuivit Milan.

– Nicolas tente de déterminer le lieu d'achat du portable. Une piste comme une autre. Peut-être qu'avec de la chance, quelqu'un se souviendra d'un visage, soupira-t-il.

Les icebergs se portèrent sur la capitaine.

– Du côté de Lille, ça bouge ?

De retour de la gare de Bruxelles-Midi, Laura s'était entretenue un long moment au téléphone avec Thomas Blanchard.

– La vie privée de Christina a été fouillée. On n'a rien de plus à se mettre sous la dent. Pour la soirée du 13 novembre, personne n'a rien vu...

– Qu'il continue à creuser, encore et encore...

Adami gratta sa barbe hirsute tout en jetant un dernier regard sur la photo de la prochaine victime.

– Je vais lancer un appel à témoins à tous les postes de police. Peut-être qu'on arrivera à découvrir l'identité de cette femme.

Une initiative qui avait tout d'une impasse. Depuis le début, les assassinées n'étaient ni fichées ni répertoriées.

– Et, maintenant, quelles sont les directives ? le questionna la capitaine Esposito.

– Je veux en savoir plus sur Carole.

73

UNE RÉSIDENCE SITUÉE à quelques pas du parc Elisabeth. Un lieu connu des Bruxellois, où les allées multiples aux courbes agréables, l'ancien kiosque à musique, les aires de jeux ravissaient petits et grands.

Daphnée Boudot habitait avec son mari un appartement niché au deuxième étage. Les trois partenaires gravirent les marches quatre à quatre, puis toquèrent à sa porte.

Une fleur fanée leur ouvrit. Une quarantaine d'années, brune, cheveux coiffés en queue de cheval. Ses yeux vert clair étaient cernés par la fatigue, la faute d'une nuit blanche voilée d'incompréhensions.

Laura imagina les questions qui heurtaient cette pauvre femme. Pourquoi Carole ? Qu'avait-elle fait pour mériter un tel sort ? Avait-elle souffert ? Si elle-même n'avait pas insisté pour qu'elle se rende chez le médium, serait-elle toujours en vie ?

La capitaine empruntait le même chemin de culpabilité, portée par son erreur de jugement au moment de sa rencontre avec Boateng.

– Entrez, je vous en prie, les invita Daphnée dans un filet de voix.

Son intérieur était à son image, agréable et sans prétention. Le salon se composait d'un grand canapé d'angle, d'une table basse blanche et d'un écran plasma. L'éclairage des halogènes appelait au calme et à la sérénité, en accord avec la statue de Bouddha qui trônait sur une commode. Deux bougies parfumées au jasmin brûlaient à ses côtés.

– Vous désirez boire quelque chose ?

– Non merci, répondit Adami.

Il prit place sur le canapé, où il se sentit tout de suite à son aise, comme les deux Français.

Daphnée opta pour une chaise et se plaça à l'autre bout de la table basse, à bonne distance des représentants de l'ordre.

Les traits de la capitaine se nourrirent de compassion.

– Nous sommes désolés pour ce qui est arrivé à votre amie.

Une vague amère déferla dans le corps de Daphnée. Elle plissa les paupières pour retenir ses larmes.

– C'est tellement horrible, ce qui s'est passé ! lâcha-t-elle.

Son enveloppe semblait au bord de l'implosion. Elle profita d'un moment tournant à vide pour se reprendre.

– Hier, nous avons cru comprendre que Carole et vous étiez très proches ? continua Laura.

– Oui...

– Votre amitié remonte à longtemps ?

Daphnée haussa les épaules :

– Au lycée, même si, à l'époque, Carole et moi n'étions pas ce qu'on pourrait appeler des amies.

– Vous pouvez être plus précise ? fit Adami en croisant les bras.

Daphnée hésita un moment, les mauvais souvenirs affluaient, la renvoyant à sa propre condition.

– Au collège, j'étais mal dans ma peau. En plus d'être timide, j'avais beaucoup de kilos en trop. Vous savez comment sont les enfants à cet âge-là... Dès que vous avez une différence, ils s'amusent à vous pointer du doigt.

Elle passa une main nerveuse dans ses cheveux pour y piocher un peu de courage.

– Carole était une de ces personnes. Ç'a commencé par des petits surnoms. J'essayais de ne pas y prêter attention, mais, au fond de moi... J'en crevais...

Elle s'arrêta un court instant, puis reprit :

– Carole avait la beauté, l'humour. Elle attirait les gens autour d'elle... J'aurais aimé devenir son amie, à cette époque.

– Vous vouliez lui ressembler ? devina la capitaine.

Daphnée hocha la tête. Des morceaux du passé. La femme boulotte avait laissé place à une personne au physique sculpté. Laura imagina les heures de sport responsables de cette métamorphose : un miracle.

– Je n'existais pas à ses yeux. Cette situation a perduré de longues années, jusqu'à la fin du lycée.

– Et qu'avez-vous fait ensuite ?

– J'ai rencontré mon mari. J'ai construit ma vie...

Le commissaire écoutait Daphnée parler de sa jeunesse sans s'empêcher de la rapprocher de celle du Borgne. Lui aussi avait subi des sévices durant son adolescence, à cause de son physique, de son œil gauche. Si Daphnée avait réussi à s'en sortir et à passer outre, l'homme, quant à lui, en avait retiré une haine immense, incontrôlable. Un désir d'exister le poussant à glisser dans l'innommable.

Comment des brimades de gamins pouvaient-elles déclencher une telle colère ?

Il se racla la gorge et intervint :

– Par la suite, quand avez-vous revu Carole ?

– Par Internet, avoua-t-elle. Je m'étais inscrite sur le site Copains d'avant. Vous savez, c'est une plateforme qui permet de mettre en relation d'anciens camarades de classe. Un soir, je lui ai écrit pour prendre de ses nouvelles. Je n'en attendais pas grand-chose... Depuis le temps, j'imaginais qu'elle m'avait complètement oubliée...

– Mais ce n'était pas le cas, fit Laura.

– Carole se souvenait parfaitement de moi. Au début, nous avons beaucoup échangé par courriel. Puis, nous avons décidé de franchir le pas et de nous revoir, même si je craignais ce qui pouvait se passer. Les traumatismes de ma jeunesse étaient encore présents.

Ses derniers mots lui arrachèrent quelques larmes. Elle sortit de sa poche un mouchoir et se tamponna le coin des yeux.

Milan la regarda avec insistance. Droitière...

Elle reprit :

– Carole était devenue une autre femme. Elle m'a demandé pardon pour le mal qu'elle m'avait fait. Au fil du temps, nous sommes devenues amies.

– Comment se passait sa vie privée de son côté ? demanda Adami en se redressant.

– Mal ; très mal, même. Carole traversait une situation difficile. Avec son travail de mannequin, elle n'a jamais réussi à entretenir une relation stable avec un homme. Je l'écoutais me parler de ses problèmes et tentais de l'aider...

– En échange, que vous offrait-elle ?

La question. Daphnée s'interrompit, planta son regard sur l'auditoire, presque honteuse.

– La force de réaliser mon rêve. Les années passant, je continuais à prendre du poids. Mon mari s'éloignait de moi jour après jour. Il était en panne de désir. Je suis allée voir une psychologue pour qu'elle m'aide. Là non plus, ça n'a rien donné...

Des mots, des aveux. Une souffrance sans fond.

– Carole a tenté de vous rassurer ? reprit Laura, touchée à son tour.

– J'étais devenue une bête de foire aux yeux des autres ! Chaque fois que je sortais dans la rue, les gens se retournaient sur mon passage !

La femme serra les mâchoires, colère dans les yeux.

– Derrière mon dos, je les entendais se moquer de moi. Rigoler de ma personne. Je n'ai jamais rien connu de plus humiliant. Toutes les paroles réconfortantes ne peuvent rien contre ça !

Adami fit le rapprochement avec ce qu'elle leur avait confié, la veille, dans son bureau.

– C'est là qu'ont commencé vos séances de sport ?

– Sur la fin, oui... Mais je partais de tellement loin que tous les efforts du monde seraient vains. Carole le savait. Avant de me jeter corps et âme dans le sport, je devais retrouver mon amour-propre. C'est elle qui m'a conseillé d'avoir recours à la médecine.

Alors, le temps s'arrêta brusquement. Un mot clignota dans leurs esprits avec une rare violence. « Curare ».

– Attendez, madame Boudot, vous avez subi une opération ? lâcha le commissaire dans une étrange excitation.

– Chirurgie bariatrique. Carole m'a conseillé un excellent chirurgien.

– Parce qu'elle-même a subi une intervention chirurgicale ? continua-t-il.

– Oui, une rhinoplastie, en 2007.

– Où, madame Boudot ? Où avez-vous été opérée ?

Daphnée se recula sur sa chaise.

– La clinique de l'Azur, à Bruxelles. C'est le chirurgien Luiz Falcao qui s'est occupé de nous, annonça-t-elle, les lèvres tremblantes.

– Je connais, conclut Adami.

Cet établissement privé était ce qui se faisait de mieux en matière de chirurgie plastique, réparatrice ou esthétique. De nombreuses célébrités y séjournaient l'espace de quelques jours, pour y corriger leurs défauts. Comme une entorse à la nature, elles en ressortaient rajeunies de dix années.

74

LES TROIS PARTENAIRES TENAIENT peut-être une information capitale, de celles capables de faire basculer une enquête. Longtemps dans une impasse, la piste du curare ressortait grâce aux confidences de Daphnée. Elle et Carole avaient eu recours à une intervention chirurgicale nécessitant une anesthésie. Le commissaire sentait qu'il fallait creuser de ce côté, sans ménagement.

Une grande quantité de ce produit avait été retrouvée dans le corps de Christina. Une substance végétale venue d'Amazonie dont l'action paralysante était particulièrement utilisée dans le domaine médical, que ce soit pour une anesthésie ou une réanimation.

Sur la route de la clinique, il s'était entretenu au téléphone avec Isabelle Forgeret, la légiste qui avait pratiqué les autopsies de Marie et de Flavie. Elle était catégorique, les deux premières victimes n'avaient jamais subi d'intervention chirurgicale ou esthétique. Avant de raccrocher, elle précisa que tout ceci était exposé dans ses rapports et somma le commissaire de les lire plus en détail dans le futur. Enfin, elle promit de procéder à l'analyse du corps de Carole dans les heures à venir.

Il ne leur fallut qu'une quinzaine de minutes pour rejoindre la clinique de l'Azur. Un bâtiment sur quatre niveaux formé de deux ensembles, reliés par un hall d'accueil vertical en verre. L'intérieur transpirait la modernité et le confort. Ici, on savait recevoir et satisfaire une clientèle toujours plus exigeante.

Le barrage de la secrétaire dans leur dos, les trois partenaires se retrouvèrent dans une chaleureuse salle d'attente. Lustre au plafond, fauteuils design, toiles abstraites. Un écran plasma dernier cri raccordé au satellite et des iPad connectés en WiFi rendaient l'attente plus attrayante.

Dix minutes filèrent avant que le docteur Luiz Falcao ne fasse son entrée.

Silhouette longiligne, yeux bleus, cheveux poivre et sel, dentition parfaite. Sa peau bronzée, à cette époque de l'année, avouait de nombreuses séances d'UV. En le voyant, Laura sourit en apposant l'image de l'homme à la définition du mot « caricature ».

Les présentations faites, il les invita à le suivre dans son bureau.

– J'ai un rendez-vous dans un quart d'heure, annonça-t-il en s'installant sur une lourde chaise à roulettes.

Il ouvrit ses mains, s'excusant par avance :

– Je n'ai que deux chaises à vous proposer. Les personnes que je reçois sont souvent seules ou accompagnées d'un proche, mais jamais plus...

– Ça ira, répondit Milan, décidé à rester debout.

Laura et Adami prirent place.

– Bien. Que puis-je pour vous ?

– Nous venons pour vos clientes, Daphnée Boudot et Carole Duchemin, annonça le commissaire.

Le docteur Falcao esquissa une moue sceptique.

– Ça ne me dit absolument rien. Vous êtes sûrs que c'est moi qui me suis occupé d'elles ?

– C'est en tout cas ce que nous a indiqué madame Boudot. Maintenant, pour que nous en soyons certains, il faudrait que vous vérifiiez dans vos fichiers.

Adami ponctua ses paroles du menton, en le pointant vers un ordinateur portable.

– C'est une demande officielle ?

Le regard exaspéré du commissaire suffit à lui faire sentir la réponse. Le docteur roula les yeux, poussa un soupir las avant de se soumettre à cet exercice. Ses doigts tapotèrent sur le clavier, sans grande volonté.

Quelques secondes de recherche, puis ses billes retrouvèrent celles du sexagénaire.

– Oui, effectivement, j'ai bien reçu ces deux femmes. La première pour une rhinoplastie et la seconde pour une chirurgie bariatrique. Une opération beaucoup plus lourde. Septembre 2007 pour Carole Duchemin et août 2008 pour madame Boudot. Et ensuite, quel est le problème, au juste ?

La désinvolture dont faisait preuve l'homme, ajoutée au ton employé, fit enrager la capitaine Esposito.

– La première est morte hier... Comme deux autres femmes ces derniers jours... Lisez les journaux, regardez la télévision et vous situerez le problème ! L'affaire a été relayée en masse.

Ces quelques mots rééquilibrèrent le débat. Le sourire suffisant du docteur se contracta en une mine crispée. Tirant profit du revers asséné par la capitaine, Adami déroula son flot de questions.

– Lorsqu'une anesthésie est pratiquée, vous utilisez du curare, n'est-ce pas ?

– Oui, bien entendu. Le curare nous permet d'opérer en toute tranquillité, sans risque qu'un muscle bouge et empêche le bon déroulement de l'intervention chirurgicale.

– Comment se déroule l'utilisation d'une telle substance ?

– Par voie intraveineuse, si c'est le sens de votre question.

– Mais encore ?

– Quelques jours avant l'intervention, l'anesthésiste voit le patient et lui fait passer une batterie d'examens afin d'éviter toute complication et tout effet secondaire. Depuis l'ouverture de la clinique en 2006, je travaille toujours avec le même anesthésiste, Mathieu Modric. Si vous souhaitez plus de précisions à ce sujet, je peux vous donner son contact.

Le commissaire eut un geste diffus de la main, faisant comprendre qu'il n'en avait pas fini avec ses questions, puis poursuivit :

– Qui a accès à ces produits ?

– En toute logique, l'anesthésiste.

– Oublions la logique, docteur Falcao. Si une personne malintentionnée décidait de se procurer du curare à l'intérieur de votre clinique, la tâche s'avérerait-elle difficile ou pas ?

Le docteur plissa les yeux, le temps de la réflexion. Puis, il haussa les épaules, réalisant.

– J'imagine que non. N'importe quel membre du personnel un peu débrouillard peut réussir à s'approprier ce produit.

Adami gratta sa barbe, redoutant le pire.

– Combien de personnes travaillent dans cette clinique ?

– Au bas mot, une centaine de collaborateurs.

Le sol s'élargit sous leurs pieds en un gouffre géant tant les scénarios étaient multiples. De la secrétaire à l'infirmière, en passant par les cuisiniers et les responsables de l'entretien. Fouiller la vie de chacun prendrait énormément de temps. Une donnée contre laquelle ils couraient depuis le début de cette enquête.

– Ces dernières années, vous avez eu des problèmes de stock ? continua Laura. Des produits qui disparaissent sans explication ?

– Vous voulez dire des vols ?

– Oui, des vols.

Le docteur ouvrit grand les yeux, révulsés par cette idée.

– Si ç'avait été le cas, j'en aurais été informé et j'aurais pris les mesures nécessaires. Je suis actionnaire majoritaire de cette clinique, une telle chose serait inacceptable, croyez-le bien ! Nous sommes un établissement de haut standing.

– Vous êtes certain qu'aucun vol de ce produit n'a été répertorié ces dernières années ? insista-t-elle.

– Mais non, pourquoi imaginer une telle chose ?

Elle le crut et se retrouva à court d'idées, comme de questions. De son côté, le commissaire n'en menait pas large non plus.

Milan la sentit toute proche et devina son visage de laideur et ses cheveux hérissés par des tresses de désespoir. À présent, la Gorgone cognait à la porte de son esprit, espérant le pétrifier, le forcer à l'abandon. Mais le lieutenant demeurait aveugle et sourd comme Persée et son bouclier.

Assembler les pièces du puzzle pour trouver des correspondances, des liens, des raisons. Dans le corps de Christina, une forte dose de curare avait été retrouvée. Une piste longtemps étudiée, mais sans réel débouché, jusqu'à la mort de Carole et aux aveux de son amie Daphnée.

L'esprit du lieutenant se concentra sur les fondamentaux. Une communauté de tueurs, des êtres assoiffés de sang et portés par un désir de reconnaissance, d'existence. À leur tête, une femme empruntant le nom d'Érostrate. Tout un symbole.

Une tueuse à l'esprit calculateur. Chaque avancée dans l'enquête ne faisait que renforcer cette idée. Dernière preuve en date, l'enveloppe retrouvée à la consigne. Cette femme tenait à ce qu'ils la découvrent pour leur faire comprendre qu'elle maîtrisait la situation.

Pour qu'on perçoive ta toute-puissance... Depuis le début, tu nous prouves que tu contrôles la situation... L'affaire est relayée par les médias, on parle de toi... Quand d'autres auraient pris la fuite, toi, tu oses nous narguer. Hier encore, tu es passée à la gare déposer la photo de ta prochaine victime comme pour nous démontrer ta supériorité... Toujours ce besoin de reconnaissance... Comme Dascarino et Boateng, tu cherches à « exister »... Tu n'as jamais été employée par cette clinique, c'est un risque trop grand qui ne te ressemble pas. La mort de Christina, celle de Carole... Tu savais que nous remontrions la piste du curare et que nous serions tôt ou tard dans ce bureau. L'endroit même où Carole est venue il y a maintenant trois ans... Tu étais là, d'une façon ou d'une autre, et tu as croisé son visage...

Une idée le poussa hors de ses réflexions :

– Docteur Falcao, les patientes qui font appel à vos services sont la plupart du temps des célébrités, des personnes qui aiment garder secrète leur vie privée ?

– Bien entendu, lieutenant. Nous garantissons à notre clientèle la plus grande discrétion. C'est d'ailleurs la base de notre travail.

– Qui dit discrétion dit un accès restreint aux dossiers ?

– Toutes les personnes qui séjournent dans ma clinique ont l'assurance d'être tranquilles. Nous sommes très vigilants sur ce point. De la prise de rendez-vous en passant par la consultation, jusqu'à leur sortie de l'établissement.

Milan acquiesça, laissant un sourire convaincu strier ses lèvres.

– Peut-être pas autant que vous le pensez...

L'assurance dans le ton surprit l'assemblée.

– Je sais que ce n'est pas simple, mais essayez de vous rappeler... Lorsque Carole Duchemin est venue vous consulter, vous souvenez-vous d'une personne qui aurait pu pénétrer dans votre bureau ?

– Vous voulez dire au moment de la consultation ?

La surprise plaça sa voix dans les octaves supérieures. Regard perdu sur le bureau, le docteur se frotta le menton, cherchant à ouvrir la porte de ses souvenirs.

Remonter à si loin avait tout d'un exercice voué à l'échec.

– Je suis désolé, mais je ne vois pas... Et puis, ce que vous me demandez me paraît tellement improbable. Quand je suis en consultation, ma secrétaire a pour ordre de ne pas me déranger.

– Faites un petit effort, l'encouragea Milan.

Nouvelle plongée dans le passé, encore le même vide.

– Je regrette...

Milan souffla de déception, les traits du visage tirés par l'amertume. Son regard croisa celui de ses partenaires, qui par leur silence approuvaient sa tentative. Laura ne put s'empêcher de poser la main sur son bras, cherchant à l'apaiser.

Le lieutenant ressentit le besoin de marcher pour évacuer sa montée d'adrénaline. Ses pas le conduisirent à la hauteur d'un mur quadrillé de cadres photo. Des corps de femmes nues, en plan serré. Des cuisses, des ventres, des seins, des profils. Quoi de plus normal dans le cabinet d'un chirurgien esthétique ? Pour autant, le style, la finesse, la lumière lui rappelèrent certaines photos exposées dans le bureau de Paul Boateng.

Dans son dos, un bip retentit. Il ne l'entendit pas.

– Oui, Francine.

– Docteur Falcao, votre rendez-vous vient d'arriver, annonça la secrétaire.

– J'en ai presque terminé, dites-lui de patienter un peu, s'il vous plaît.

Le docteur raccrocha et se leva de sa chaise.

– Je regrette de ne pas avoir pu vous aider davantage.

Laura et Adami hochèrent la tête, comprenant qu'ils n'avaient plus rien à faire dans ces lieux.

– Docteur Falcao, qui a photographié ces femmes ? le questionna le lieutenant.

L'homme se rapprocha, suivi par les deux partenaires.

– Ma femme et moi aimons découvrir de jeunes talents, très souvent nous nous rendons dans des galeries.

– Docteur, répondez à ma question. L'artiste était un homme ou une femme ?

– Une femme.

Il y eut un silence, le temps qu'on assimile l'information.

– Vous en êtes certain ? intervint le commissaire.

– Oui, absolument certain... D'ailleurs...

Il s'arrêta net. Flashs dans la mémoire. Son regard se porta sur son bureau, plus précisément sur son téléphone.

– Attendez... Ça me revient... Vous avez raison. Au moment du rendez-vous avec Carole, ma secrétaire m'a dérangé pour me prévenir que ma commande était arrivée.

– Vous parlez de ces photos ? continua Adami en les montrant du doigt.

– Absolument. J'ai même demandé qu'on les laisse à l'accueil, je n'allais pas me déranger pour si peu alors que j'étais en pleine consultation. Ma secrétaire m'a informé que la photographe tenait absolument à me remercier en personne.

– Vous remercier de quoi ? intervint Laura.

– Elle voulait arrêter la photographie. J'étais son dernier client. Ça ne marchait pas fort pour elle. C'est d'ailleurs vrai, le soir de notre rencontre à la galerie, elle m'a presque fait pitié. C'est pour cette raison que j'ai accepté de lui acheter toutes ces photos. Je la sentais tellement... mal dans sa peau... Vous auriez vu l'exposition, c'était plutôt étrange.

– Que s'est-il passé ensuite ?

– Carole a deviné le sujet de ma conversation avec ma secrétaire. C'est même elle qui a donné son accord pour que je récupère les photos. Quand la photographe est arrivée, très vite elles ont sympathisé. Entre gens du même milieu...

– Cette photographe, vous pourriez nous la décrire ?

Le docteur marqua une pause. Il laissa ses yeux partir dans le vague et puisa dans ses dernières bribes de souvenirs.

– Je ne pourrais pas être très précis. Je dirais de taille moyenne. Les yeux marron, épaules assez carrées. À l'époque, elle portait une teinture orangée avec des mèches multicolores. Elle ne passait pas inaperçue.

Quelques éléments suffisants pour ne plus parler de fantôme, mais dresser le contour d'une apparence.

– Son nom, dites-moi que vous connaissez son nom, le supplia Adami.

Le docteur fit quelques pas et colla presque son visage sur une des photographies. Fond neutre, image en noir et blanc. Le corps d'une femme était cadré des seins jusqu'aux cuisses.

Les yeux glissèrent sur le cliché avant de s'arrêter dans le sillon de ces formes. Il posa son index dessus.

– Là ! Tenez ! annonça-t-il.

Les trois partenaires prirent connaissance de la découverte. Alors, tout se matérialisa dans leurs têtes. Ils revoyaient le *F* tatoué à la base du cou de Flavie. Longtemps, ils avaient cru que cette marque d'amour était adressée à un homme. Une idée qui leur avait fait perdre un temps précieux à tenter de le retrouver, les laissant imaginer une relation extraconjugale. À présent, ils comprenaient pourquoi Flavie tenait à garder cette relation secrète. Elle s'était fait tatouer la première lettre du prénom de la personne à l'origine de son calvaire.

Une femme.

F comme Frédérique.

Elle et Érostrate ne faisaient qu'une. Ils l'avaient vue sur les bandes vidéo à la gare, avaient perçu sa folie ces derniers jours.

Une gauchère. Une artiste nourrie de désillusions. Une femme au besoin de reconnaissance si grand qu'elle avait décidé d'exacerber son art à des fins démoniaques.

75

IL FUYAIT D'UN PAS PRESSANT les notes de musique crachées dans le hall.

– Minute, Nicolas ! Je n'entends rien ! grommela Adami dans le combiné.

Une fois dehors, il fut cueilli par le froid. Des bouquets de nacre recouvraient les toits des voitures garées dans le parking. Les deux Français le suivaient à bonne distance.

– OK ! On reprend. Tu as du nouveau concernant le SMS reçu par Boateng ?

En revenant de l'opération, Adami lui avait fait parvenir le portable retrouvé à côté du corps de l'avocat. En lieu et place du destinateur, le message reçu à midi quarante-deux ne comportait aucun nom, seulement un numéro de téléphone.

– Du lourd, même... Accroche-toi ! La personne qui a envoyé le message est passée par une carte prépayée. Le genre de carte qui se trouve facilement.

– Tu sais où elle a été achetée ?

– J'ai remonté à partir du numéro et obtenu l'IIEM.

Le commissaire afficha une mine déconcertée à l'évocation de cette abréviation barbare.

– Va au plus simple, Nicolas, au plus simple, le pria-t-il.

– L'IIEM correspond au numéro de l'appareil et permet de l'identifier. De là, en prenant contact avec l'opérateur, j'ai localisé le point de vente. L'appareil a été acheté en même temps que la carte SIM dans un bureau de tabac du côté de Langres.

– C'est où ?

– De l'autre côté de la frontière !

– En France ?

Le ton un peu fort intrigua ses deux partenaires.

– Exact ! L'opérateur est formel, la connexion à leur réseau a été faite le samedi 20 novembre.

L'échine du commissaire se raidit. Il pensa au corps de Sébastien Martel retrouvé du côté de Lyon. Le propriétaire de l'appareil était son meurtrier.

– Tu as contacté le vendeur ?

– Ouais, je me suis permis de prendre les devants. Mauvaise pioche. Le propriétaire du bureau de tabac ne se souvient pas à qui il a vendu ce pack téléphone et carte.

– Le mode de paiement ?

– En liquide, t'imagines bien. Impossible de remonter la trace de ce côté-là.

Adami se mordit les lèvres pour étouffer sa rage.

– OK. Tu as sa liste de communications ?

– T'es toujours accroché ?

Il souffla, exaspéré par les effets *teasing* qu'exerçait Nicolas Moers à l'autre bout du fil.

– J'ai ma ceinture, annonça-t-il, bon joueur.

– Il n'a envoyé que deux messages. Un à Dascarino et l'autre à Boateng.

– Je ne comprends pas ! On n'a retrouvé aucun téléphone au moment d'appréhender Dascarino.

– Il devait l'avoir avec lui quand il a décidé de se suicider !

Ça tenait la route. Le téléphone avait dû subir le même sort que son propriétaire. Broyé, éparpillé par l'impact du métro.

– J'ai mis le numéro sur écoute au cas où... Pour le moment, ça ne donne rien.

– Pas étonnant. L'appareil est sans doute au fond d'un canal, devina Adami. Tu as l'heure d'envoi du SMS pour Dascarino ?

Une question qu'il posa dans un filet de voix. Il savait que la réponse serait déterminante. De celles qui changent à jamais votre perception des hommes.

– Le 23 novembre, aux alentours de dix-huit heures.

Équilibre instable ne tenant plus qu'à un fil. Puis, la chute, vertigineuse. Adami se sentit comme balancé d'un gratte-ciel, sans parachute.

Un lourd silence glissa sur la ligne.

– Hugo, reprit Nicolas Moers. Tu sais ce que ça veut dire ?

La voix de l'inspecteur 2.0 avait perdu de son entrain. Le commissaire porta son regard vers le ciel et sentit les larmes monter.

Il répondit, d'un ton éteint :

– Je crois, oui.

Les deux flics gardèrent un nouveau silence.

– Commissaire... Je suis de tout cœur avec vous.

– Merci, Nicolas. Tu as fait du bon travail.

Il raccrocha et serra son mobile avec rage.

Deux SMS. Envoyés aux tueurs.

Quelles étaient les réelles intentions derrière ces messages ? Pousser Dascarino et Boateng au suicide ? Les prévenir de l'arrivée des forces de l'ordre ?

Deux hypothèses qui se rejoignaient sous la forme d'une seule et unique vérité...

– Ça va, commissaire ? s'inquiéta Laura.

Adami se racla la gorge et déporta son attention sur les deux Français. Il prit le temps de les regarder, se demandant s'il n'avait pas une part de responsabilité dans cette folie.

76

DEPUIS SA CONVERSATION avec Nicolas Moers, l'esprit du commissaire restait accroché à ce qu'il venait de comprendre. En chemin, s'efforçant de ne rien montrer, il avait rapporté au duo ses découvertes : la carte SIM, le téléphone, les SMS. Des éléments qui renvoyaient directement à la personne responsable du meurtre de Sébastien.

Mais Laura et Milan sentaient que quelque chose ne tournait pas rond. Dans les traits du commissaire, ils percevaient l'once d'un malaise.

Les trois coups frappés à la porte les ramenèrent sur l'instant.

Un front ridé, de fines lunettes rondes un peu rétro et des cheveux argentés naturellement frisés se dégagèrent de l'entrebâillement.

– Si vous avez quelque chose à me vendre, vous perdez votre temps !

Adami présenta son badge.

– Nous avons juste quelques questions à vous poser. Vous êtes Pierre-Louis Balandras ? le questionna-t-il, bien qu'il connût la réponse.

La porte s'ouvrit un peu plus, dévoilant une tige élancée de soixante-dix ans, vêtue d'un jeans bleu foncé délavé, d'une chemise à carreaux, et portant des pantoufles charentaises aux pieds.

– Oui, c'est moi.

– C'est au sujet de la galerie L'entre deux mondes, que vous tenez.

– Que je tenais, rectifia-t-il. Ça fait deux ans que j'ai cessé cette activité. J'ai toujours été en règle et payé mes factures.

– Nous ne sommes pas ici pour parler compta. On vient au sujet d'une artiste qui a exposé chez vous. Elle s'appelle Frédérique.

– Je ne vois pas de qui vous me parlez ! mentit-il.

Il referma de moitié le battant.

– Les trois femmes mortes ces derniers jours, c'est elle, lâcha la capitaine Esposito. Toute la presse en fait ses choux gras, vous êtes forcément au courant.

Elle fit un pas de côté afin que l'homme puisse lire dans ses yeux.

– Elles s'appelaient Marie, Flavie et Carole.

– Arrêtez, s'il vous plaît...

– Une quatrième femme est en danger. Vous pouvez nous aider à la sauver.

Les deux billes se mirent à douter.

– Je ne sais pas grand-chose sur elle.

– Vous en savez plus que nous.

Le vieil homme hésita.

– Cette histoire date de si longtemps...

– Une vie est en jeu.

Il hocha la tête en expirant profondément.

– J'espère que vous aimez le thé.

Il s'écarta pour laisser le groupe pénétrer à l'intérieur.

Un enchaînement de petites pièces composait l'appartement. Le regard des invités courut sur de nombreuses toiles accrochées aux murs, alors que d'autres s'empilaient sur le sol, faute de place.

Pierre-Louis Balandras les invita à s'installer dans le salon autour d'une table recouverte d'une nappe couleur taupe. Une télévision, un vieux fauteuil en cuir, une lampe design et un buffet habillaient le reste de la pièce. Sur les murs s'articulait encore une multitude de cadres rendant l'espace étriqué, asphyxiant.

Le propriétaire des lieux s'éclipsa quelques instants dans la cuisine et revint avec un plateau contenant quatre tasses et une théière. Il servit à chacun une boisson et retrouva son fauteuil, tout près de la fenêtre.

Il but une gorgée de thé en regardant le vide.

– Ce que vous m'avez dit... Vous pensez vraiment que Frédérique puisse être l'auteure de ces trois meurtres ?

– L'instigatrice, rectifia Laura.

Pierre-Louis hocha la tête, peu étonné par la nouvelle. Il reprit une gorgée de thé, laissant la chaleur de la tasse rougir le bout de ses doigts.

– Ça n'a pas l'air de vous surprendre plus que ça ?

Il fixa les trois partenaires.

– Je me souviens parfaitement d'elle. Certaines personnes au premier regard vous donnent une très mauvaise impression ; pourtant, vous ne pouvez vous empêcher de vous intéresser à elles. Frédérique fait partie de ces personnes, de celles qui provoquent chez vous une véritable attraction.

– Quand avez-vous exposé ses photos ? le questionna le commissaire.

– D'août à septembre 2007, durant deux semaines. En l'exposant, je voyais l'occasion de faire parler de ma galerie. À cette époque, je connaissais déjà des ennuis financiers.

Il poussa un léger soupir, entre regrets et impuissance.

– Tout le monde y gagnait, dans cette affaire. Je bénéficiais d'une formidable publicité et, en retour, je l'aidais...

– L'aider à quoi ?

– À aller mieux.

– Vous la deviniez mal dans sa peau ? poursuivit Adami.

Pierre-Louis eut un petit rire.

– Vous avez déjà eu l'occasion de voir ce qu'elle photographiait ?

– Oui. C'est même grâce à ses photos que nous sommes là. Quelques-unes sont exposées dans le bureau du docteur Falcao. Il nous a affirmé lui avoir passé une commande.

Le septuagénaire hocha la tête au souvenir de sa galerie.

– Monsieur Falcao était un bon client, un amateur d'art. J'avais beaucoup de plaisir à m'entretenir avec lui. Il avait toujours un regard éclairé.

La flamme dans ses yeux s'éteignit aussitôt.

– Vous devez comprendre que les photos accrochées à son bureau ne sont que la partie visible de l'iceberg.

Un silence s'étira, comme pour annoncer les prémices de l'immonde. L'ancien galeriste se leva, posa sa tasse sur la table et disparut dans le couloir.

À son retour, il tenait dans ses mains deux cadres.

– Quand j'ai mis la clé sous la porte, j'ai dû vider toute ma galerie. Ces deux photos, c'est tout ce qu'il me reste de l'exposition.

Pierre-Louis se plaça en bout de table et posa un premier cadre bien en évidence.

Des herbes hautes. Le corps d'une femme en chemise de nuit rougie au niveau de l'abdomen. Dans le fond se dressait la silhouette d'une bâtisse au style néogothique. L'éclairage de la lune caressait les traits de cette morte.

Les tempes d'Adami pulsèrent quand il reconnut cette scène. Elle le renvoyait à la photographie que lui avait montrée Benoît Carma lors de la découverte du premier meurtre du Borgne, vingt-quatre ans en arrière.

– Cette photo s'intitule *Adèle*, annonça Pierre-Louis d'une voix accablée.

Les trois restèrent muets, écœurés. L'horreur à l'état pur. Le cerveau malade de Frédérique s'était inspiré des crimes du Borgne pour sublimer sa folie dans son art.

Le septuagénaire cala le cadre contre le pied de sa table, puis souleva le second et répéta l'opération.

– Cette photographie porte le titre de *Catherine*.

Là, le commissaire sentit son cœur se soulever, ses mains trembler. Ses cauchemars toujours plus voraces prenaient forme sous ses yeux.

La pluie griffait la fenêtre d'un séjour. Une femme, entièrement nue, était agenouillée. Tête penchée en avant, sa chevelure blonde tombante empêchait toute identification. Du sang coulait de son abdomen et couvrait le sol d'une mare pourpre.

– Deux semaines, c'est le temps qu'il m'a fallu pour me rendre compte que toutes les photographies rendaient hommage aux meurtres commis par le Borgne.

Les secondes s'écoulèrent, laissant cette vague refluer. Les trois représentants de l'ordre devaient oublier ces images, revenir à l'enquête, ne pas perdre le rythme. Une vie était en jeu. Une anonyme se trouvait aux portes de l'enfer.

– Comment s'appelait l'exposition ? poursuivit le lieutenant Dacourt.

Pierre-Louis Balandras poussa un long soupir.

– *Érostrate.*

Et tout bascula de nouveau.

Les œuvres de Frédérique, sorties tout droit d'un cauchemar, tiraient leur source des meurtres commis par le Borgne. Le nom de l'exposition était le même que celui utilisé lors de la correspondance avec Marie Charton et les deux « urbexeurs ».

Frédérique avait préparé son plan machiavélique durant de nombreuses années, nourrissant son esprit torturé.

– Comment a-t-elle réagi quand vous avez décidé de mettre un terme à votre collaboration ? demanda Laura.

Elle ne put dissimuler le trouble imprimé sur ses rétines.

Le vieil homme retrouva sa tasse de thé et son fauteuil.

– Tout à l'heure, je vous ai précisé que j'avais accepté d'exposer les photographies de Frédérique, car je pensais que ça pouvait lui être utile. Je le croyais vraiment. La première fois qu'elle a pénétré dans ma galerie, j'ai senti une femme mal dans sa peau, nourrie par un sentiment de rancœur.

– Elle vous a parlé de ses problèmes ?

– Jamais, elle est toujours restée discrète. J'ai exposé assez d'artistes pour me rendre compte qu'ils recherchent tous la même chose. La célébrité, la reconnaissance... Pour elle, ça virait à l'obsession. C'était un besoin vital...

– Maladif, le coupa Adami. À en juger par ces photos, le mot me paraît encore faible. Heureusement que tous les artistes ne se transforment pas en bête sanguinaire. Comment a-t-elle réagi en apprenant la fin de l'exposition ?

– Il y a d'abord eu de la colère. Vous l'auriez vue, elle est entrée dans une furie incontrôlable. Encore aujourd'hui, j'en ai froid dans le dos...

– Et ensuite ?

– L'abandon.

Le septuagénaire esquissa un sourire amer.

– Elle m'a confessé qu'elle arrêtait la photographie. Que personne ne la comprenait et qu'il était temps que son œuvre procède à sa mutation. Elle voulait marquer les esprits, triturer les âmes. Sur le coup, j'ai cru à un énième délire d'artiste.

– Quand vous a-t-elle appris une telle chose ?

– Au retour de chez le docteur Falcao. Je n'ai jamais su ce qui s'était passé là-bas, mais ç'a été comme une révélation pour elle.

Tout le monde connaissait la portée d'une telle découverte. En rencontrant Carole dans le bureau du docteur Falcao, Frédérique avait décidé de passer à l'étape suivante. Toutes ses photographies, ses fantasmes, devaient se matérialiser. C'était sa destinée. Tuer ces femmes – à la ressemblance confondante avec les victimes du Borgne – était un chemin tout tracé vers la reconnaissance.

Comme Érostrate brûlant le temple d'Artémis, à l'image du Borgne effaçant ces visages, elle allait devenir quelqu'un.

– Vous a-t-elle parlé de sa vie privée ? Vous savez si elle a des parents, de la famille ? demanda la capitaine.

L'ancien galeriste adressa une moue désolée au groupe, puis répondit :

– Je n'ai jamais su le nom de Frédérique, alors sa vie privée...

77

D'ÉPAIS NUAGES DE FUMÉE de cigarette flottaient dans la salle des opérations. Nicotine et caféine à profusion nourrissaient les efforts des inspecteurs qui portaient des visages tirés par la fatigue, asséchés par les doutes et les appréhensions. Des télévisions étaient branchées en sourdine sur les chaînes d'informations en continu. Toujours les mêmes images, celles renvoyant au fiasco des derniers jours. Ici et là, on prenait des notes, tapait sur des claviers, s'entretenait au téléphone. On faisait jouer ses contacts, envisageait toutes les pistes. La pression médiatique avait donné à certains l'envie de s'amuser de l'affaire. Les témoignages affluaient, tous plus loufoques les uns que les autres. Mais les hommes du commissaire se devaient de vérifier chacun d'entre eux avec minutie. Une perte de temps dont ils se seraient volontiers passés.

Les trois rejoignirent les inspecteurs affectés à la lecture de la correspondance du Borgne.

– On a du nouveau ! lança Adami.

Les deux regards se levèrent sur le supérieur, attentifs à ses prochaines paroles.

– On a un prénom, « Frédérique ». *Q-U-E* à la fin ! C'est une femme. C'est elle qui se cache derrière le pseudonyme

Érostrate. Elle faisait de la photographie et a exposé dans la galerie L'entre deux mondes.

Il accompagna ses mots de grands gestes.

– Si vous avez une lettre signée de ce prénom ou bien parlant de photographie, c'est le moment de me la montrer !

Alain et Sonia se comprirent d'un mouvement de tête. Cette dernière croisa les bras et s'enfonça dans sa chaise.

– Commissaire. Ça fait deux jours que nous passons en revue le courrier du Borgne. Il n'y a absolument rien.

– Comment ça, rien ?

Alain Borgman, inspecteur au bord de la quarantaine, se chargea de la suite :

– Sonia a raison. Plusieurs personnes ont communiqué avec le Borgne. Toutes se sont heurtées à un mur.

– T'es en train de me dire qu'en vingt-trois ans de placard, il n'a jamais répondu à qui que ce soit ?

Les deux mines se dispensèrent d'apporter des précisions.

Choc. Écho brutal renvoyant à une impasse. Colère noire, gonflante dans les veines.

– Fait chier ! cracha-t-il.

D'un geste, il fit valdinguer la correspondance et tout ce qui se trouvait sur la table. Des gobelets, des stylos, un livre et une multitude de feuilles retombèrent sur le sol. Dans un silence, le temps s'arrêta et une armée de visages se posa sur Adami.

La respiration haletante, les mains sur les hanches, il affronta l'assemblée.

– Qu'est-ce que vous regardez ? Vous avez du boulot, non ? Reprenez le travail !

Il s'effondra sur une chaise, planta ses coudes dans ses cuisses et se frotta le visage. Il y avait de la résignation en lui. Celle d'un homme fatigué par le meurtre et le sang, lassé par un quotidien peuplé de ténèbres.

Milan fit quelques pas et se posta devant le tableau où étaient punaisées les photos des victimes aux côtés de celles de Dascarino et Boateng. Il les regarda, les sonda, tentant d'imaginer le schéma suivi par Frédérique et Christina pour donner le jour à ce plan démoniaque.

Reprendre les bases, saisir le sens.

C'est dans cette tension ambiante que Richard Declerc pénétra dans la salle, la mine défaite.

– T'as du nouveau de ton côté ? demanda Adami.

– Absolument rien. J'ai passé ma journée à interroger une bande de boutonneux scotchés jour et nuit devant leurs écrans.

En analysant les échanges entre Érostrate et Marie Charton sur le site Partenaires.com, Nicolas Moers avait détecté deux adresses IP. Elles émanaient d'un cybercafé installé à Bruxelles.

– Pas de doute, les deux IP relevés proviennent du même lieu. Le gérant est aussi lobotomisé que ses clients. Il marche au crack et ne se souvient de rien.

Adami ne put s'empêcher d'avoir un petit rire nerveux.

– Cette piste était morte de toute façon.

Laura tiqua, surprise par la réaction du commissaire. Elle l'attribua à la pression des dernières heures.

– De votre côté, vous avez trouvé quelque chose ? demanda Richard.

Son attention se tourna vers la capitaine Esposito.

Elle résuma leurs avancées : la femme derrière Érostrate se prénommant Frédérique, le rôle de Christina, la piste du curare, l'exposition photographique, les SMS envoyés aux tueurs, derrière lesquels se cachait la personne responsable du meurtre de Sébastien.

Richard sourcilla un court instant.

– Autre chose ?

– On a interrogé les personnes qui ont côtoyé Frédérique de près ou de loin, intervint Adami. Ils parlent d'une femme torturée, mal dans sa peau, en quête de reconnaissance. On a une description physique. Taille moyenne, yeux marron. Elle portait une teinture orange et des mèches multicolores à l'époque. Pour le reste, on navigue en eau trouble.

– Son nom de famille ?

– Personne ne l'a jamais su.

– Et ça, c'est le courrier du Borgne ? demanda-t-il en pointant un doigt sur le sol.

– Une perte de temps.

L'inspecteur soupira un bon coup.

– On est dans la merde.

Son regard se porta sur l'horloge murale.

Bientôt quinze heures et toujours rien...

Adami resta accroché à lui.

– J'ai besoin d'une cigarette. Richard, il t'en reste ?

– Bien sûr.

L'homme balança son paquet.

Adami en sortit une tige, l'alluma en tirant une longue bouffée. Son regard resta planté sur l'emballage cartonné.

– Cette saloperie nous perdra tôt ou tard, marmonna-t-il avant de le renvoyer à son inspecteur.

Milan se détourna du tableau, observa le groupe, puis se focalisa sur le sexagénaire.

– Commissaire, nous sommes passés à côté de quelque chose.

– Ça, on l'avait compris, fit celui-ci, entre ironie et dépit.

– Vous avez raison. Frédérique et le Borgne ont échangé alors qu'il se trouvait en prison, mais pas par lettres.

Ces quelques mots suffirent à attiser la curiosité de chacun. Milan s'adressa aux deux inspecteurs.

– J'imagine que dans vos lectures vous avez découvert un bon nombre de torturés, d'esprits malades ?

– C'est juste à vomir ! acquiesça Sonia.

– Une chose différencie Frédérique des personnes qui ont écrit au Borgne. L'audace. C'est ce qui a plu à Enrik. Il savait que c'était elle et personne d'autre.

Il marqua un silence, avant d'ajouter :

– Une audace si forte qu'elle s'est rendue directement en prison pour rencontrer le Borgne et lui exposer son ambition.

– Mais comment ? Il ne recevait aucune visite. La liste du personnel nous a été communiquée. Il n'y a aucune trace d'une quelconque Frédérique ! répondit Adami.

– En usurpant une identité ? avança Laura.

– Impensable. La finalité de ces meurtres est d'exister. Qu'elle se soit cachée derrière une fausse identité n'a aucun sens. Frédérique ne souhaite qu'une seule chose, qu'on se souvienne d'elle, de son nom. Comme Érostrate ou encore le Borgne, elle cherche à marquer les esprits.

Richard secoua la tête ostensiblement.

– Le seul lien entre Enrik Falcowitz et ces monstres est Dascarino. C'est lui, le relais. En tant que gardien de prison, il avait un accès privilégié au prisonnier.

Le lieutenant porta son regard sur l'inspecteur Declerc.

– C'est ce qu'on veut nous faire croire. Dascarino était trop faible, trop lâche. Frédérique le savait, jamais elle ne lui aurait confié une telle tâche.

Puis, il pesa chacun de ses mots :

– Commissaire, vous connaissez ce tordu mieux que quiconque ici présent. Ce qui transpire de lui est la fierté. Jamais il n'aurait laissé quelqu'un poursuivre son « œuvre » sans avoir un minimum de garanties.

– Et tu penses que l'audace de Frédérique en était une ?

– Elle s'est confrontée à lui pour lui prouver qu'elle était la personne idéale, la digne représentante de la lignée. Quand elle lui a exposé ses ambitions macabres, le Borgne a deviné la suite. Il savait que les retombées de l'affaire feraient encore parler de lui.

– Comment a-t-elle procédé ?

– C'est vous qui avez la réponse.

Adami le considéra, les sourcils froncés.

– Ce matin, quand vous l'avez rencontré chez lui, rien ne vous a choqué ou même interpellé ?

Le commissaire balança ses deux bras, impuissants :

– Milan, je ne saurais te dire... Je n'en menais pas large, avoua-t-il.

– Enrik suit l'affaire de sa chambre et sait qu'on piétine. Tout ça l'amuse. Encore plus si nous sommes incapables de l'entendre. Il savait que votre entretien serait inévitable.

Adami hocha la tête et laissa son regard glisser sur le sol.

Le lieutenant avait raison. D'une manière ou d'une autre, Enrik l'avait aidé, sans même qu'il s'en rende compte. Tout chez cet homme respirait le vice absolu. Comment s'y était-il pris ? Un geste ? Une parole ?

Qu'est-ce qui m'a sauté aux yeux quand je l'ai vu ?

Sa chambre... Son lit, l'espace réduit... Ce vieil homme assis sur sa chaise, près de la fenêtre... La neige dehors... Une envie de fuir cette chambre... Pourquoi ? L'idée de me retrouver face à ce monstre... Le souvenir de Catherine... Oui, évidemment... Il faisait chaud... J'étouffais, mais pas à cause du chauffage... Non, c'étaient les livres... Il y en avait partout... Trop... Un nombre incalculable... Sur les étagères, sur la table. L'odeur du vieux papier, c'est ce qui m'a frappé quand je suis entré dans la pièce... D'ailleurs, qu'est-ce qu'il faisait quand je suis entré dans sa chambre ? Il devait lire. Le journal du jour était ouvert... Rien d'étonnant... Enrik passait beaucoup de temps à la bibliothèque de la prison... Qu'est-ce qu'il m'a dit à ce sujet ? Ah oui...

Les paroles du monstre résonnèrent dans l'esprit du commissaire Adami, alors qu'il regardait les documents traînant sur le sol.

Je me suis découvert cette passion en prison... Vous n'imaginez pas tout ce que la lecture m'a apporté...

Puis, il se remémora les paroles de la directrice Danielle Thomasson :

Quand il quittait sa cellule, c'était pour se doucher ou se rendre à la bibliothèque.

Adami se saisit d'un livre et en feuilleta les pages. Les mots du Borgne tapissèrent une nouvelle fois l'arrière-plan de sa mémoire.

Je me suis découvert cette passion en prison... Vous n'imaginez pas tout ce que la lecture m'a apporté...

Qu'est-ce qu'il voulait dire ?

La révélation lui sauta aux yeux. Le tampon sur la première page du roman attestait que ce livre avait été emprunté dans une bibliothèque.

Il bondit de sa chaise, solution en tête.

78

– LA BIBLIOTHÈQUE ! Les livres ! lâcha Adami. C'est de cette façon que Frédérique a communiqué avec le Borgne. Dans un livre, on peut déposer un message ou encore une photo !

Le raisonnement de Milan lui avait tracé cette voie au même titre que les paroles du Borgne.

Les billes du sexagénaire parcoururent une assemblée incertaine. Il remit de l'ordre dans ses idées. La bibliothèque de la prison. C'était par ce procédé que Frédérique était entrée en contact avec l'assassin pour lui exposer ses noirs désirs. Elle ne faisait pas partie du personnel de l'administration pénitentiaire. Jamais elle n'aurait couru un risque aussi grand, si prévisible. Elle savait qu'une fois le lien établi entre le premier meurtre et ceux perpétrés par le Borgne, la liste du personnel employé à la prison de Saint-Gilles serait passée au crible par les enquêteurs, au même titre que les éventuelles visites qu'aurait pu avoir le prisonnier durant son incarcération.

Quant à ce dernier, en laissant sa correspondance à sa libération, il avait tendu un piège aux forces de l'ordre, leur faisant perdre une énergie folle à l'analyser. Adami avait foncé tête baissée, persuadé que la solution se trouvait là. Restait à savoir comment Frédérique avait manœuvré pour atteindre son but sans éveiller le moindre soupçon.

Le regard du commissaire se porta sur Alain et Sonia. Il connaissait leur passion pour la littérature. Raison pour laquelle il leur avait confié la tâche de lire les lettres du monstre.

– Comment fonctionnent les bibliothèques en prison ?

Alain entoura son ventre de ses deux bras et prit la parole :

– Un détenu a la charge de gérer l'ensemble des prêts et de répertorier les livres. C'est aussi simple que ça.

– Sauf qu'une tâche aussi lourde peut difficilement être réalisée par une seule personne, précisa Sonia. Je participe de temps à autre à des ateliers d'écriture. Ça m'aide à évacuer le stress du boulot. Ces ateliers sont organisés par des associations. Certaines interviennent directement en prison et organisent des cercles de lecture ou des expositions. Sans compter que les livres ne tombent pas du ciel. Il faut les apporter à la prison pour compléter les collections des bibliothèques carcérales.

Un sourire se dessina sur les lèvres de la capitaine Esposito.

– Elle est là, la solution. Tous ces intervenants ne font pas partie du personnel pénitentiaire. Ce sont des bénévoles qui se trouvent en contact avec les prisonniers.

– Sonia, tu crois qu'il est possible de connaître le nom de l'association qui s'occupe de la bibliothèque de la prison de Saint-Gilles ? la questionna Adami.

Elle acquiesça en ajustant une mèche de cheveux.

– Ça ne devrait pas être compliqué. Je m'en sortirai sûrement avec Internet.

– Parfait !

Doigts sur le clavier, yeux rivés sur l'écran, elle entama ses recherches.

Le commissaire réfléchit et, dans un soupir, lâcha enfin :

– Richard, je veux que tu te rendes à la prison et que tu me cuisines le prisonnier qui s'occupe de la bibliothèque.

La mine obscure, l'inspecteur accrocha quelques instants le regard de son supérieur.

– Vous êtes certain, commissaire ? Je serai plus utile à vos côtés.

Le manque d'entrain affiché par l'inspecteur Declerc obligea Adami à préciser sa pensée :

– Tout de suite ! C'est un ordre !

L'homme tourna les talons sous une forêt de regards.

Une fois l'inspecteur éclipsé, Adami se concentra sur Milan.

– Tu as raison, fit-il. Depuis le début, le Borgne nous tend des perches et s'amuse de la situation.

Milan ne répondit rien, l'esprit ailleurs. Il l'avait compris en découvrant les archives vidéo de la gare. Deux assassins couraient en ce moment dans la nature. Frédérique et le responsable de la mort de Sébastien.

Adami devina le trouble tiraillant le lieutenant. Il lui posa une main sur l'épaule.

– Chaque chose en son temps, murmura-t-il. Chaque chose en son temps.

– J'y suis ! lança Sonia dans leurs dos.

– On t'écoute !

– La bibliothèque de la prison de Saint-Gilles est gérée en partie par une association appelée Lire et Devenir. Elle se présente avec un objectif culturel...

La suite se passa dans sa tête, puis elle en résuma les grands axes.

– Ils pensent que la lecture est au cœur du dispositif de réinsertion et peut aider les prisonniers à se sensibiliser au monde extérieur.

Elle marqua un court silence, laissant le groupe digérer l'information.

– La lecture stimule l'imaginaire de chacun... C'est une fenêtre sur...

– OK ! On va arrêter les détours ! la coupa Adami. Qui gère l'association ? T'as une adresse ?

Les yeux de l'inspectrice retournèrent sur l'écran. Elle cliqua sur l'onglet « Soutien ».

– 117, chaussée d'Alsemberg, Saint-Gilles, Bruxelles.

Le commissaire esquissa un large sourire.

– On la tient !

79

AU NIVEAU DU TROTTOIR, la rue se composait d'une enfilade de boutiques : salon de coiffure, boulangerie, épicerie et quelques bars.

Au numéro 117, ils trouvèrent un ancien local, où l'association avait élu domicile. Un pas-de-porte longtemps laissé à l'abandon et à la peinture défraîchie. Bruxelles et son agglomération en comptaient par milliers. La crise financière de 2008 et son tourbillon vorace n'avaient épargné personne, à commencer par les petits commerçants.

Adami poussa le battant, suivi par les deux Français.

Température agréable. Odeur de thé entremêlée à celle du bois et des vieilles pages. Le local se présentait sous la forme d'un seul ensemble où se déployaient dans les étagères des murailles de papiers en tout genre. Au centre, un comptoir circulaire faisant office de bureau de renseignement. En retrait, une table et quatre chaises permettaient de s'installer tranquillement pour lire un livre.

– Madame, messieurs...

Une voix de femme, dans le fond, perdue entre deux piles. Quelques pas sur le parquet, puis un visage. Front ridé, lunettes en écaille à monture épaisse, chignon sur la tête. Taille moyenne, silhouette mince, jupe à carreaux assortie au gilet.

Elle se plaça derrière son comptoir.

– Vous venez pour un don ? demanda-t-elle d'une voix enjouée.

Adami lui présenta son badge.

– Pas vraiment... Nous voulons parler au gérant de cette association.

Elle recula de deux pas et remonta ses lunettes sur son nez.

– En l'occurrence, c'est une gérante. Vous l'avez devant vous. Je suis Hélène Rolley. En quoi puis-je vous être utile ?

– On cherche une personne prénommée Frédérique. Une femme, précisa-t-il. On a de fortes raisons de croire qu'elle a fait partie de votre association.

La vieille femme posa deux mains fatiguées sur le comptoir et afficha un large sourire sincère.

– Frédérique... Elle a été notre rayon de soleil pendant deux ans.

– Donc vous la connaissez ?

– Tout à fait, elle était bénévole chez nous.

– Quelle période ?

– Elle s'est jointe à nous en 2008.

– En quoi consistait son rôle ?

– Le même que celui de nos autres bénévoles. Une fois par semaine, elle se rendait à la prison de Saint-Gilles pour gérer le fonctionnement de la bibliothèque et y apportait de nouveaux livres. Nous vivons grâce aux dons des particuliers. Elle y mettait beaucoup de passion et d'énergie.

Tu m'étonnes, pensa le commissaire, insensible au profil angélique dressé par la responsable de l'endroit.

– Vous parlez d'elle au passé ? remarqua la capitaine.

La vieille dame eut un haussement des épaules.

– Ça fait deux mois que je suis sans nouvelles. Elle a quitté l'association du jour au lendemain, sans explications. Ici, nous la regrettons énormément.

– Vous savez si elle s'était liée d'amitié avec certains détenus ?

– Tout le monde l'adorait !

– Quelqu'un en particulier ?

La responsable se grima d'une mine embarrassée.

– Je ne saurais trop vous dire. Très vite, Frédérique avait compris comment se comporter avec les détenus. Elle se débrouillait très bien toute seule.

Sueurs froides. Peur de la vérité.

– Attendez, madame Rolley...

– Mademoiselle.

– Pardon ?

– Mademoiselle Rolley, je ne suis pas mariée. C'est un choix que j'assume encore aujourd'hui.

Laura leva une main confuse.

– Frédérique se rendait seule à la prison ?

Elle ne put s'empêcher d'apposer à sa question un ton de reproche.

– Je n'avais aucune raison de l'accompagner. Avec le local, j'ai déjà fort à faire, se défendit la vieille dame.

Les trois gardèrent le silence.

Comment lui en vouloir ? Qui aurait pu imaginer que derrière les traits inoffensifs de Frédérique, qu'au-delà de la bienveillance dont elle faisait preuve à l'égard des autres se cachait une bête sanguinaire ? Un monstre, une prédatrice, qui avait rallié une communauté de tueurs ?

Place à la question, brûlante. Déterminante.

– Frédérique, vous connaissez son nom ? demanda Adami.

– Bien sûr ! Elle s'appelle Besson, Frédérique Besson.

Alors, ils comprirent.

Pour mener à terme son ambition dévastatrice, pour étancher sa soif de sang, Frédérique se devait d'être épaulée, d'être accompagnée d'un soutien en qui elle avait une entière confiance. À qui elle était unie par un lien fort, inébranlable. Une personne capable de la suivre jusqu'au tréfonds de l'enfer. Un esprit tout aussi torturé, à la hauteur de ces horreurs.

Chez qui peut-on retrouver ce lien, si ce n'est au sein de sa propre famille ?

Besson était le nom de Frédérique, comme celui de Christina.

Deux sœurs sanguinaires ?

Impossible. Le rapport de Blanchard était formel à ce sujet. Christina n'avait qu'un frère, mort à la naissance.

80

– TU VAS M'ÉCOUTER ! lâcha Blanchard. Je n'invente rien ! Tout ce qui est écrit dans le rapport est exact !

– Où tu pioches tes informations ?

– De la bouche même des parents de Christina !

– Tu n'as pas eu la présence d'esprit de vérifier ce qu'ils te racontaient ?

– Ils me paraissaient sincères.

– Sincères ! Ça veut dire quoi, sincères ?

– Laura... J'ai trouvé un couple qui venait d'apprendre la perte de leur fille. Tu croyais quoi ? Que j'allais leur rentrer dedans et mettre leur parole en doute ?

– Pourquoi pas ! Les photos du gamin, tu les as vues ? lâcha-t-elle, colère dans la voix.

Voilà cinq minutes que la capitaine se trouvait sur le trottoir au téléphone avec Thomas Blanchard de la DIPJ de Lille. Les passants qu'elle croisait devaient la prendre pour une folle tant elle hurlait dans de grands gestes.

– Oh ! Tu délires ou quoi ? Tu te rends compte de ce que tu dis ? T'es mère de famille ! Réalise un peu ! répliqua Blanchard.

La capitaine ferma les yeux, regrettant la démence de ses mots.

– Tu connais mon rapport par cœur. Tu as vu l'acte de décès du gamin ! Qu'est-ce que tu veux de plus ?

D'abord leur fils, mort prématurément. Maintenant leur fille Christina, assassinée. Subir la perte de ses enfants n'est pas dans l'ordre des choses. Laura se mit un instant à la place des parents pour percevoir leur traumatisme. Elle sentit son cœur se tordre dans une tristesse sans nom. Un cataclysme. L'idée d'une vie sans Damien suffit à lui faire monter les larmes aux yeux.

Une réalité, concrète.

Christina et Frédérique portaient le même nom. Comment expliquer qu'une telle chose soit possible ?

Les fils étaient trop gros, trop vulgaires pour qu'on pense à l'œuvre du hasard. Milan l'avait suggéré, ces deux femmes se connaissaient depuis de nombreuses années. Leurs liens dépassaient le stade de l'amitié. Ce seul constat suffisait à comprendre le rôle de Christina dans cette vague meurtrière. Pourtant, elle n'avait pas de sœur, pas même de cousine.

– Tu peux me croire, Laura, continua Blanchard. Mon rapport est juste, de la première à la dernière ligne.

Elle poussa un soupir de morgue.

– On est dans la merde, Thomas. On n'a rien vu venir... C'est Frédérique Besson qui mène tout depuis le début. Et j'ai de bonnes raisons de penser qu'elle et Christina étaient sœurs.

– Elles ?

– Frédérique est une femme.

– Tu veux rire ?

– Je manque d'humour pour ça...

– Excuse-moi... C'est plutôt rare, une femme portant ce prénom. Même mixte, il reste très masculin.

Premier écho.

Gorge serrée à l'autre bout du fil, il réalisait tout juste la violence qui émanait de Frédérique Besson, connue sous le nom d'Érostrate.

– Ça veut dire qu'elle aurait volontairement tué Christina, sa... propre « sœur » ? lâcha Thomas Blanchard.

– Ça expliquerait pourquoi on a retrouvé du curare dans son corps. Aussi détraquée qu'elle puisse l'être, Frédérique a tenu à faire les choses proprement avec Christina, de façon à ce qu'elle souffre le moins possible.

Un blanc sur la ligne, porté par les réflexions.

À travers la baie vitrée, Laura fixa ses deux partenaires, qui finissaient de s'entretenir avec la responsable de l'association Lire et Devenir.

– Tu sais, Laura, peut-être que tu fais fausse route avec cette histoire de sœurs. Peut-être qu'elles n'étaient pas sœurs au sens propre du terme. J'ai l'exemple avec mon meilleur ami. Je le considère comme un frère et pourtant nous n'avons ni lien de sang ni même grandi ensemble.

– Si tel était le cas, tu le suivrais jusqu'en enfer ?

Blanchard digéra la question.

– Vu comme ça, je ne crois pas. Ou, alors, il faudrait que j'aie quelque chose de très grave à me faire pardonner.

Deuxième écho.

– Cette histoire d'amitié ne tient pas, reprit Laura. Non, leurs liens étaient beaucoup plus forts. Les parents, tu les as sentis comment ?

– Affligés. Ils ont perdu leurs deux enfants.

– Rappelle-moi, le père était enseignant ?

– Instituteur au primaire, oui. Il s'occupait de gamins défavorisés. Une sorte de foyer où toutes les misères du monde se regroupaient. Quant à la mère, elle ne travaillait pas. La perte de leur fils les a vraiment affectés.

Troisième écho. Plus fort, plus violent.

– À la mort de leur petit garçon, ils ont essayé d'en avoir un autre ?

– Béatrice, la mère de Christina, frôlait la quarantaine. Ils se sont faits à cette idée que rien ni personne ne pourrait le remplacer.

– Pas de vices cachés ?

– C'est une famille très croyante, appréciée de tous. Ils ont pris ce drame pour une épreuve que Dieu leur imposait. Si tu veux mon avis, tu peux croire à tout et à n'importe quoi, te réfugier dans la prière, tu ne te remets jamais d'une telle perte. Encore aujourd'hui, ils n'ont pas fait leur deuil.

Dernier écho.

– Comment ça ?

– Une chose m'a troublé quand je les ai rencontrés. Ils étaient ébranlés par la mort de Christina, je ne peux pas dire le contraire. Mais, sans cesse, la discussion revenait sur le gamin.

La capitaine acquiesça d'un mouvement de tête.

– Ils t'ont expliqué ce qui aurait pu conduire Christina à rompre tout lien avec eux ?

– Ils n'ont pas été très explicites. Tu as lu mon rapport, j'imagine que la perte de cet enfant a pesé sur Christina.

Parce qu'elle ne tolérait pas leur comportement... envers... elles.

– Perdre deux enfants, c'est tout simplement inacceptable.

– C'est le mot, Thomas... inacceptable.

Dans la seconde, elle comprit.

L'instant d'après, Laura se trouvait dans les locaux de l'association, demandant à ses partenaires de la suivre au plus vite.

Ils pensaient à une artiste au *trip* sanguinaire, à une dégénérée prête à tout pour faire parler d'elle. À une femme au pouvoir d'attraction si grand qu'elle avait réussi à réunir en son sein une poignée d'hommes acceptant la voie du sang. La seule jugée capable de leur donner la sensation de devenir quelqu'un, d'exister.

Laura percevait la véritable souffrance. Ses deux visages.

D'abord, celle des parents de Christina. Immense, intolérable. À tel point qu'ils avaient décidé de s'en soulager en adoptant une fille dans le plus grand secret. Sans doute la position du père de Christina avait-elle rendu cet acte possible.

Et puis, celle des filles.

Très vite, Frédérique avait compris que tout son amour ne pourrait jamais redonner le sourire à ses parents adoptifs. Dans chacun de leurs regards, elle percevait leur douleur d'avoir perdu leur fils mort trop tôt, trop vite. L'adoption de cette petite fille était une erreur. Ils ne la considéraient pas pour ce qu'elle était, mais pour ce qu'elle ne pourrait jamais devenir.

Comment grandir et trouver sa place quand tout vous renvoie à un garçon mort-né auquel on attache plus d'importance qu'à votre propre existence ?

En touchant du doigt l'illégitime. En s'enfonçant dans l'odieux. Là où peu de personnes avaient osé s'aventurer. Où elle pouvait enfin *devenir*. Les paroles du Borgne avaient trouvé écho en sa personne. Lui aussi se sentait invisible aux yeux du monde. Il n'était pas question d'orphelin dans son histoire, mais, avec ou sans famille, quand on ne se sent pas valorisé ou vivant, la douleur reste la même. Du discours du Borgne transpirait cette idée de lignée. Il se voyait comme un père pour tous les invisibles. Une résonance particulière qui avait fait basculer l'esprit de Frédérique, tout comme celui de Christina.

Cette dernière l'avait compris. Elle aussi avait été frappé de plein fouet par la mort de son frère. L'amour dont faisaient autrefois preuve ses parents à son égard s'était perdu dans des torrents de larmes. Sans doute s'était-elle sentie délaissée, abandonnée, livrée à elle-même.

Ces deux sœurs étaient unies dans la même souffrance, par le même sentiment de ne plus exister.

Alors, en enlevant des vies, en tuant, elles feraient parler d'elles, marqueraient de leurs empreintes ce monde si sourd.

Dans ces hautes altitudes, il n'y avait de place que pour une seule personne. Frédérique le savait et s'était chargée de se débarrasser de celle qui l'avait aidée à accomplir son œuvre.

Ainsi, elle devenait d'autant plus unique.

Comment se sentir plus vivante ?

81

LE RAISONNEMENT DE LAURA guida leur route. Elle relata sa conversation avec Thomas Blanchard et les déductions qu'elle en avait tirées. Depuis le début, cette enquête était complètement dingue. Cette communauté de tueurs, ces femmes aux portraits similaires à ceux des victimes du Borgne, la voie du sang menant à la reconnaissance. L'artiste incomprise aux œuvres si singulières, son audace l'ayant poussée à rencontrer Enrik en prison.

Et, maintenant, cette histoire de sœurs.

La vérité se matérialisait sous la forme d'un plan machiavélique, torturé, à l'image de ses créatrices.

Les trois le savaient, la fin était proche. Cette simple idée suffisait à reléguer au second plan l'usure de la fatigue.

Ils traversèrent le néant.

La campagne belge se diluait dans leur sillage. Des routes perdues. Des champs happés par la nuit tombante. Une nature à l'état brut couronnée par un vide immense, menaçant. De temps à autre, quelques fermes jalonnaient leur parcours. Derrière les carreaux des fenêtres, Laura sentait la vie battre. Des familles blotties dans l'amour. Elle s'imaginait une petite fille grandir, portée par les regards bienveillants de ses parents. Vivre, s'amuser, s'épanouir.

Devenir.

Cette simple idée suffit à l'apaiser. L'emprise du mal et ses ténèbres ne seraient jamais totales tant que le mot « espoir » garderait encore un sens.

À l'arrière, la tête posée contre la vitre, Milan se mutilait dans son silence. Les images de ces derniers jours plombaient son esprit. Les clichés de ces femmes, ces ventres tailladés à coups de couteau, ces tueurs suicidaires noués par l'envie d'« exister », et puis son ami Sébastien sur la table d'autopsie. Une obsession vitale qui ne l'avait plus quitté depuis son départ de Dijon. Quelle âme funeste se cachait derrière un tel acte ? Une question à laquelle il n'avait toujours pas de réponse.

Le village de Ragnies leur ouvrit les bras.

Situé en Région wallonne dans la province du Hainaut, ce lieu possédait une histoire ne pouvant se soustraire à celle du sang. Au XIe siècle, les Celtes considéraient ces terres comme sacrées et se réunissaient pour offrir à leurs dieux des sacrifices humains. Par la suite, la guerre enflamma ce territoire, où Nerviens et Romains engagèrent un combat acharné, débouchant sur la conquête de Jules César.

Une route morne les mena au centre du village. Sur la place en hémicycle se dressait l'église Saint-Martin. Un édifice allongé d'une nef au noyau roman couplée à des fenêtres ogivales et à un chœur gothique.

Le moteur coupé, ils sortirent de l'habitacle.

Les trois partenaires longèrent le mur d'enceinte du bâtiment et rattrapèrent un chemin pavé. L'église dans leurs dos, ils découvrirent une enfilade de maisons. Les quelques réverbères balisant leur route semblaient avoir abdiqué, laissant une chape lugubre dévorer les lieux.

Laura connaissait l'adresse. Elle l'avait mémorisée en lisant une énième fois le rapport de Blanchard.

La cinquième fut la bonne.

Derrière un portail en bois, ils devinèrent une modeste habitation. Murs en brique, deux étages, fenêtres donnant sur des champs. Un ensemble discret, sans âme, se fondant dans la masse.

La capitaine laissa ses pensées marcher dans celles de Frédérique.

Tu as grandi ici... L'ennui et le vide t'entourant...

Une timide lumière filtrait à travers les fenêtres du séjour. Sur le pas de la porte, Milan fit tinter une cloche pour signaler leur présence.

Deux sons secs retentirent avant l'ouverture.

Thierry Besson portait un visage sévère, comprenant que les trois représentaient les forces de l'ordre.

– Qu'est-ce que vous faites là ?

– Nous venons vous parler de votre fille, répondit le commissaire.

– Vos collègues français sont déjà passés ! Ça ne vous suffit pas ? Christina est morte, vous comprenez ? Morte, assassinée ! Laissez-nous faire notre deuil tranquillement !

Il claqua la porte, laissant le groupe sans voix.

Laura prit les devants.

Des pas lourds accompagnés de protestations succédèrent à une multitude de tintements virulents.

– Je vous ai demandé de nous laisser en paix !

– Christina est morte et nous en sommes désolés, monsieur Besson. Croyez en notre sincérité. Si nous sommes ici, c'est pour parler de Frédérique.

L'homme recula, pris au dépourvu.

– Je ne sais pas de qui vous parlez !

Avait-elle d'autre choix ?

Ils devaient la retrouver au plus vite pour espérer sauver cette inconnue, dont un cliché avait été découvert ce matin à la consigne de la gare.

La capitaine soupira, regrettant l'effet de ses paroles :

– C'est elle, la responsable de la mort de Christina.

82

COMMODE EN CHÊNE, armoire normande, table et chaises. Le bois était à l'honneur, clef de voûte de ce décor rustique. Les murs de couleur neutre faisaient ressortir la puissance de ce mobilier. Le sol du séjour se parait d'un carrelage en terre cuite, dopant davantage le caractère singulier de l'intérieur. L'ensemble adoptait un style champêtre, à l'atmosphère généreuse des maisons de campagne.

Sur le canapé en cuir, Béatrice, la mère de Christina, essuyait ses larmes. À ses côtés, son mari lui tenait la main pour la réconforter.

Debout, près de la fenêtre, le moine Anatole présentait un visage rongé par l'inquiétude.

Les trois partenaires s'étaient installés dans les fauteuils mis à leur disposition. Tenant les rênes de la conversation, la capitaine avait justifié leur présence en ces lieux, s'efforçant de garder une voix neutre. Christina n'était pas simplement une victime, elle était également l'une des artisanes de cette communauté de monstres. Aussi douloureuse qu'elle puisse être, la vérité devait être entendue.

Thierry, le père de Christina, se prit la tête entre les mains.

– Toutes ces horreurs, ce n'est pas possible. Elles ne sont pas capables d'une telle chose.

La capitaine pinça les lèvres. Devant eux se dressaient les contours d'une famille déchirée, anéantie par le poids de leurs découvertes.

– Monsieur Besson. Nous devons retrouver Frédérique.

– Ma femme et moi avons essayé... C'était bien au-dessus de nos forces, avoua-t-il, abattu.

Ses iris verts se dirigèrent dans le néant.

– Perdre un enfant est une chose à laquelle on ne peut pas se préparer. On peut l'imaginer, l'appréhender, mais rien ne vous protège de la souffrance. Le chagrin nous a complètement écrasés.

Le lieutenant Dacourt écoutait d'une oreille, tout en focalisant son regard sur l'homme à la fenêtre. Les traits du moine, similaires à ceux du père de Christina, ne laissaient planer aucun doute sur leurs liens familiaux.

Des frères.

– Je travaillais comme instituteur dans un centre pour enfants défavorisés, L'arche aux enfants. Quand le malheur a frappé notre famille, je me suis terré dans mon travail. C'était naïf de ma part, mais je pensais que ça m'aiderait à tenir le coup. Peut-être même à oublier...

– Sauf que c'était impossible, comprit la capitaine Esposito.

L'homme poussa un long soupir. Il serra davantage la main de son épouse pour s'excuser, encore aujourd'hui, de son attitude.

– Des mois sont passés à la suite de la perte de notre petit Marc. Je rentrais de plus en plus tard à la maison, je parlais très peu. Fuir était ma façon de refuser d'affronter la vérité.

Le regard de l'homme se posa sur son épouse.

– Béatrice allait de plus en plus mal. Elle avait renoncé. Notre Marc n'était plus là... Avec lui s'envolaient tous nos espoirs. On ne pouvait plus avoir d'autres enfants.

– Comment a réagi votre fille Christina ? continua Laura.

– Elle ne nous l'a jamais avoué ni même fait comprendre, mais elle devait se sentir terriblement seule. Dans cette épreuve, nous n'avons pensé qu'à nous, admit le père à regret.

Il ferma les yeux un court instant. Aujourd'hui, la réalité de leurs erreurs leur revenait en pleine figure, avec une rare violence.

Le moine Anatole se racla la gorge et décrocha son regard de la fenêtre. Quelques pas le portèrent derrière le canapé où se tenait le couple.

– Une petite fille est née dans notre abbaye. Sa mère s'était réfugiée chez nous, puisque sa famille s'était détournée d'elle... après le drame...

– De quel drame parlez-vous ? demanda Adami.

– Un viol.

Le mot résonna dans la pièce et glissa dans les esprits.

– L'enquête menée par les services de police n'a jamais permis de retrouver le coupable.

La main du moine se posa sur l'épaule de Béatrice.

– J'ai vu l'état de mon frère et de Béatrice s'aggraver jour après jour. J'ai prié qu'ils trouvent le réconfort. Je pensais avoir été entendu quand cette fille est née...

Les yeux gris-vert du moine refusaient de croiser ceux des trois partenaires.

– Sa mère ne voulait pas entendre parler d'elle. De mon côté, j'avais la tâche ingrate de confier cette enfant à un orphelinat.

– Alors, vous vous êtes dirigé vers votre frère, saisit Laura.

– Je voyais cette petite fille comme un cadeau du ciel. Une seconde chance que leur offrait notre Dieu...

– Vous pensiez qu'elle recevrait tout l'amour dont elle avait besoin et qu'en retour, le couple de votre frère arriverait à traverser l'épreuve de la perte de son fils ?

Il reconnut, la gorge serrée :

– Je me suis trompé.

Le moine avait conscience de son erreur comme de celle du couple. Pourtant, dans sa voix ne transpirait pas l'ombre d'un jugement.

– Thierry et Béatrice ont essayé de l'aimer, de lui offrir tout ce qu'ils avaient de meilleur.

– Vous devez le croire, c'est la vérité, intervint la mère endeuillée, dans un sursaut de larmes.

La cinquantaine, des yeux clairs, un visage sans réelle saveur, sous une masse de cheveux sombres. Elle secoua la tête, l'esprit tourné vers le passé.

– Chaque fois que je la regardais, l'image de mon petit Marc me rattrapait. C'était plus fort que moi. Je n'arrivais pas à m'en défaire.

Le cœur de Laura se serra de douleur. Elle percevait le schéma qui avait conduit Frédérique à devenir cette prédatrice. D'abord la vérité sur sa naissance, la conséquence d'un viol. Puis l'abandon de sa mère. Plus tard, celui de ses parents adoptifs. La petite fille avait compris qu'elle n'était qu'une monnaie d'échange, à jamais impuissante à combler le manque qui tiraillait ce couple.

– Comment ont réagi les habitants du village ? J'imagine que l'arrivée de cette enfant a dû faire beaucoup parler ? poursuivit Adami.

– Par ici, mon mari a toujours été respecté. Tout le monde a compati à notre malheur. Notre secret ne s'est jamais ébruité.

Le regard de Milan revenait sans cesse à celui d'Anatole. Il y lisait une détresse sans cesse grandissante.

– Nous avons échoué, confessa Béatrice. Notre petite Christina a subi de plein fouet notre incapacité à aimer Frédérique.

Le mot était lâché. L'évidence, entendue.

– Comment se passaient leurs rapports ? enchaîna le commissaire.

– Christina faisait tout pour que Frédérique se sente à son aise. L'idée d'avoir une petite sœur la réjouissait. Elles étaient inséparables.

– Vous diriez qu'elle l'avait prise sous son aile ?

La main de Thierry se posa sur la cuisse de sa femme.

– Elle lui a donné ce qui nous faisait défaut. Elle nous a remplacés dans notre rôle de parents.

Christina avait compris que ses parents perdaient pied devant cette petite fille, inaptes à lui apporter l'amour dont elle avait besoin et la reconnaissance qu'elle était en droit de recevoir. Une cruelle vérité dont elle était aussi victime. Ces deux filles s'étaient serré les coudes, renforçant leurs liens.

– Monsieur Besson, vous devez nous répondre. Où se trouve Frédérique ? reprit Adami avec insistance.

L'homme secoua la tête avec impuissance.

– Nous ne le savons pas. Ça fait des années que nous ne l'avons pas revue, depuis son départ en Amérique du Sud.

Coup de tonnerre.

– Pourquoi est-elle partie là-bas ?

– Fin 2007, elle s'est jointe au groupe Survival. C'est une organisation qui s'occupe de la défense des peuples indigènes. Frédérique a vécu durant deux mois avec les Yanomami.

– Les quoi ?

– Les Yanomami. C'est un peuple important en Amérique du Sud. Ils vivent essentiellement de l'agriculture et de la chasse. Elle devait rapporter des images de leur quotidien.

Le curare, pensa Milan. C'était dans les profondeurs de la forêt amazonienne que Frédérique avait appris à maîtriser cette substance, ce poison utilisé pour la chasse. Il comprit pourquoi la peau du visage de Marie avait été prélevée avec autant d'aisance et de minutie. Là-bas, le « poumon de la terre » lui avait offert ce qu'il possédait de plus primitif. L'art de la mort.

– À son retour, vous n'avez plus jamais eu de ses nouvelles ? continua le commissaire.

– Plus aucune.

– Pas même par l'intermédiaire de Christina ?

– Les rares fois où elle nous rendait visite, on s'accordait pour ne pas parler de Frédérique. Durant toute sa jeunesse, notre Christina a dû combler les manques. Elle a dû prendre le relais et nous en voulait...

Au point de ne pas se sentir exister, pensa Laura.

Le commissaire hésita à poser sa question. Mais il n'avait pas d'autre choix. Dans cette équation macabre, il manquait une donnée, l'assassin de Sébastien.

– Anatole. C'est vous qui vous êtes occupé de la naissance de Frédérique ?

– J'étais là, dès les premières secondes de son existence.

– À quelle date est-elle née ? demanda-t-il, la voix nerveuse.

– Le 30 juillet 1986.

L'enveloppe du commissaire se raidit. Une date comme un symbole.

Frédérique était née le jour où le Borgne avait été arrêté. Sans doute avait-elle perçu en ce coup du destin un présage. Par ses paroles, le tueur se dressait en père pour tous les laissés-pour-compte, pour tous ceux qui ne se sentaient pas valorisés dans ce monde. Il parlait de lignée, de continuité dans l'immonde. Le Borgne en prison, c'était à elle de prendre la relève, d'attiser toujours plus le flambeau de l'ignoble.

Le bouillonnement des dernières heures. Les découvertes de Nicolas Moers au sujet des SMS.

Mû par une intuition, Adami sortit son portable et lança son navigateur Internet. Il tapota les touches à la recherche du prénom fêté le jour de la naissance de Frédérique. Quelques secondes plus tard, sa découverte lui explosa au visage.

Huit lettres. L'écho d'une conversation survenue le matin même, conclue par un grand malaise.

Le commissaire sentit un trou obscur ouvrir sa chair, engloutissant son cœur et son âme. Il aurait voulu se tromper, faire fausse route. Mais la vérité était là, sous ses yeux. Ne souffrait aucune contestation.

Deux prédateurs couraient encore dans la nature.

Frédérique, l'instigatrice de ce plan machiavélique, la pièce maîtresse de cette communauté. Un autre, plus discret, responsable du meurtre de Sébastien Martel et tenu d'informer les tueurs des progrès de la police.

Ces deux âmes perverses se rejoignaient dans le noir désir d'exister...

– Laura, tu peux me sortir la photo ? demanda Milan.

La capitaine s'exécuta.

Il avait analysé l'attitude de cet homme, son intonation, la peur ancrée en profondeur dans son être. Sans oublier ce détail. Jusqu'à présent, Anatole n'avait toujours pas dévoilé l'identité de la mère de Frédérique.

Le lieutenant tendit le cliché bien en évidence.

– Anatole, connaissez-vous cette femme ?

Le regard du moine se chargea d'une lueur crépusculaire.

– C'est la mère de Frédérique, n'est-ce pas ? insista-t-il.

– Sainte Marie, mère de Dieu... Où avez-vous eu cette photo ? demanda le moine en se signant.

– Nous l'avons retrouvée dans une consigne. C'est par ce moyen que les tueurs communiquaient. Comment se prénomme cette femme ?

– Clothilde, répondit le moine d'une voix éteinte.

Le temps suspendit son vol.

– C'est la mère de Frédérique. Quand j'ai découvert le premier meurtre dans les journaux, je l'ai persuadée de m'accompagner. Elle seule pouvait arrêter ces massacres.

– Comment saviez-vous que le meurtre de Marie Charton était l'œuvre de Frédérique ? continua Milan.

– J'ignore comment Frédérique est parvenue à découvrir l'identité de sa mère, mais toujours est-il que de nombreux envois nous ont été expédiés à l'abbaye. Frédérique cherchait à renouer contact.

– Sans jamais réussir, comprit Laura.

Le moine secoua la tête.

– Clothilde s'est toujours refusée à la rencontrer. Pour elle, les choses étaient claires. Elle ne voulait plus entendre parler de sa fille. Un jour, j'ai décidé d'écrire à Frédérique en lui envoyant une lettre avec cette photo. Je pensais que ce simple geste pouvait l'apaiser.

– Clothilde était au courant ? demanda Milan.

L'homme marqua un temps et reprit ses aveux d'une voix tremblante :

– Non... Peu de temps après, j'ai reçu une réponse de Frédérique. En quelques lignes, elle faisait référence à Érostrate. Elle annonçait que, bientôt, elle aussi brûlerait son temple. Elle parlait également de ce monstre responsable de quatre meurtres. À travers ces lignes, je sentais qu'elle lui vouait une véritable admiration.

– Frédérique considère le Borgne comme un père spirituel. Un guide lui permettant de devenir quelqu'un, expliqua le lieutenant.

– À travers le sang, souligna Laura.

Ces quelques mots suffirent à Anatole pour percevoir la folie, les crimes, les fantasmes de cette petite fille qu'il avait vue naître et tenue dans ses bras.

– Quand j'ai appris la mort de Christina puis celle de la première victime, j'ai compris que c'était Frédérique qui se cachait derrière ces meurtres. J'ai réussi à convaincre Clothilde de m'accompagner. Je pensais qu'elle pouvait empêcher sa fille d'aller jusqu'au bout de cette folie.

– Qu'est-il arrivé ensuite ?

– Clothilde est une femme très fatiguée. Notre abbaye se situe dans le nord de la Belgique, du côté d'Anvers. Nous avons fait une halte à Bruxelles. Le temps qu'elle puisse se reposer... Hier matin, je me suis rendu dans sa chambre. Elle n'y était plus...

Le moine marqua un silence.

– En allant chez mon frère, je pensais qu'il pourrait m'aider à retrouver Frédérique...

Les trois partenaires jaugèrent la situation.

À l'image d'Érostrate brûlant le temple d'Artémis, comme le Borgne vingt-quatre ans plus tôt, Frédérique avait basculé dans l'immonde pour faire entendre sa voix, obtenir la reconnaissance et entrer dans la postérité. Toutes ces années, elle nourrissait un sentiment de rancœur représenté en premier lieu par l'abandon de sa mère. Elle la tenait pour responsable. L'enlever et la tuer était la dernière étape de ce plan machiavélique.

Encore une fois, les paroles du Borgne écorchèrent leurs esprits :

Renaissance et reconnaissance marchent main dans la main.

Un lieu symbolisait ce renouveau. Là où tout avait commencé, où tout devait se terminer.

Le lieutenant s'adressa à Thierry Besson.

– Qu'est devenue L'arche aux enfants, où vous travailliez ?

– Ça fait des années que l'institut n'existe plus. Le bâtiment a été laissé à l'abandon.

Milan se leva de son fauteuil.

– Elles sont là-bas !

✧ ✧
✧

Adami écrasa la pédale d'accélération, faisant grimper l'aiguille dans les tours. Dans un vrombissement, la Volvo s'élança à travers les routes.

Le portable de Laura localisa l'ancien institut, à moins de dix minutes. Aujourd'hui déserté, il était devenu une zone où de nombreux amateurs de sensations fortes aimaient se retrouver pour pratiquer le paintball.

Les trois retenaient leur souffle, espérant qu'il n'était pas trop tard. Là-bas, Frédérique détenait sa mère.

Tout prenait sens.

En plongeant dans l'esprit torturé de cette prédatrice, ils avaient découvert l'absence d'amour de sa mère. Touché du doigt l'indifférence de ses parents adoptifs. Dévastés par la perte de leur enfant mort-né, ceux-ci avaient été impuissants à lui apporter l'attention capable de l'épanouir dans l'équilibre. Alors, elle avait grandi dans l'amertume la plus totale, portée par un sentiment de rejet quotidien, engrangeant peu à peu une rage meurtrière.

Sa sœur Christina avait, elle aussi, senti ses parents lui tourner le dos. Ces deux filles s'étaient épaulées dans leurs souffrances jusqu'à former un monde à part.

Les paroles du Borgne et son idée de lignée avaient permis au mal de s'insinuer dans leurs esprits malades.

Frédérique l'avait compris. En empruntant la voie du sang, en ralliant en son sein une communauté de tueurs tout aussi torturés, en répandant sans mesure le mal, elle pourrait enfin exister. Tous ces crimes trouveraient un écho dans les médias et dans la masse. Violence et rage, un cocktail explosif seul capable de porter tous les regards.

En prison, le Borgne avait dû être sensible au destin de cette petite fille, se reconnaître dans son malheur, même. Lui aussi, garçon, il se sentait peu valorisé à cause de son infirmité sujette à de nombreuses railleries. Pour exister, il avait tué, effacé à jamais les visages de ses tortionnaires. Les causes de son mal-être. Catherine, en dernier. Il l'aimait et n'avait perçu en retour pas l'ombre d'un intérêt pour sa personne. Elle seule incarnait l'indifférence. En brûlant son temple, le Borgne avait repris ses droits sur la vie et retrouvé le respect qui lui avait fait défaut.

Frédérique adoptait la même vision avec sa mère. Celle qui était à l'origine de sa souffrance et jugée responsable de son mal-être. C'était son temple, le point d'orgue de son ascension macabre. La mort de cette femme signifiait la renaissance.

Ainsi, elle pourrait rattacher son nom à la torpeur, à l'effroi et au sang. Exister pleinement aux yeux des autres et conjurer ces années passées dans l'ombre.

83

LA VOLVO quitta la route communale pour emprunter un long chemin tortueux traversant une forêt compacte. Les silhouettes des arbres se déployaient tels des spectres.

Un lourd portail marqua la fin de leur parcours. Un écriteau en bois était accroché à un des piliers du mur d'enceinte, mentionnant une interdiction de pénétrer à l'intérieur du périmètre.

Adami coupa le moteur et resta quelques instants avec ses partenaires à observer, au-delà du terrain, une demeure ficelée à l'écrin de la nuit. Les reflets de la lune leur permirent d'identifier un long bâti accentué par des élévations en brique, des pignons à redents, et terminé à sa droite par une tourelle. Des éléments juxtaposés sans règles, inspirés du style éclectique – un courant ayant dominé le paysage architectural belge du XIXe siècle –, conférant des allures de château.

Dehors, la température avait chuté lourdement. Le froid carnassier mordit leurs doigts, serra leur gorge. Arme dans une main, lampe torche dans l'autre, ils franchirent la grille. Au pas de course, s'efforçant de faire le moins de bruit possible, ils rattrapèrent une poignée de hauts arbres situés à bonne distance de la construction. De là, ils repérèrent des briques barricadant les fenêtres du rez-de-chaussée et du premier étage. Seules celles du second niveau étaient restées en l'état. Laura les analysa avec insistance dans l'espoir de distinguer une silhouette.

Elle le savait, leur tentative de passer inaperçus n'était qu'illusoire, tant les traces de pas laissées dans la neige témoignaient de leur présence, tout comme les pupilles lumineuses de leurs lampes : trois phares dans un océan d'encre.

– On n'a pas le choix, on doit passer par l'entrée principale, chuchota Milan.

Il tendit son doigt en direction du perron central où par-delà une volée de marches se dressait une porte.

Adami hocha la tête.

En quelques foulées, ils se postèrent à l'entrée du bâtiment. Milan posa la main sur la poignée. Il regarda ses partenaires et sentit une grande concentration. Tous avaient conscience du caractère déterminant des prochaines minutes.

Leur premier contact avec les lieux fut l'odeur. Un parfum de moisissure, de poussière, de rouille, d'humidité et de vieux bois croissant à mesure de leur progression. Le large hall était flanqué de deux portes et débouchait sur un escalier menant aux étages.

Ouvrant la marche, Adami était talonné par la capitaine et le lieutenant. Leurs faisceaux effleuraient les murs, d'où tombaient des lambeaux de tapisserie. Par endroits, des lattes de parquet arrachées les obligeaient à redoubler de prudence.

Arrivé à la hauteur des deux accès, le commissaire opta pour celui de gauche. Il donnait sur une immense pièce composée d'un seul bloc. Vu la multitude de tables et de chaises, ils se trouvaient dans l'ancienne cafétéria où se réunissaient autrefois les enfants.

Les cônes blancs parcoururent à maintes reprises la zone, permettant aux trois de l'analyser plus en détail. Sur le sol étaient renversés des plateaux, des couverts et des chariots en inox. Un fracas sans nom, laissé à l'abandon. Quelques dessins d'enfants restaient encore accrochés aux murs comme des vestiges de l'histoire de ces lieux et de ses résidents.

Laura observa un court instant l'un d'entre eux.

Sous l'aspect d'un château était représentée la demeure, alors que sur le bord droit de la feuille souriait un soleil. Une ribambelle d'enfants se tenaient la main à côté de ce qui semblait être un instituteur.

Cette œuvre naïve la renvoya à celles de son fils. Dans son bureau, elle avait punaisé un de ses dessins, dans lequel elle et Damien se tenaient la main.

Une forme courut entre ses jambes.

– Qu'est-ce que c'est ? sursauta-t-elle, paniquée.

Milan dirigea sa lampe dans sa direction.

– Tout va bien, Laura ?

– J'ai senti quelque chose partir par là.

Les deux points jaunes se focalisèrent sur la raison d'une telle frousse.

Un rat, immonde et velu, se tapissait dans un recoin de la pièce. Sa longue queue finit de dégoûter la capitaine, jusqu'à lui hérisser les cheveux. Elle souffla, essayant de retrouver son calme.

L'exploration du réfectoire terminée, ils retournèrent dans le hall et poursuivirent la visite du rez-de-chaussée en s'engouffrant par la seconde porte.

Un périmètre tout en longueur, poissé de rouille et de poussière, dévoila une ancienne salle de classe. Trois rangées de bureaux d'écoliers s'étalaient en direction du fond, où était suspendu un tableau en ardoise. Les murs étaient parsemés de multitudes de taches multicolores alors que, sur le sol, rampaient de vieux cahiers et des manuels scolaires.

Le ballet de leurs lampes s'intensifia à mesure qu'ils traversaient les allées. Le commissaire ouvrait toujours la marche, attentif au moindre bruit suspect, à la moindre alerte. Lui et ses partenaires s'efforçaient de passer au crible chaque recoin, chaque fragment d'ombre en maintenant une concentration optimale.

Milan assurait leurs arrières, se retournait sans cesse sur ses pas en ratissant la largeur de la pièce de son halo, prêt à intervenir.

Ils débouchèrent à l'extrême droite du bâtiment.

Une porte donnait sur un espace circulaire dans lequel serpentait un escalier à vis.

La tourelle.

Deux options. Rejoindre le premier étage en empruntant ces marches ou rebrousser chemin pour utiliser l'escalier qui se trouvait dans le hall central. Il avait l'avantage d'offrir une meilleure visibilité.

– Si on passe par là, je ne donne pas cher de notre peau, remarqua Adami.

– Vous voulez qu'on retourne vers le hall ? demanda Laura.

Perdu dans ses pensées, le commissaire ne répondit rien. Le temps jouait contre eux. Il devait prendre une décision, vite. Celle présentée à ses yeux ne le satisfaisait pas. L'état catastrophique des marches, pratiquement à la verticale, rendrait la montée périlleuse.

Des gémissements, lointains. Réels et si proches. Le supplice d'une femme. Là-haut.

Comme un seul homme, ils se tournèrent en direction de l'escalier.

– On n'a plus le choix, commissaire, lâcha Milan.

– Je passe en premier !

Adami posa un pied, puis un autre. Il s'efforçait d'adopter une allure souple pour ne pas faire grincer les planches. Bras en avant, semi-automatique et lampe dans les mains, il tranchait les ténèbres par des mouvements ordonnés. La rotation du boyau rétrécissait les marches en son centre, sans compter l'angle formé, qui n'assurait aucune visibilité permettant d'appréhender pleinement l'ennemi. Au détour d'une marche, il pouvait se tenir armes dressées et ouvrir le feu sur les trois partenaires.

Il n'en fut rien. Le palier donnait sur une porte à demi ouverte. Adami laissa l'escalier se perdre dans l'obscurité et opta pour la visite du premier étage. Il souffla un grand coup et s'essuya le haut du front, alors que Laura et Milan arrivaient à leur tour.

Dans un léger grincement, la porte s'ouvrit sur un immense dortoir, percé par une rangée de fenêtres. Celles de gauche étaient murées, au contraire de celles de droite, fermées par de simples volets, dont certains n'avaient pas résisté aux intempéries des dernières années. De fines lames opalines parvenaient à se glisser dans ce rectangle d'encre, taches cotonneuses fragmentant le sol. Un cadeau du ciel, toutefois insuffisant pour qu'ils arpentent cet espace l'esprit tranquille. Les ombres, toujours plus mordantes, les obligeaient à maintenir une extrême prudence. Des armatures de lits. Nombreuses. Certaines, empilées, formaient des îlots de ferraille.

Quelque part, plus en avant, on entendait des gouttes d'eau clapoter dans des flaques. Le lieutenant dirigea son faisceau vers le plafond, où des cloques s'étaient formées.

Il comprit qu'au-delà du second étage, une partie du toit devait être éventrée, permettant à la pluie et à la neige de ronger doucement la demeure.

Adami marcha d'un pas plus lent, laissant les deux Français le distancer. Ses yeux glissaient de gauche à droite, il sentit sa nuque le picoter comme si des doigts invisibles s'amusaient à s'entortiller dans ses rares cheveux. Il avait déjà éprouvé ce sentiment, le matin même.

Tous leurs sens étaient en éveil, à commencer par l'ouïe. Par-delà ce périmètre, ils restaient attentifs à la moindre alerte leur permettant d'identifier d'où émanait la plainte entendue quelques minutes plus tôt.

Devant eux, il y eut le tintement d'une barre métallique cognant contre de la ferraille. Une provocation suivie par un bruit d'éclaboussure. Des pieds couraient dans une flaque d'eau. Les trois gerbes pointées dans la même direction happèrent une silhouette prenant la fuite.

– Droit devant ! lâcha Milan en s'élançant.

Tête baissée, la capitaine lui emboîta le pas.

Seul le commissaire resta impassible. Dans cette maison, ils devaient affronter deux ennemis.

Une femme et un homme.

Adami avait senti sa présence en pénétrant dans le dortoir. Cette fois, il n'était plus dans son dos, mais devant lui, tapi dans l'obscurité.

84

UNE ALLUMETTE CRAQUA et un petit point rouge se dessina. L'homme fit quelques pas vers une fenêtre, laissant les rayons de la lune détacher sa silhouette.

– Comment vous avez su, commissaire ?

Adami soupira. Il aurait aimé avoir tort, se tromper sur toute la ligne. Mais son pif ne le trahissait jamais. Cette voix... Il l'entendait tous les jours depuis quatre ans.

– Tu as commis deux erreurs, Richard. Tu fumes et tu es amoureux.

L'inspecteur poussa un ricanement de dérision.

– Ça alors ? Je suis curieux de vous entendre.

– Il te restait cinq cigarettes dans ton paquet. J'ai pu le vérifier tout à l'heure. Depuis que je te connais, tu en fumes en moyenne de trois à quatre par jour. Des Rothmans, paquet de vingt-cinq.

Il s'arrêta un court instant. Il aurait pu lever son faisceau et affronter en pleine lumière son inspecteur, mais l'idée de croiser ce regard si familier le tétanisait.

– L'homme qui a tué Sébastien a acheté samedi un pack mobile et carte SIM prépayée dans un bureau de tabac en France, du côté de Langres. Ton paquet provient de France.

– Et nous sommes jeudi. Entre samedi et aujourd'hui, j'ai fumé une vingtaine de cigarettes...

Il hocha la tête, stupéfait par la perspicacité de son supérieur.

– Vous m'impressionnez... Et l'amour dans tout ça ?

– Le 30 juillet. C'est la date d'anniversaire de Frédérique, mais aussi le jour où on fête les « Juliette ». Le prénom que porte ta fiancée.

– Elle n'a jamais supporté celui choisi par ses parents adoptifs. Ces deux-là n'ont rien trouvé de mieux que de lui ôter son identité par le biais d'un prénom mixte, avant tout porté par des hommes. Imaginez un peu son traumatisme !

– Ils n'ont jamais accepté la perte de leur fils.

– Juliette, c'est tellement plus doux et puis... c'est tout un symbole...

– Le jour de sa naissance, comme celui de l'arrestation du Borgne.

Le constat était sans appel.

Frédérique, Juliette ou Érostrate. Trois étiquettes devant une seule et même personne. Une femme à l'esprit dérangé, une prédatrice en quête de sa propre existence. La responsable de cette furie meurtrière. La digne héritière de la lignée initiée par les paroles du Borgne.

– Pourquoi avoir rejoint cette folie ? Tu avais un avenir tout tracé dans la police, comme ton père.

Le mot de trop.

Richard émit un gloussement contrarié.

– Pour finir comme lui ? Il a donné sa vie à son métier, pour ne rien avoir en retour.

– Il existe dans nos pensées, comme à travers toi...

– Parlons-en, de vos pensées. Regardez-vous ! Vous êtes seul et dévasté par les remords. Je mérite mieux ! Si je suis là, c'est uniquement pour l'exécution de ce plan. Quoi de plus naturel qu'un flic qui enquête ? On lui ouvre toutes les portes, lui donne accès à tous les dossiers, notamment ceux qui permettent de retrouver une personne.

– Clothilde..., comprit le commissaire.

– Quand Frédérique et moi, nous nous sommes rencontrés, il y a quatre ans, sur Internet, je cherchais mon âme sœur. Elle aussi... À notre premier rendez-vous, j'ai senti mon existence basculer à ses côtés. Elle m'a parlé de son enfance, de ses blessures. J'ai perçu son mal-être de plein fouet. Je n'avais qu'une envie, la délivrer de ses chaînes, contribuer à son passage de l'ombre à la lumière.

– Brûler son temple, sa mère.

– Elle avait compris que, si elle ralliait une armée de tueurs nourris des mêmes traumatismes, reproduisait les crimes du Borgne, les médias s'empareraient de l'affaire. Vous le savez aussi bien que moi, seule la voie du sang permet de frapper à jamais les consciences, d'être sous le feu des projecteurs.

Adami reprit d'une voix creuse, abasourdi :

– Pour que ce plan réussisse, il fallait tenir au courant les tueurs des avancées de l'enquête...

– C'était mon rôle. Je n'avais qu'à écouter vos confidences, vos doutes et vos suppositions. De cette manière, je pouvais prévenir Dascarino et Boateng par SMS. Leur ordonner de passer à l'acte.

– Ces informations privilégiées... c'est de cette manière que j'ai déduit qu'il y avait une taupe parmi nous...

Le commissaire s'arrêta net. Il éprouva un terrible frisson en posant sa question, celle qui le tiraillait.

– Pourquoi n'as-tu jamais cherché à brouiller les pistes ? C'est ce qui a causé ta perte...

– Et alors ? Quelle importance ! Toutes ces enquêtes, tout ce sang versé m'ont fait comprendre que je me trouvais dans la vérité. Souvenez-vous des paroles du Borgne, *on oublie les victimes, mais jamais les monstres.*

Une idée trop familière.

Richard ménagea une pause.

– Grâce à vous, commissaire, j'ai pu le rencontrer, sentir sa toute-puissance vibrer en moi.

– Le Borgne n'a jamais été votre allié, lui assura Adami. Tout ce qu'il souhaitait, c'était s'offrir un dernier frisson du fond de sa chambre. Ces femmes lui rappelaient sa propre folie, quand les regards se tournaient vers lui.

L'homme haussa les épaules, indifférent à ce que lui confiait son supérieur.

– Un juste retour des choses. Il a été un véritable père pour Frédérique. Il l'a accompagnée toute sa vie, que ce soit par ses actes ou ses mots. C'est normal qu'il en soit remercié. Moi, il m'a permis de me libérer de mes pulsions assassines. De me persuader que j'avais le droit d'être moi-même. Vous ne pouvez pas imaginer le *trip* que j'ai eu en tuant Sébastien. En sentant la mort lécher ma lame, jamais je ne me suis senti plus vivant.

De la voix de Richard transpirait une satisfaction si intense qu'il en tremblait de tout son corps.

– Vous êtes bien placé pour savoir que l'empreinte du Borgne, après tant d'années, continue de peser sur tous les esprits. Au moment où vous vous êtes rendu chez Claire Brouck, vous avez rencontré une femme encore tourmentée par la mort de sa mère.

Adami se revit dans la ferme, après la découverte du pendentif dans le ventre de la première victime. Il se souvint de son émotion de se retrouver aux côtés de cette femme.

– Comment savais-tu pour le collier ?

– Claire Brouck possède une page Facebook. Une fois ami avec elle, j'ai constaté qu'elle publiait de nombreuses photos d'elle et de son mari. C'est là que j'ai compris qu'elle portait de temps à autre ce collier ayant appartenu à sa mère, expliqua-t-il.

Adami se souvint d'avoir vu chez Claire Brouck une photo d'elle dans une robe bleue, portant ce pendentif.

– Commissaire, vous devriez vous mettre au goût du jour. Vous seriez surpris de voir à quel point les gens, poussés par leur quête d'existence, n'hésitent pas à se dévoiler sur ce genre de site. Ils exposent leurs vies plates et dénuées de sens, sans aucune pudeur. On touche le fond. Chacun est prêt à n'importe quoi pour avoir son heure de gloire.

– Vous êtes tous fous à lier.

Des mots portés par un profond dégoût.

– Je crois que vous êtes la dernière personne à pouvoir nous juger, fit Richard. Ça fait quatre ans que je travaille à vos côtés. Quatre ans que je partage votre quotidien. Vous ne m'avez jamais prêté la moindre attention. Les seules fois où vous me parliez, c'était pour me comparer à mon père ou me donner des ordres ! *Richard, fais ça, Richard, contacte un tel ! Richard, j'attends de toi des miracles ! Richard, pourquoi tu m'appelles ?* Pire qu'un chien !

Tandis qu'il imitait grossièrement son supérieur, la colère était montée d'un cran. Avec un demi-sourire, l'homme avança d'un pas.

– Aujourd'hui, les choses ont changé. Vous allez mourir et rester dans l'anonymat. Alors que nous et notre *œuvre* allons passer à la postérité.

Le timbre plus grave glaça d'un coup le sang du commissaire. Il tendit l'oreille par-delà la pièce, espérant percevoir les pas de Laura et Milan. En renonçant à les suivre, il avait pris de gros risques, se retrouvait seul face à cet homme.

Quelle solution s'offrait à lui ?

✧ ✧
✧

Au second étage, Frédérique les avait semés avec une facilité sans nom. Passé le palier octogonal où grimpait le grand escalier, les deux partenaires s'étaient enfoncés dans l'aile gauche de la demeure.

Dans l'ancienne partie administrative de l'institut se dessinait un étroit couloir desservant une succession de bureaux. Laura et Milan se déplaçaient dos à dos. Ils pointaient leurs crayons lumineux sur les carrés se profilant sur leur passage. Chaque percée se mêlait à l'angoisse et à la crainte. Ils redoutaient que la prédatrice surgisse d'une de ces pièces, arme à la main, poussée par sa furie meurtrière.

Arrivés au bout du couloir, ils tombèrent sur une porte entrouverte. Milan respira un grand coup et se projeta en avant, doigt sur la détente.

Un escalier en fer. Il courait à l'extérieur de la bâtisse et reliait les trois paliers. Milan sentit son pouls s'accélérer alors qu'il se penchait sur le garde-corps pour jeter un regard sur les niveaux inférieurs. De son côté, Laura assurait les arrières, prête à riposter à la moindre menace.

Aucune trace de la fuyarde. Les yeux du lieutenant croisèrent ceux de sa partenaire, dans un amer constat.

Frédérique leur avait filé entre les doigts en empruntant cet escalier.

Où se trouvait-elle à présent ?

✧ ✧
✧

Le faire parler, encore. Tant que Richard parlerait, Adami pouvait espérer être assez rapide pour sortir son arme au moment opportun et le maîtriser.

– Comment tu conçois la suite ? Une fois que nous serons tous morts, que vous aurez accompli votre *œuvre* ?

– De la façon la plus simple. Frédérique et moi, nous nous suiciderons et serons à jamais liés. Les médias parleront de nous et se chargeront de répandre notre héritage dans la société. Imaginez la hausse des tirages et l'engouement d'Internet pour cette affaire. Les détails sordides de cette histoire continueront à alimenter les conversations année après année. Notre nom et notre attraction seront immortels.

– Toujours cette idée de reconnaissance.

– Bien évidemment, commissaire. Et puis, un jour, d'autres invisibles se soulèveront pour faire entendre leur voix, prouver leur existence à travers le sang. Personne ne pourra s'opposer à cette mécanique.

– Il me serait facile d'empêcher que cette affaire ne s'ébruite...

Richard rejeta sa tête en arrière et grogna dans de petits rires.

– Vous ne pensez tout de même pas que vous allez m'arrêter ? demanda-t-il sur le ton du défi.

– C'est bien mon intention.

Adami s'efforçait de ne pas fléchir.

– Ne jouez pas au héros, l'avertit Declerc. Vous avez une arme, mais êtes incapable de vous en servir. Sans quoi, votre ami Carma serait toujours en vie à l'heure qu'il est...

Adami sentit son corps se tordre à l'évocation de ce souvenir douloureux. Dans son esprit se détachèrent des images.

Il se revoyait vingt-quatre ans plus tôt, pourchassant le Borgne. Des jours et des nuits d'enquête s'étaient écoulés pour localiser la bête. La pluie battante cognait contre les vitres. Dans la maison familiale où avait grandi Falcowitz, Adami avançait d'un pas anxieux. Son supérieur, Benoît Carma, n'avait plus donné signe de vie depuis plusieurs heures. Sans doute avait-il pris les devants et lui était-il arrivé malheur.

Il découvrit le Borgne dans le séjour, qui tenait sa lame de couteau posée sur la gorge de Catherine.

– Tu as trois secondes pour jeter ce couteau ! ordonna Adami, trémolo dans la voix.

– Et vous avez une décision à prendre. C'est elle ou... lui ?

Le Borgne pointa son regard en direction du sol, où une trace de sang imprégnait le carrelage. Adami remonta la ligne pourpre et reconnut son supérieur. Carma avait le crâne ouvert.

– Tic-tac, tic-tac, murmura l'assassin. Elle... ou lui ? Une parfaite inconnue ou l'homme qui a cru en vous ?

Bien sûr, il aurait pu tirer. Faire cracher le feu et réduire au silence le tueur qui se tenait devant lui. Mais il en était incapable. Ses mains tremblaient et arrivaient difficilement à porter le poids de l'arme. Tout se passa en un éclair. Il rangea son semi-automatique et souleva son ami. Ensemble, ils déguerpirent de la maison, laissant le Borgne aller au bout de sa folie meurtrière.

Quelques minutes plus tard, les halos des ambulances dansaient devant la maison. Le quartier tranquille était barricadé par les forces de l'ordre.

Mains posées sur la tête, le monstre se livra à la police sans opposer la moindre résistance. Il échangea un bref regard avec le jeune inspecteur.

Les quelques mots qu'il lui lança scellèrent à tout jamais son devenir :

– À votre place, je n'aurais pas hésité une seule seconde. Maintenant, vous allez devoir composer avec les remords. Ce soir, vous avez tué deux personnes.

Quelques semaines plus tard, Carma fut retrouvé pendu dans son salon. Jamais il n'avait réussi à comprendre le choix de son inspecteur.

Adami bascula au présent et accrocha la silhouette, rage au ventre.

– Pour toi, je ferai une exception.

Il pointa son arme avec conviction. Son doigt posé sur la détente, il lui suffisait d'une simple pression pour anéantir l'homme qui se dressait face à lui.

Richard leva les deux mains.

– Non, commissaire, vous ne ferez rien contre moi.

– À ta place, je n'en serais pas aussi certain.

– Il est là, le problème. Vous n'êtes pas à ma place. Sans quoi, vous sauriez que nous sommes trois dans la pièce.

À la lisière gauche de son champ de vision, le sexagénaire perçut un mouvement trop rapide pour qu'il l'intercepte.

Un premier coup l'atteignit dans l'estomac, coupant aussitôt sa respiration. Plié en deux, il tituba et lâcha son arme, qui retomba lourdement sur le parquet.

Son œil devina une forme qui scintillait dans la nuit. Avant qu'il ne le comprenne, la lame fendit l'air et se planta dans son bas-ventre, sans un bruit. Adami porta une main sur la plaie et sentit la vie s'écouler hors de son être.

Il s'écroula sur le sol et son faisceau vola en éclats.

Dans le silence absolu, les complices échangèrent un regard satisfait.

– Où sont les deux autres ?

– Là-haut ! répondit Frédérique. On fait quoi de lui ? Tu le termines ?

Elle lui tendit son couteau. L'homme fit quelques pas, se désintéressant de l'offrande. Il s'accroupit et analysa la masse qui se vidait de son sang.

– Non, mon amour, ce n'est pas la peine. Celui-là ne représente plus aucun danger.

85

LES GÉMISSEMENTS SURGIRENT dans l'immensité de la demeure. Ils résonnèrent, glissèrent dans les pièces en une multitude d'échos pour frapper les tympans des partenaires. Des râles de douleur, si forts, si violents, qu'ils restèrent figés. Ils provenaient du second étage de la partie droite du bâtiment, celle encore inconnue.

Ils s'élancèrent pour remonter au plus vite le couloir, oubliant toutes les règles de sécurité imposées jusqu'à présent. Dans un vacarme, leurs pas cognèrent contre le parquet. Leurs lampes tracèrent des trajectoires indéfinies. Écartant le danger pouvant surgir de l'escalier, ils franchirent l'espace, puis se déployèrent de chaque côté d'une porte qui donnait accès à la zone d'où émanaient les cris.

Laura resserra sa prise sur son SIG Sauer. Elle se l'était juré. Quand viendrait le moment, elle n'hésiterait pas à cracher les feux de la délivrance.

Milan chassa une sueur froide qui l'envahissait et jeta un rapide coup d'œil dans le trou béant. À découvert, il prenait de gros risques. L'adrénaline grimpa dans son être, lui rappelant sa folie. Le halo de sa lampe réussit à percer le voile opaque quelques secondes.

Son dos retrouva aussitôt le mur protecteur. Il souffla quelques instants.

– Tu as vu quelque chose ?

– J'ai cru voir une...

Lâcher ses mots. Réaliser l'immonde.

– Une prison.

Le lieutenant envisagea sa lampe et celle de sa partenaire. Les deux faisceaux étaient de formidables alliés, mais aussi un point de repère facile pour leurs adversaires. Il inspira profondément et éteignit sa lampe.

– Qu'est-ce que tu fais ?

– Je mets les chances de notre côté.

La capitaine hésita un court instant avant d'abonder dans le sens de son partenaire.

Il n'y avait plus aucun son, hormis leurs pas grinçant sur le parquet. Par-delà le noir complet, ils devinèrent sur leur droite une rangée de lits, alignés en ordre. Armes en avant, les deux Français coulaient dans cette tache d'encre, laissant leur destin dans les mains de l'autre.

Au centre de la pièce, il y eut le cliquetis d'une chaîne, suivi par le râle d'une femme. L'enfer se trouvait à quelques pas de Milan. Il accéléra le mouvement. Quand sa main se posa sur un barreau, les images de Marie ressurgirent dans son champ de vision. Le corps nu, la terreur dans son regard, les coups cognant contre sa chair et cette lame vampirique.

L'odeur métallique lui retourna le cœur. Il distingua une femme gisant sur le sol, enchaînée à des tiges d'acier. Alors, il porta son attention sur la poignée et s'acharna dessus de toutes ses forces pour faire céder la grille.

– Laura, aide-moi ! Il faut la sortir de là !

Il alluma sa lampe et découvrit un visage tuméfié, aux portes de l'agonie. Encore en vie, Clothilde ne bougeait plus. Son regard demeurait braqué droit devant, comme si un fantôme s'était glissé dans le dos du lieutenant.

Laura...

Il se retourna, redoutant le pire.

Deux flashs crépitèrent avant que se propage une pleine lumière. Deux projecteurs, au milieu desquels il discerna les sourires vicieux enveloppant la capitaine Esposito.

Alors, il vit un bras armé se lever.

– Il faut que tu saches, Milan. Avant de mourir, ton ami m'a supplié de le laisser en vie. Il en chialait, même...

La voix, la carrure.

Richard Declerc. C'était lui, l'assassin de Sébastien, son ami d'enfance.

Une détonation éclata.

✧ ✧
✧

Et l'orage le réveilla.

Son esprit mit de longues secondes à réaliser. Ses yeux se réhabituèrent au noir. Dans l'encadrement de la fenêtre, il distingua la lune et comprit que le tonnerre venait de l'intérieur.

Une détonation.

Le fil des derniers instants supplanta la brûlure nourrissant son ventre.

Richard, Frédérique. Le couteau, le sang.

Chargé de détermination, il attrapa son arme. Puis, à la force de ses bras, il se traîna sur le sol sur plusieurs mètres. Au pied d'un lit, il s'aida de l'armature pour se relever. La douleur se répandait à chacun de ses mouvements. Il s'obligea à serrer les dents pour ne pas hurler. Le souffle court, la tête tournoyante, Adami resta quelques instants à analyser les lieux. Il perçut au-dessus de lui des grincements.

Des pas, au second étage.

Ses yeux voilés se focalisèrent sur son objectif.

La sortie. Une dizaine de mètres. Il pouvait y arriver.

Il tenta un pas et sombra de nouveau.

86

SON OREILLE GAUCHE BOURDONNA, lui rappelant qu'il avait échappé au pire. Tout s'était passé en une fraction de seconde. Le feu craché par l'arme, sa projection sur le côté. Un réflexe salvateur qui lui permettait de mener encore le combat.

La vérité sur la mort de Sébastien fut comme une décharge électrique. Il voyait le dos tailladé de son ami, les larmes de Louise, les trois femmes.

Et, maintenant, dans sa ligne de mire, Laura prise en otage. Frédérique serrait son bras droit contre sa gorge, son couteau prêt à s'enfoncer dans son abdomen.

Alors, quelque chose se brisa dans l'esprit du lieutenant. Un geyser de rage et de fureur irrigua ses muscles, étouffant tout discernement.

– Enfoiré !

Dans un élan, il fonça sur l'inspecteur Declerc. La rapidité du geste surprit ce dernier. Le choc plaqua les deux hommes contre le sol.

Milan prit le dessus et asséna une série de droites au visage de l'assassin. Mâchoire, arcades sourcilières et nez volèrent en éclats sous les impacts. Acculé, Richard se trouvait dans l'incapacité de parer les coups criblant sa chair.

Son fiancé en danger, Frédérique resserra son emprise sur Laura, la forçant à s'écarter de la zone de combat.

– Lâche-le ou je l'égorge ! tenta-t-elle.

Une menace qui n'avait aucun effet.

Les poings tombaient encore et encore, propulsés par la rage. Le lieutenant frappait si fort que ses propres doigts se tordaient sous la pression exercée. Les morsures saignaient le corps de Richard, éclatant sa perception dans des fragments flous. La douleur courait dans les deux âmes. L'une physique, l'autre émotionnelle.

Dans ce tourbillon, Richard la discerna... Son arme, à portée de main. Dans un effort, il réussit à déplier ses deux bras et les écrasa sur le dos de son assaillant. Les lourds marteaux firent basculer plus en avant le lieutenant. Une erreur que l'assassin mit à profit pour abattre son poing sur l'oreille gauche de Milan.

Les bourdonnements se transformèrent en hurlements, l'obligeant à s'écarter sur le côté.

Délivré, Richard s'empara de son arme. Les doigts serrés contre la crosse, il se releva en titubant.

La mise à mort était proche.

– Milan ! hurla la capitaine.

Son expression renvoyait à une peur primitive la figeant, alors que sur les traits de la prédatrice se dessinait de nouveau un masque empreint de perversité.

– Tire, mon amour ! Maintenant ! cracha Frédérique.

Avec difficulté, Richard pointa son bras en direction du lieutenant, mais n'arriva pas à accrocher sa cible avec précision.

Milan ferma les yeux. Le coup de feu, il ne l'entendit pas. Il réalisa seulement que la balle s'était perdue dans le parquet.

Il était toujours vivant. Mais ce qu'il lui restait d'humanité explosa.

La loi du talion s'empara de ses plus bas instincts.

Venger la mort de Sébastien.

Dans un cri, il poussa sur ses jambes et se projeta une seconde fois sur son adversaire. Son épaule coupa le souffle de Richard. Comme dans une mêlée, le lieutenant concentra sa puissance pour soulever l'homme.

Richard tenta de se soustraire à cette pression par quelques coups bien placés, mais la rage de Milan le rendait hermétique à la douleur.

Laura et Frédérique virent les deux hommes fuser hors de la pièce, se cogner contre la rambarde des escaliers et passer par-dessus.

Dans leur chute, les corps se séparèrent.

Deux étages plus bas, ils frappèrent le sol.

Milan garda les yeux ouverts quelques instants.

Puis, il l'aperçut.

Elle était là, devant lui. Il pouvait toucher son corps, caresser ses seins, ressentir la sève de leurs orgasmes. Cette douce folie des derniers jours. Ce feu irrésistible. Cette sensation de se découvrir à travers l'autre.

Il l'aimait et ne le lui avait jamais dit...

Alors, il regretta.

Il regretta de ne pas avoir pu donner la vie.

Il regretta de ne pas avoir pleuré lors de l'enterrement de ses parents.

Il regretta de ne pas avoir donné de nouvelles à « Gueule cassée », son supérieur. Il le lui avait pourtant promis.

Il regretta ce temps perdu, à fuir.

Il regretta de ne pas avoir rencontré Laura plus tôt. Elle aurait pu lui éviter toutes ces erreurs.

Et, dans un dernier soupir, il regretta de mourir trop jeune.

87

LE SILENCE RETOMBA et son âme pleura. Elle pouvait déjà sentir son absence. Il était mort sous ses yeux, sans qu'elle puisse réagir. Lui, cet homme qui l'avait portée bien au-delà de ses espérances. Son parfum, ses sourires, son regard. Des accords absolus à jamais chevillés au vide immense qu'il laissait. Des promesses d'avenir et de devenir, réduites à des souvenirs.

Dans son dos, Frédérique était heurtée par ce même sentiment. Elle aussi avait perdu son être aimé.

– Espèce de salope ! cracha-t-elle.

Elle poussa la capitaine, qui s'écroula sur le sol.

– Vous allez me le payer ! Elle, comme toi ! hurla la prédatrice.

Elle pointait successivement sa lame sur les deux femmes.

À terre, sans son arme, Laura ne pesait pas plus lourd qu'une fourmi. Frédérique la lui avait subtilisée au moment où elle avait surgi derrière elle. Elle envisagea le sol à la recherche de celle utilisée par Richard et comprit qu'elle se trouvait deux étages plus bas.

Avant qu'elle ne le réalise, une main déterminée saisit ses cheveux et tira sa tête en arrière. Elle croisa un regard inquiétant, ouvert sur deux pupilles noires, obstinées.

– Vous trois n'étiez pas prévus au programme. Mais rassure-toi, je ne vais pas gâcher une telle occasion.

Le sang de la capitaine se glaça d'un coup. Ses pensées la ramenèrent au commissaire Adami.

Lui aussi était mort.

Laura aurait voulu résister, se débattre pour se sortir de ce piège, mais ses forces l'avaient quittée.

Le froid de la lame se posa sur sa gorge.

– Avant, je veux savoir, lâcha-t-elle, la voix étranglée. Pourquoi ces femmes ? Pourquoi cette armée de tueurs ?

Frédérique sourcilla dans un rire funèbre.

– Ma jolie, tu crois vraiment que je vais perdre mon temps à te fournir des explications ?

– Je ne veux pas mourir, murmura Laura dans un violent sanglot. Pas sans savoir pourquoi.

Un sourire trouble gela les lèvres de la prédatrice.

– La reconnaissance. C'est tout ce qui m'importe. Si j'avais tué des femmes au hasard, jamais mes crimes n'auraient eu un tel effet. En reproduisant les meurtres du Borgne, j'avais la conviction de frapper très fort. Les médias s'emballeraient pour l'affaire, la police serait sur les dents. J'ai attiré à moi des hommes dont le quotidien était plongé dans l'indifférence la plus totale. Ils ont compris que mon esprit pouvait apporter un sens à leur vie. Le sentiment d'exister...

– Comme le Borgne...

Frédérique relâcha sa pression et fit quelques pas pour se poster devant la capitaine.

Une silhouette élancée, des cheveux orange où éclataient des mèches multicolores, une peau claire, un visage anguleux percé de deux iris funestes.

Une onde de démence.

Elle s'agenouilla à bonne distance de Laura et poursuivit son délire :

– Par ces crimes, je tenais à lui rendre hommage. Il a toujours été un père pour moi. J'ai lu ses interviews, les nombreux articles que la presse lui a consacrés au moment de son procès. Je me suis inspirée de lui parce que je me reconnaissais en sa personne.

– Et tu es allée jusqu'en prison pour lui exposer ton projet.

– J'ai fait beaucoup mieux, ma jolie. Je lui ai parlé de ma vie, de mes blessures. Il a perçu mon potentiel et compris que j'étais l'héritière de la lignée. Les trois femmes mortes sous sa lame n'étaient que des faire-valoir. Sa véritable cible restait Catherine.

La femme dont le Borgne était amoureux, songea Laura.

– Elle ne l'a jamais remarqué. Elle le snobait et rejoignait ses copines dans les railleries qu'elles lui faisaient subir. Il a connu l'indifférence la plus totale, comme moi, avec cette... personne censée m'avoir donné naissance, lâcha-t-elle d'une voix tranchante. En plus d'être le fruit d'un putain de viol, je me suis retrouvée abandonnée à ce couple. Réduite à un lot de consolation ! Je n'existais pas à leurs yeux !

De noirs desseins portèrent le regard de la prédatrice par-delà les barreaux. Les mains liées aux tiges d'acier, Clothilde accusait les sévices infligés plus tôt. Les yeux fermés, le corps inerte, la femme sentait la vie la quitter peu à peu.

– Aujourd'hui, je brûle mon temple. Et personne ne pourra m'en empêcher... pas même toi.

À ce moment, Laura dévisagea les ténèbres. Une promesse d'horreur.

Elle devait puiser au fond d'elle, retrouver son instinct de survie. Elle orienta la conversation sur Christina, la seule qui avait eu de la considération pour Frédérique.

– Christina prenait soin de toi. Elle te portait dans son cœur...

– Ça n'a jamais été réciproque, la coupa-t-elle. Elle aussi a subi de plein fouet la perte de son petit frère. Elle a perçu le gouffre auquel je faisais face depuis toujours.

– Elle n'a pas hésité à te suivre dans cette folie...

Frédérique jaugea quelques instants la capitaine.

– Elle voulait toucher du doigt le grand frisson. C'était donnant donnant. Elle m'aidait dans ma quête ; en contrepartie, je lui offrais le confort financier grâce à l'argent de Boateng. Il faut l'avouer, sa vie était d'un profond ennui avec son Sébastien. Lui non plus n'a pas hésité longtemps... Je souhaitais immortaliser chaque meurtre et j'avais besoin de son aide...

– Les filmer ?

– Pour que notre message se diffuse dans le monde entier. Pour que tous les invisibles sortent de l'ombre en empruntant la voie du sang. Je lui proposais d'être le réalisateur d'une œuvre unique. Beaucoup plus palpitante que ses vidéos de mariages.

– Il a réalisé la... folie...

– Il est devenu une menace pour mon plan. Richard est intervenu pour l'empêcher de parler... Malgré tout, cet enfoiré a réussi à alerter son ami d'enfance... Un putain de flic.

La capitaine avait la nausée d'entendre cette femme parler avec un tel détachement.

– Dascarino et Boateng m'ont suivie tête baissée. Le premier menait une misérable existence. Chacun le considérait comme un faible. Même en prison avec son statut, il n'arrivait pas à se faire respecter. Quant au second, c'est grâce à Christina que j'ai fait sa rencontre. Il était responsable de la mort de sa femme et de ses enfants. Une fois qu'on touche à la mort, on est comme sous l'effet d'une addiction. Boateng a connu cette apothéose. Son seul désir était de retrouver cette sensation. Ce que j'avais à lui offrir dépassait ses rêves les plus fous. Par mon œuvre, je leur ai donné un moyen de se sublimer, de laisser une trace de leur existence sur cette planète. Aujourd'hui, tout le monde connaît leurs noms. Ils sont passés de victimes à bourreaux !

L'arrogance qui teintait les explications de Frédérique s'apparentait à la mégalomanie. En l'écoutant, la capitaine avait un arrière-goût infect au fond de la gorge.

– Dans cette histoire, le plus difficile a été de trouver les filles. Pour Marie, je n'ai eu aucun mal. Elle rêvait tellement de retrouver les plateaux de cinéma qu'elle était prête à tout. L'annonce publiée par Christina a suffi pour qu'elle tombe dans mes filets. Pour Flavie, j'ai dû jouer la comédie durant de longs mois, lui faire croire qu'entre nous brûlait un amour intense, irrésistible. Toutes ces queues plantées à longueur de temps dans son sexe avaient fini par la dégoûter à jamais des hommes.

– Alors tu...

– Oui, ma jolie. La cerise sur le gâteau. J'ai profité de ses sentiments. Imaginé des projets de vie de couple. Cette pauvre idiote y croyait tellement qu'elle s'était fait tatouer la première lettre de mon prénom sur la nuque.

Frédérique leva les yeux au ciel.

– Pitoyable, n'est-ce pas ? Mon intimité avec elle m'a permis de connaître plus en détail son quotidien. En parallèle, j'ai demandé à Christina d'entrer en contact avec elle. Je savais qu'au moment de l'enquête, les regards se porteraient sur elle. Pendant ce temps, j'avais les mains libres pour parvenir à mes fins.

La voix de Frédérique s'emplissait d'une jubilation insupportable.

– Quant à Carole, c'est ce qu'on appelle un miracle. Quand je me suis rendue chez le docteur Falcao pour lui remettre mes photos, je l'ai croisée. Son visage était si semblable à celui de Constance que j'y ai vu un signe du destin. Ce jour-là, j'ai compris que c'était moi, la digne représentante de la lignée.

Laura la regarda droit dans les yeux, cherchant une faille. Elles partageaient la même douleur, la perte de l'être aimé.

– Et Richard ? Lui aussi n'était qu'un pion ? Un être misérable...

Elle n'eut pas le temps de terminer sa phrase que déjà la lame retrouvait sa gorge.

– Un mot, un seul mot et je te saigne comme une truie, chuchota Frédérique dans le creux de son oreille.

Les paupières grandes ouvertes, la capitaine sentit la peur dévaster sa chair.

– Richard et moi, c'est bien plus que ça. À notre rencontre, il a suffi d'un regard pour que l'étincelle jaillisse. Il a agi par amour pour moi. Une fois que je me serai débarrassée de vous deux, je le rejoindrai. De l'autre côté, nous pourrons assister à notre toute-puissance, lâcha-t-elle avec conviction.

Son rire malsain, au diapason des désirs qui l'habitaient, résonna dans la pièce.

– La lignée est en marche et personne ne pourra l'arrêter. Demain, quelqu'un d'autre prendra le relais. Nous autres, les laissés-pour-compte, nous nous soulèverons pour reprendre ce qui nous revient de droit. Nous allons vivre par nos crimes !

Sur ses traits glissait une source de puissance, un pouvoir. Celui de prendre la vie, d'exister au-delà de la mort.

Frédérique jaugea la capitaine quelques instants.

– Satisfaite ? Je crois qu'on s'est tout dit.

Sa main droite agrippa les cheveux de Laura, la poussant à lever les yeux. Là, celle-ci entrevit sa carrure.

– Frédérique. Tu as fait une erreur...

L'interpellée fronça les sourcils, une lueur de doute dans les pupilles.

– Qu'est-ce que tu racontes ?

– Richard... Tu l'aimais tellement que tu n'as pas eu la présence d'esprit de vérifier si Adami était bien mort.

– C'est faux ! hurla-t-elle. Je l'ai vu de mes propres yeux. C'est moi-même qui ai planté la lame dans son ventre.

– Pourtant, il est derrière toi...

La prédatrice relâcha son étreinte une seconde. La capitaine saisit l'occasion pour se déporter sur le côté, mains sur les oreilles.

La seconde suivante, une dizaine d'impacts virevoltèrent dans le torse de Frédérique. Une averse torrentielle de métal, les éclaboussant de chair et de sang. La tueuse vola dans les airs avant de heurter lourdement le sol.

Bras levés, crosse bouillonnante entre les doigts, les yeux écarquillés par l'horreur, Adami réalisa ce qu'il venait d'accomplir. Des accès de frissons faisaient trembler son corps, tandis que des larmes lui montaient aux yeux. Tout prenait fin. Son hémorragie mêlée à l'énergie dépensée acheva de le consumer.

Il jeta un dernier regard à Laura et son corps partit en avant.

ÉPILOGUE

Cinq mois plus tard

ELLE PATIENTAIT, assise à sa table.

Dans cette masse humaine se confondaient l'agitation, le stress, mais aussi l'excitation.

Son amour, sa force, se tenait à côté d'elle, sirotant un verre de jus d'orange. Son divorce avec Stéphane avait été prononcé quelques semaines plus tôt. Au tribunal, ses parents l'avaient soutenue comme jamais. L'épisode de Belgique les avait aidés à changer leur regard sur leur fille, peut-être même à renouer des liens jusque-là perdus.

Laura était une miraculée. Elle avait traversé l'horreur, la sauvagerie, connu les tréfonds de l'enfer. Un périple sinueux aux conséquences trop lourdes. Milan, son absence. Il était passé dans sa vie comme une étoile filante, vrillant à jamais son existence.

À une table voisine, elle imagina ce qu'ils auraient pu devenir. Une famille unie par la bienveillance. Un quotidien partagé par des millions de personnes. Banal et pourtant extraordinaire.

Si dans le sourire de cette petite fille elle vit de belles promesses, sa perception du monde s'était transformée en une peur radicale. L'horreur avait ouvert une brèche dans notre société. Durant de longues semaines, les médias s'étaient emparés de l'affaire, la relayant à travers le globe. La Toile, les réseaux sociaux et les forums s'étaient à leur tour enflammés. Des pages Facebook avaient été créées, rendant directement hommage à cette communauté de tueurs. Twitter n'était pas en reste, puisque, encore ce jour-là, le *hashtag* #lesenfantsdérostrate se hissait régulièrement en tête des *tendances* à suivre.

Ces actes confirmaient combien la férocité, le sordide et la souffrance peuplaient notre quotidien. Laura redoutait que l'influence de cette affaire grandisse dans les territoires obscurs de certaines identités.

Ici ou ailleurs, elle imaginait des hommes et des femmes se réunir pour faire entendre leur voix, prouver leur existence à travers le sang, la peur et les larmes. Des invisibles, rassemblés en nombre, en force, et décidés à s'élever bien au-delà de leur vie jugée médiocre.

Le mal ou comment vivre un moment d'une rare intensité, frapper les consciences et rattacher leurs noms à la monstruosité de leurs actes.

Des réponses terrifiantes à leur sentiment de rejet, les poussant à mépriser notre société. Celle-là même qui nous rend toujours plus sourds et qui tend à faire de nous des Narcisse concentrés sur ce que nous représentons, et non sur ce que nous sommes. Celle qui nous oriente vers l'indifférence des autres et le mépris de tout ce qui nous échappe.

Tuer pour exister.

Leur réponse à eux : les enfants d'Érostrate.

Marie, Flavie, Carole et puis Clothilde : des trajectoires brisées.

Malgré l'intervention des secours, cette dernière n'avait pu être sauvée. Ses blessures trop profondes avaient eu raison d'elle sur le chemin de l'hôpital.

Aujourd'hui, Thierry et Béatrice, les parents de Christina, se perdaient dans la douleur. Cette affaire avait révélé au grand jour leurs erreurs. Leur désamour pour cette petite fille.

La capitaine n'arrivait pas à leur en vouloir ni même à les blâmer. C'était au-dessus de ses forces.

Quant à Anatole, il était retourné dans son abbaye et se murait dans un silence coupable. Vingt-quatre ans plus tôt, devant la tragédie qui avait ébranlé le couple de son frère, il avait prié Dieu et obtenu une réponse du diable.

Le 30 juillet 1986.

Frédérique, puis Juliette.

À jamais, une enfant d'Érostrate.

Son portable vibra dans sa poche. L'écran numérique inscrivit le prénom d'un ami. Pas un mois ne passait sans qu'elle entende le son de sa voix.

– Alors, ça y est, c'est le grand départ ?

– Ça m'en a tout l'air.

Un silence se glissa, derrière leurs sourires.

– Qu'est-ce que je peux te souhaiter ?

– Bonne chance, c'est un début.

– Elle t'accompagne déjà.

Nouveau silence, cette fois chargé d'amour.

– Et toi, comment se passe ta retraite ?

– On s'habitue... Les beaux jours reviennent, je vais en profiter pour me remettre à la pêche.

– Terminé, les cigarillos ?

– Oh ! Doucement, ma belle, chaque chose en son temps !

Un besoin de savoir. Plus fort qu'elle...

– Et lui ?

– On l'a retrouvé il y a deux jours, mort dans son lit d'une crise cardiaque.

Elle ferma les yeux, laissant cette réalité tracer son chemin à travers sa matière.

Adami reprit :

– Tout est terminé, Laura.

Une illusion, pensa-t-elle. Demain, d'autres hommes et femmes reprendraient le combat, jetant leurs forces dans une bataille perdue d'avance. Pourchasser le mal était un exercice périlleux dans lequel il était aisé de s'égarer. Toujours plus fort, encore plus noir, il se multipliait à l'infini.

Longtemps, elle avait cru pouvoir guérir les gens.

Son leitmotiv.

Elle s'était trompée.

L'annonce vocale la projeta dans le moment présent.

– Hugo... mon avion va décoller.

– Je comprends, murmura-t-il, la voix enrouée par les larmes. Prends soin de toi, de l'autre côté de l'Atlantique.

– Je vais essayer...

– Laura... Promets-moi de ne jamais perdre de vue l'horizon... Laisse les fantômes à leur place...

Des mots venus du cœur. Des mots qu'il aurait voulu entendre vingt-quatre ans plus tôt.

– Je te le promets.

– Alors... Adieu, mon amie.

Elle raccrocha et sentit déjà le manque.

Demain, un océan la séparerait de lui. L'idée de ne plus jamais le revoir lui serra le cœur.

Elle se leva et prit la main de son fils.

– On y va, mon ange ?

– Oui, maman.

Maman... Comme elle aimait entendre ce mot.

Son regard se porta sur l'écran annonçant l'embarquement pour le vol à destination de Montréal.

Une nouvelle ville. Un nouveau départ.

Là-bas, dans *la Cité Lumière.*

Un futur si loin, si proche. Elle se sentit apaisée et confiante.

Milan était à ses côtés, comme en témoignait ce cœur battant dans son ventre.

REMERCIEMENTS

Ce roman n'aurait jamais vu le jour sans les encouragements bienveillants de nombreuses personnes.

Elles se reconnaîtront.

Merci à vous, lectrice ou lecteur.

Le voyage commence tout juste...

Pour discuter ou échanger, n'hésitez pas
à me suivre sur les réseaux sociaux.

Facebook : facebook.com/mickaelkoudero

Twitter : @MickaelKoudero

Site officiel : mickaelkoudero.com

Achevé d'imprimer
sur les presses de
Imprimerie H.L.N.
Imprimé au Canada - Printed in Canada